세상의 속도를
따라잡고 싶다면

Do it!

코드 없이 배우는
데이터 분석

with
오렌지3

파이썬, R을 몰라도 시작할 수 있는 데이터 분석 입문서

빅데이터 전문가 **권서림** 지음

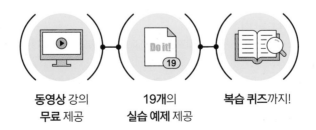

동영상 강의
무료 제공

19개의
실습 예제 제공

복습 퀴즈까지!

이지스퍼블리싱

세상의 속도를 따라잡고 싶다면 **Do it!**
변화의 속도를 즐기게 됩니다.

Do it!
코드 없이 배우는
데이터 분석 with 오렌지3

초판 발행 • 2024년 12월 1일

지은이 • 권서림
펴낸이 • 이지연
펴낸곳 • 이지스퍼블리싱(주)
출판사 등록번호 • 제313-2010-123호
주소 • 서울특별시 마포구 잔다리로 109 이지스빌딩 3층(우편번호 04003)
대표전화 • 02-325-1722 | **팩스** • 02-326-1723
홈페이지 • www.easyspub.co.kr | **인스타그램** • instagram.com/easyspub_it
Do it! **스터디룸 카페** • cafe.naver.com/doitstudyroom | **페이스북** • www.facebook.com/easyspub

총괄 • 최윤미 | **기획 및 책임편집** • 신지윤 | **편집** • 오은교 | **IT 2팀** • 신지윤, 이소연, 박재연
베타테스트 • 강민지, 김정윤, 김주경, 김홍규, 심수정, 이상영, 이지은
교정교열 • 박명희 | **표지 디자인** • 김근혜 | **본문 디자인** • 트인글터, 김근혜 | **인쇄** • 보광문화사
마케팅 • 권정하 | **독자지원** • 박애림, 김수경 | **영업 및 교재 문의** • 이주동, 김요한(support@easyspub.co.kr)

ISBN 979-11-6303-661-6 13000
가격 18,800원

"초보자도, 비전공자도 오렌지3를 활용해 데이터 분석 기초부터
다양한 분석 기법까지 배울 수 있어요. 더 나아가 인공지능 모델링 도전까지도요!"

이 책은 코딩 없이도 데이터 분석을 시작할 수 있도록 **오렌지3의 위젯으로 직관적인 학습**을 제공합니다. 초심자도 개념을 쉽게 이해하고 실습을 통해 이론을 배울 수 있어 데이터 분석 과정을 자연스럽게 익힙니다. **정형 데이터와 비정형 데이터 분석 기법까지** 폭넓게 다뤄서 데이터 분석 초보자에게 강력히 추천합니다.

_사회학과 졸업생 강민지(BDA 5기 운영진)

데이터의 기본 개념부터 다양한 분석 기법까지 필요한 이론과 실습을 단계적으로 설명해 **중고등학생도** 쉽게 이해할 수 있게 돕습니다. 이 책은 **데이터 분석을 실생활에 활용**할 수 있는 멋진 가이드로, **교육 현장에서 유용**하게 활용될 것입니다.

_미래 기술 융합 메이커 강사 김정윤

이 책은 노코드 기반 툴인 오렌지3를 활용해 **통계적 결과 해석을 쉽게** 이해할 수 있도록 도와줍니다. **드래그 앤 드롭 방식으로 분석**을 수행하는 재미와 함께, 풍부한 실습과 설명으로 데이터 분석 과정 하나하나를 따라가며 익힐 수 있어 초보자에게 추천합니다.

_경제학과 4학년 김주경(BDA 5기 운영진)

이 책은 데이터 분석 초보자도 **코딩 부담 없이** 오렌지3를 활용해 **정형·비정형 데이터**를 다루며 실제 분석을 경험할 수 있도록 구성되었습니다. 실생활 데이터를 활용한 실습으로 **문제 해결 방식**을 익히고, **이미지, 텍스트 분석** 등 폭넓은 데이터 유형의 기초를 쌓는 데 유익한 입문서입니다.

_데이터 분석가 김홍규

데이터 분석의 배경지식이 없어도 쉽게 공부할 수 있도록 기초부터 친절히 설명합니다. **이론과 실습의 균형 잡힌 구성**으로 초보자는 물론, 전공자에게도 새로운 관점과 통찰을 제공합니다. 코딩 부담 없이 데이터 분석의 세계에 입문해 보세요.

_빅데이터학과 4학년 심수정(BDA 5기 운영진)

수학과 프로그래밍에 부담을 느끼는 비전공자도 노코드 툴인 오렌지3로 데이터 분석을 쉽게 시작할 수 있도록 안내하는 책입니다. 또한 GUI 기반으로 탐색적 데이터 분석과 인공지능 모델링까지 도전할 수 있어 초보자에게 유익한 입문서입니다.

_패스트캠퍼스 AI 교육사업 PM 이상영

코드 없이 데이터 전처리부터 시각화, 다양한 분석 기법까지 단계별로 다뤄 비전공자와 초보자도 쉽게 이해할 수 있습니다. **매출 예측이나 고객 분석과 같은 예제**로 실전 감각도 키울 수 있습니다. 데이터 분석을 시작하는 분들에게 부담 없는 첫걸음이 될 것입니다.

_멀티미디어공학과 4학년 이지은(BDA 5기 운영진)

파이썬이나 분석 이론을 몰라도 괜찮아요!
누구나 쉽게 시작하는 노코드 데이터 분석&기초 이론서!

데이터 분석 프로젝트를 하거나 교육을 진행하다 보면 '파이썬을 잘 해야 한다', '데이터 분석은 어렵다'라는 생각 때문에 관심은 많지만 시작하지 못하는 분들을 많이 봤습니다. 이 책은 그런 분들을 위해 코딩 없이도 데이터 분석의 첫걸음을 뗄 수 있게 돕고자 하는 마음에서 시작되었습니다.

쉬운 그림과 글로 술술 읽으면서 배우는 데이터 기초 지식 완성!

'첫째마당 데이터 분석 준비하기'에서는 정형, 비정형 데이터 같은 단어 설명부터 헷갈리는 인공지능, 딥러닝, 머신러닝의 차이와 특징, 지도학습과 비지도학습의 개념까지 어려운 수식 대신 쉬운 그림과 글로 풀어 가며 데이터 기초 지식을 완성합니다.

마우스 클릭으로 따라 하기만 하면, 파이썬 코딩 없이도 데이터 분석 시작!

'둘째마당 데이터 분석 시작하기'에서는 오렌지3가 무엇인지, 다양한 분석 기능을 아이콘 형태로 제공하는 '위젯'과 꿰어서 보배 만드는 '워크플로'까지! 차근차근 마우스 클릭만으로 데이터를 불러오고, 자르고, 합치고, 요약해서 누구나 데이터 분석을 시작할 수 있습니다.

코드 없이 정형 데이터 완전 정복! 예측, 분류, 군집 모델 실습부터 해석까지!

'셋째마당 정형 데이터 분석'에서는 예측분석, 분류분석, 군집분석 이론과 실습을 배웁니다. 예측분석에서는 단순 선형 회귀, 다중 선형 회귀 모델을 처음부터 끝까지 마우스 클릭만으로 직접 만들어 보고, 오렌지3가 보여 주는 모델 성능 평가 지표 MSE, RMSE도 직접 해석해 봅니다. 분류분석에서는 의사결정 나무, 랜덤포레스트, kNN 분류 모델도 직접 만들어 보고 헷갈리는 혼동행렬을 읽고 정확도, 재현율, 정밀도가 정확히 무엇인지 알아봅니다. 군집분석에서는 계층적 군집분석, k-means 군집분석으로 데이터를 군집화해 보고 잘 군집화되었는지 확인하기 위해 실루엣 계수를 확인하고 시각화해 봅니다.

비정형 데이터 분석의 시작! 이미지, 텍스트 다루기부터 딥러닝 모델 실습까지!

'넷째마당 비정형 데이터 분석'에서는 이미지와 텍스트 형태의 비정형 데이터를 셋째마당에서 배운 분석 방법에 적용해 보고 딥러닝 모델도 만들어 봅니다. 비슷한 이미지를 모아 주는 군집분석과 이미지를 분류해 주는 분류분석부터 텍스트 전처리, 워드클라우드, 텍스트 분류분석까지 다양한 비정형 데이터를 다뤄 봅니다.

이렇게 4개의 마당을 통해 데이터 분석 이론과 분석 방법을 배우고 난 후 여러분만의 '데이터 스토리'를 만들어 나가길 바랍니다. 여러분의 첫 데이터 분석 여정에 이 책이 든든한 동반자가 되기를 진심으로 바랍니다.

권서림 (ksrimee@naver.com)

"복잡한 코드 없이 오렌지3로 학생들에게 데이터 분석을 쉽게 가르칠 수 있어요!"

《Do it! 코드 없이 배우는 데이터 분석 with 오렌지3》는 중고등학생들이 데이터 분석을 쉽고 재미있게 시작할 수 있도록 돕는 훌륭한 입문서입니다. '노코드' 방식으로 프로그래밍 부담 없이 데이터의 의미와 활용법을 이해할 수 있도록 구성되었으며, 2022 개정 교육 과정의 '정보' 교과서의 '데이터' 단원과 잘 맞아떨어집니다.

오렌지3는 데이터 수집·처리·분석 및 시각화 과정을 직관적으로 경험할 수 있는 최적의 도구로, 학생들이 실제 데이터를 활용해 분석 프로젝트를 수행하고 인사이트를 도출할 수 있습니다. 또한 캐글 실습 예제와 프로젝트 과제로 실생활 속 문제를 해결하며 컴퓨터 과학 및 AI 동아리 활동에 활용하여 전문성을 키울 수 있습니다. 다양한 데이터 플랫폼 사용법도 안내하고 있어 학생들이 사회 문제에 데이터를 적용하고 훗날 데이터 과학자의 꿈을 키울 수 있도록 돕습니다. 이 책은 미래 정보 사회에 필요한 역량을 기르는 데 큰 도움이 될 것입니다.

_ 환서중학교 정보 교사 송승훈

"고가의 데이터 분석을 무료로, 노코드 오렌지3와 함께 시작하세요!"

이 책은 고가의 데이터 분석 툴과 견줄 만한 성능을 지닌 무료 노코드 툴인 오렌지3를 활용해 데이터 분석을 쉽게 시작하도록 돕습니다. 비전공자도 파이썬이나 판다스 지식 없이 군집 분석, 성능 지표 계산, 이미지 임베딩 등 다양한 분석을 경험할 수 있습니다. 특히 Test&Score 모듈과 같은 기능으로 개인 PC에서도 높은 성능을 발휘하며, 캐글Kaggle에서 사용하는 모델의 유용한 팁을 담아 초보자와 전문가 모두에게 든든한 길잡이가 됩니다. 교육 현장에서도 활용할 수 있어서 데이터 분석을 쉽게 가르칠 수 있습니다.

_ UCA수퍼컴퓨팅아카데미 대표 이태희

"데이터 분석, 버튼만 누르면 요리하듯 간편하게! 오렌지3로 쉽고 맛있게 시작하세요!"

데이터 분석을 처음 시작한다면 흔히 두 가지 오해에 빠지기 쉽습니다. 첫째, 생성형 AI에 맡기면 분석이 자동으로 끝난다는 생각과 둘째, 모든 분석을 수동으로 코드를 작성해야만 정확한 결과가 나온다는 생각입니다. 사실 필요한 건 그 중간인 '반자동'입니다.

오렌지3는 마치 전자레인지처럼 복잡한 과정을 단순화해 코딩 없이 데이터 분석을 가능하게 하는 멋진 도구입니다. 이 책은 오렌지3의 다양한 기능을 친절하게 설명하며, 버튼 클릭으로 평균과 표준편차 같은 기초 분석부터 이미지 분석 같은 고급 기능까지 단계별로 안내합니다. 전자레인지를 사용하듯 분석 과정을 따라가며 다양한 데이터 '요리'를 쉽게 완성할 수 있도록 돕는 이 책은 데이터 분석 세계에 첫발을 내딛는 분들에게 든든한 가이드가 될 것입니다.

_ 동아일보 기자 황규인

$\boxed{\text{이 책 미리 보기}}$

그림과 실생활 데이터로 쉽고 재밌게
데이터 전처리부터 시각화까지 전 과정을 배운다!

Do it! 실습으로 분석 과정 섭렵!

19개의 실습을 따라 하며 오렌지3로 데이터를 분석하는 방법을 익힐 수 있어요!

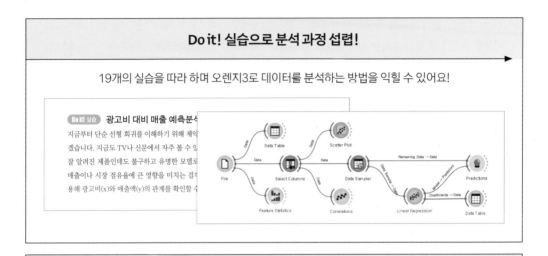

Do it! 실습 광고비 대비 매출 예측분석

지금부터 단순 선형 회귀를 이해하기 위해 제외...
겠습니다. 지금도 TV나 신문에서 자주 볼 수 있...
잘 알려진 제품인데도 불구하고 유명한 모델로...
매출이나 시장 점유율에 큰 영향을 미치는 결과...
용해 광고비(x)와 매출액(y)의 관계를 확인할 수...

이해가 쏙쏙! 개념 설명 그림과 표

어려운 개념을 한눈에 이해할 수 있도록 다양한 삽화와 표를 활용했어요!

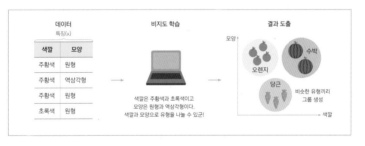

궁금증을 해소시켜 주는 '질문 있어요!'

적재적소에 등장해 실습 중 궁금한 내용이나 좀 더 알고 싶은 개념을 설명해요!

(?) **질문 있어요** [Linear Regression] 위젯 창 아래에 나와있는 숫자는 무엇을 뜻하나요?

[Linear Regression] 위젯의 설정 창 맨 아래에는 숫자 35와 2가 있습니다. 함께 표시된 기호에서 화살표는 데이터의 입력과 출력 방향을, 직사각형은 위젯을 뜻합니다. 즉, 이 위젯으로 정보가 35개 입력되었고, 위젯의 작업 결과로 정보 2개가 출력된다는 뜻입니다. 입력 데이터는 전체 데이터 50개 행 중에서 70%인 학습용 데이터 35개 행을 의미하며, 2개의 출력 데이터는 선형 회귀 학습을 통해 만들어진 직선의 회귀계수 b_0과 b_1을 뜻합니다.

→| 35 |- |→ 2

이 책을 공부하는 데 불편함이 없도록
다양한 자료를 제공합니다!

저자와 함께 공부하세요!

digital_lab
@digital_lab3 · 구독자 1명
채널 자세히 알아보기 ...더보기
구독

저자 유튜브에서 제공하는 강의 영상과 함께 이 책을 공부해 보세요. 그리고 저자 블로그에서 오렌지3 정보, 분석 워크플로, 업데이트 소식도 놓치지 마세요.

▸ 저자 유튜브 채널 | youtube.com/@digital_lab3
▸ 저자 블로그 | blog.naver.com/open_lab

학습에 필요한 실습 파일을 내려받아 활용하세요!

이 책에 담긴 [Do it! 실습]에 필요한 각종 데이터 파일은 이지스퍼블리싱 홈페이지에서 내려받을 수 있습니다.

▸ 이지스퍼블리싱 홈페이지 | www.easyspub.co.kr → [자료실] → 도서명 검색

이지스 퍼블리싱	회사소개	도서	자료실	질문답변	동영상 강의	교·강사 전용	네이버 블로그	두잇 스터디룸
🏠 자료실								

자료실

전체 ∨　검색어를 입력하세요 🔍

퀴즈를 풀며 배운 내용을 복습하세요!

각 장의 마지막에는 퀴즈가 있습니다. 퀴즈를 풀면서 이 장에서 배운 개념을 점검하고 복습할 수 있습니다.

> ✓ 퀴즈로 복습하자!
>
> 1. [머　　]은 컴퓨터가 데이터의 특징을 바탕으로 스스로 결과를 도출하는 기술로, 지도 학습과 비지도 학습이 있습니다.
> 2. 지도 학습은 데이터를 [특　]과 [정　]으로 나누어 모델을 학습시키고 새로운 결과를 예측하는 방법입니다.
> 3. 데이터 분석은 분석 기획 → 데이터 [수　] → 데이터 [전　　] → 데이터 [분　] → 결과 해석 순서로 진행됩니다.
>
> 정답: 1. 머신러닝 2. 특성, 정답 3. 수집, 전처리, 분석

실현할 수 있는 목표를 세우세요. 이 목표를 달성하면 성취감도 큽니다!

학습 계획표를 활용해 공부해 보세요. 학습할 날짜를 써넣고 목표 범위만큼 학습을 완료했다면 체크 표시해 성취감을 느껴 보세요. 이 표에 적힌 학습 범위는 하루에 20쪽씩 공부하는 것을 기준으로 11일 안에 데이터 분석의 기초를 다질 수 있도록 설계했습니다. 자신의 역량에 따라 공부할 범위를 스스로 정해 학습해도 좋습니다.

구분	학습 날짜	학습 범위와 내용	
☑ 1일 차	__월 __일	01장~02장	데이터 분석의 중요성과 데이터의 개념 이해하기
☐ 2일 차	__월 __일	03장~04-1절	데이터 분석 순서와 오렌지3 살펴보기
☐ 3일 차	__월 __일	04-2절~04-3절	오렌지3 설치하기, 실습 준비하기
☐ 4일 차	__월 __일	05장	데이터 가공하는 방법 알기
☐ 5일 차	__월 __일	06장	EDA 개념 익히기
☐ 6일 차	__월 __일	07-1절~07-2절	예측분석의 개념을 이해하고 단순 선형 회귀 실습하기
☐ 7일 차	__월 __일	07-3절~08-2절	다중 선형 회귀 실습하기, 분류분석의 개념과 의사 결정 나무 이해하기
☐ 8일 차	__월 __일	08-3절~08-4절	랜덤 포레스트와 kNN 실습하기
☐ 9일 차	__월 __일	09장	군집분석의 개념 이해하기, 계층적 군집분석과 k-means 군집분석 실습하기
☐ 10일 차	__월 __일	10장	비정형 데이터 분석 — 이미지 분석 실습하기
☐ 11일 차	__월 __일	11장	비정형 데이터 분석 — 텍스트 분석 실습하기

셋째마당
정형 데이터 분석

데이터 분석 준비하기

데이터나 인공지능(AI)이 중요하다는 것은 잘 알지만 수학이나 코딩이 부담스럽다는 이유로 데이터 분석을 어렵게 생각하는 경우가 많습니다. 첫째마당에서는 데이터 분석을 가볍게 시작할 수 있는 방법과 함께 데이터와 데이터 분석이 무엇인지 정확히 알아보겠습니다.

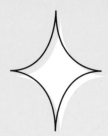

데이터 분석을
시작하기 전에

01장에서는 본격적인 학습을 시작하기 전에 먼저 데이터 분석이 다양한
분야에서 관심을 받는 이유를 알아보고, 어렵고 복잡한 코딩 없이도 데이
터 분석에 도전할 수 있는 방법을 알아보겠습니다.

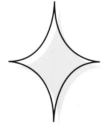

01-1 | 데이터 분석이 주목받는 이유

다양한 조직과 분야에서 데이터 분석을 통해 눈에 보이지 않는 정보를 파악하거나 의사결정의 근거를 도출합니다. 데이터 분석이 언제부터, 왜 이렇게 많은 사람들의 주목을 받게 되었을까요? 과거에는 데이터를 사용하지 않았던 걸까요? 그 이유를 알아보겠습니다.

의사결정 방식의 변화와 기술의 발전

의사결정 방식의 변화

과거에도 데이터를 사용하긴 했지만 기존에 축적된 경험이나 직관 위주의 의사결정만으로도 문제를 잘 해결해 나갈 수 있었습니다. 하지만 세상이 빠른 속도로 변화하고 특히 코로나19와 같은 예상 밖의 일이 반복되면서 기존의 방식으로는 문제를 해결하기 어려워졌습니다.

이런 상황에서 나온 해결책이 바로 데이터를 적극 활용하는 것입니다. 데이터는 과거와 현재의 사실을 기반으로 하므로 현상을 보다 정확하게 파악할 뿐만 아니라 이를 잘 분석하면 미래를 예측하는 힌트도 얻을 수 있습니다.

예를 들어 매장에서 계절별 제품을 준비할 때 단순히 과거 주문량을 따르기보다는 판매 데이터, 날씨 데이터, 고객 리뷰 등의 분석 결과를 활용하면 어떤 상품을 더 많이 주문해야 할지, 언제 가장 많은 물량을 준비할지 등의 힌트를 얻어 보다 현명한 의사결정을 할 수 있습니다.

과거와 현재의 의사결정 방식

구분	과거 의사결정 방식	현재 의사결정 방식
정의	경험과 직관에 기반한 의사결정	데이터 및 분석 결과에 기반한 의사결정
장점	신속하고 간단한 의사결정	좀 더 과학적인 의사결정과 그에 따른 리스크 감소
단점	주관적이고 편향될 수 있음	시간과 자원의 투입, 데이터 및 데이터 분석 역량 필요

기술의 발전으로 쉬워진 데이터 분석

맛있는 요리를 만들 때 다양하고 좋은 식재료가 필요하듯이 의미 있는 데이터 분석 결과를 얻으려면 양질의 데이터가 필요합니다. 인터넷과 기술의 발전으로 엄청난 양의 데이터가 축적되었고 지금도 계속 생성되고 있으므로 데이터 분석에 사용할 재료는 충분합니다. 또한 일반적으로 사용하는 PC에서도 데이터 분석을 할 수 있을 만큼 PC의 성능이 좋아졌을 뿐 아니라, 쉽게 접근할 수 있는 데이터 분석 도구도 많아져 관심만 있다면 누구나 쉽게 데이터 분석을 시도할 수 있습니다. 앞으로 데이터 분서은 점점 더 중요해지고 우리 생활과도 밀접해질 것입니다.

기업에서는 이미 다양한 방식으로 데이터 분석을 활용해 이익을 창출하고 있으며, AI로 변화될 미래에 대응하기 위해 막대한 비용과 시간을 투자하고 있습니다. 국가 차원에서도 데이터를 활용해서 행정 서비스를 개선하기 위해 노력하고 있으며, 우리나라 역시 '데이터기반행정 활성화에 관한 법률'을 만들어 국민에게 데이터를 기반으로 과학적인 행정을 제공하기 위해 노력하고 있습니다.

〈데이터기반행정 활성화에 관한 법률〉은 'https://www.law.go.kr/법령/데이터기반행정 활성화에 관한 법률'에서 확인할 수 있습니다.

이러한 시대 흐름에 발맞춰 개인 또한 데이터 활용에 적극적으로 관심을 가져야 경쟁력을 확보할 수 있습니다. 우리 삶 속을 점점 파고드는 생성형 AI, 맞춤형 광고, 자율주행 등 수많은 신기술을 이해하려면 먼저 데이터에 대한 기본 지식이 반드시 필요합니다.

데이터 분석 사례

데이터 분석이 주목받는 이유를 알아봤으니, 실제 우리 생활에서 어떻게 사용되고 있는지도 함께 살펴보겠습니다.

신용카드의 이상 거래 분류

신용카드사는 사용자가 언제, 어디서, 얼마를 사용하는지에 대한 카드 결제 데이터를 가지고 있습니다. 단순히 보관만 하는 것이 아니라 이 데이터를 활용해 고객의 정상적인 카드 사용 패턴을 파악합니다.

그리고 새로운 카드 사용이 발생하면 정상적인 사용 패턴과 비교해서 갑자기 너무 큰 금액을 결제하거나 평소와 다른 장소에서 사용하면 이상 거래로 판단하여 카드 소유주에게 확인하는 절차를 통해 사기나 도난 피해를 방지하고 있습니다.

공공 자전거 수요 예측

출퇴근 시간 지하철역 입구에 가보면 공공 자전거를 이용하는 사람들이 많습니다. 한참 보고 있으면 자전거를 타고 돌아오는 사람은 얼마 없고 출발하는 사람들이 대부분인데, 자전거가 부족해서 발을 돌리는 사람은 거의 없습니다. 왜냐하면 공공 자전거를 운영하는 기관에서 자전거 대여 데이터를 이용해 요일별, 시간대별, 보관소별로 자전거 수요를 예측하여 장소에 따라 적절한 수량의 자전거를 배치하기 때문입니다.

신용카드나 공공 자전거 사례처럼 우리 생활은 데이터 분석으로 더욱 안전하고 편리해지고 있습니다. 앞에서 데이터 분석의 중요성과 필요성은 확인했지만, 아직 우리에게는 분석을 하려면 코딩을 해야 한다는 부담감이 남아 있습니다. 이제 그 부담감을 어떻게 해결할지 알아보겠습니다.

01-2 | 데이터 분석, 어렵지 않나요?

데이터 분석을 공부하려고 책이나 강의를 찾아보면 처음부터 낯선 분석 환경을 설치하거나 파이썬 문법을 배우게 됩니다. 그리고 막상 데이터 분석을 시작하면 파이썬 코드를 따라 치는데 급급해 분석의 재미를 알기도 전에 지쳐 버립니다. 사실 데이터 분석과 코딩의 관계를 이해하면 누구나 쉽게 할 수 있는데 말이죠. 지금부터 그 이야기를 한번 해보겠습니다.

데이터 분석은 코딩이 아닙니다!

코딩coding이란 컴퓨터가 이해할 수 있는 파이썬 같은 프로그래밍 언어를 사용해 원하는 기능을 만들거나 데이터를 활용해서 문제를 해결하는 과정을 의미합니다. 그리고 인터넷에서 '데이터 분석' 관련 내용을 검색해 보면 수식이나 코드가 대부분인데, 데이터 분석은 코딩이 아니라니 무슨 소리인가 싶을 것입니다. 하지만 코딩은 데이터 분석을 할 때 사용하는 수단 또는 도구일 뿐 데이터 분석 그 자체는 아닙니다. 지금부터 데이터 분석과 코딩의 관계를 다시 생각해 보고, 코딩을 하지 않아도 데이터 분석을 할 수 있는 노코드 분석 방법도 함께 알아보겠습니다.

데이터 분석과 코딩의 관계

앞에서도 이야기했지만 데이터 분석은 코딩이 아닙니다. 그리고 데이터 분석을 할 때 코딩이 반드시 필요한 것도 아닙니다. 실제 데이터 분석 업무에서도 파이썬 코드만 뚝딱 작성하고 데이터 분석이 끝났다고 하지 않습니다. 진정한 의미의 데이터 분석이란 분석 기획, 데이터 수집, 데이터 분석, 결과 해석 등 여러 단계를 포함하며, 코딩은 이때 사용하는 하나의 도구라고 생각하면 됩니다.

1단계		2단계		3단계		4단계		5단계
분석 기획	→	데이터 수집	→	데이터 전처리	→	데이터 분석	→	결과 해석

데이터 분석 5단계

분석할 때는 파이썬 코드를 작성하는 방식을 많이 사용하지만, 코딩 없이 마우스만 클릭해서 작업하는 노코드 분석 도구 방식도 있습니다. 만약 여러분이 데이터 분석가로서 전문성을 쌓아야 한다면 파이썬을 제대로 공부하는 것이 좋겠지만, 지금 당장 데이터 분석을 시작하는 것이 목표라면 노코드 분석 도구를 사용하는 것을 추천합니다. 데이터 분석의 전 과정을 이해한다면 분석 도구의 기초적인 사용법만 알아도 원하는 분석을 바로 진행할 수 있기 때문입니다.

코딩 없이 데이터 분석하기 — 노코드 데이터 분석

그렇다면 노코드no code 분석 도구란 무엇일까요? 'No Code'라는 단어만 봐도 예상할 수 있듯이 코드를 사용하지 않고도 데이터 분석을 할 수 있게 도와주는 도구입니다. 데이터 분석 각 단계에서 필요한 여러 줄의 파이썬 코드를 아이콘으로 제공하면, 사용자는 필요한 기능의 아이콘을 마우스 드래그 앤 드롭으로 연결하며 분석을 진행하는 방식입니다. 지금은 잘 이해되지 않더라도 실습에서 자세히 다룰 것이므로, 파이썬 코드 작성 대신 마우스 클릭만으로도 데이터를 손쉽게 분석할 수 있다는 정도만 알아 두면 됩니다. 동일한 분석 내용이라도 파이썬과 노코드 분석 도구인 오렌지는 각각 다음과 같이 표현합니다.

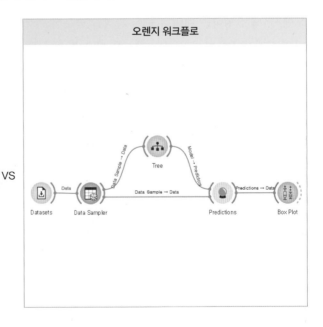

파이썬 코드와 오렌지 워크플로 비교

노코드 분석 도구의 가치와 필요성에 대한 인식이 높아지면서 다양한 유료 제품들이 출시되고 있는데, 우리는 그 중에서도 무료로 자유롭게 사용할 수 있는 오렌지3^{Orange3}를 선택하겠습니다. 사용 방식이 대부분 유사하기 때문에 오렌지3를 잘 배워 두면 다른 노코드 분석 도구도 쉽게 사용할 수 있습니다.

그렇다면 데이터 분석에 파이썬을 많이 사용하는 이유는 무엇일까요? 분석 초보자라면 오렌지3에서 제공하는 기능만으로도 충분하지만, 복잡한 전처리 작업이나 고급 분석을 해야 한다면 파이썬의 유연한 데이터 처리 방식과 다양한 라이브러리가 필요하기 때문입니다. 분석 방식에 따른 분석 도구는 다음 표를 참고하여 필요와 상황에 맞게 선택하세요.

분석 방식에 따른 분석 도구 분류

구분	코드 기반 분석 - 파이썬, R	노코드 분석 도구 - 오렌지3
특징	• 프로그래밍 언어 • 코드 작성 방식	• 그래픽에 기반한 사용자 인터페이스(GUI) • 드래그 앤 드롭 방식
장점	• 유연한 데이터 처리 및 시각화 지원 • 최신 분석 및 고급 분석 등 가능 • 다양하고 신속한 라이브러리 지원	• 초기 학습량이 적음 • 초보자 및 비전문가도 쉽게 사용할 수 있음 • 빠른 분석 결과 도출 가능
단점	• 실제 분석하기까지 초기 학습량이 많음 • 오류/버그가 상대적으로 많음	• 제공하는 기능 내에서만 활용 가능 • 시각화 기능이 미흡함 • 신속한 라이브러리 지원 불가능

오렌지3로 진행하는 데이터 분석 과정을 충분히 이해한 다음 더욱 전문적이고 유연한 분석을 진행하고 싶다면 파이썬 기초 지식을 쌓은 후 챗GPT에서 파이썬 코드 작성을 도와주는 '코드 인터프리터'를 사용하는 방법도 있습니다. 이제 코딩에 대한 부담감을 덜어내고 데이터 분석을 손쉽게 진행해 보세요.

데이터 분석은 누구나 할 수 있습니다!

파이썬이나 코딩의 부담감을 내려 놓았다면 이제 데이터 분석의 각 단계와 그 과정에서 분석 도구를 사용하는 방식을 본격적으로 알아볼 차례입니다. 이를 위해서는 구체적으로 어떤 역량이 필요한지, 그리고 어떤 내용을 공부해야 하는지 먼저 살펴보겠습니다.

데이터 분석을 위한 기본 역량

데이터 분석 전문가가 되려면 전문적인 데이터 분석 지식 외에도 각종 IT 관련 지식, 시각화 능력, 분석 결과를 효과적으로 전달하는 능력 등을 다양하게 갖춰야 합니다. 하지만 이 책의 목표는 데이터 분석을 시작하는 데 필요한 기본 역량을 제대로 갖추는 것입니다. 구체적인 내용은 다음과 같습니다.

데이터 분석을 위한 기본 역량

구분	목표
데이터 분석 지식	데이터, 기초 통계, 데이터 분석 절차, 전처리 방법 및 분석 모델 등의 기본 지식을 이해합니다.
데이터 분석 기술	데이터 분석 언어 또는 도구로 자유롭게 데이터를 다루고, 전처리와 분석 기술을 이해합니다.
도메인 지식	분석 데이터, 데이터 분석 과정 및 결과 해석에 필요한 도메인 지식을 갖춥니다.

우선 데이터 분석의 기본 지식을 이해해야 어떤 분석 방법이 적절한지 결정하고 그에 따른 전처리나 시각화 방법을 판단할 수 있습니다. 그리고 오렌지3나 파이썬 같은 분석 도구를 활용해서 데이터를 처리하고 분석할 수 있는 기술을 갖춰야 합니다. 마지막으로 분석 주제에 관한 도메인 지식이 필요합니다. 이 책에서는 데이터 분석 지식과 기술에 대해서만 다루므로 도메인 지식은 관심 분야에 따라 별도로 공부해야 합니다.

도메인 지식이란 어떤 분석 주제에 관한 사전 지식이라고 할 수 있습니다. 예를 들어 미세먼지에 관한 예측 분석을 진행한다고 할 때 사전에 미세먼지의 발생 원인이나 구성 요소, 이동 경로 등을 알고 있다면 필요한 데이터를 확보하거나 성능 향상 및 결과 해석 과정에 큰 도움이 될 것입니다.

일반적으로 도메인 지식은 자신의 전공이나 주 업무를 하는 과정에서 이미 확보한 경우가 많습니다. 그렇지 않다면 분석을 수행하기 전에 연구 보고서나 논문 등 신뢰할 수 있는 자료를 통해 도메인 지식을 먼저 확보하는 것이 바람직합니다.

시민 데이터 과학자가 되자!

지금까지 데이터 분석을 하려면 어떤 내용을 배워야 하는지 알아봤습니다. 하지만 공부할 양도 방대하고 기술도 빠르게 발전하기 때문에 뚜렷한 목표 없이 무작정 시작부터 한다면 막막하게 느껴질 수 있습니다. 그럼 이 책을 통해 기본 분석 역량을 갖추는 것을 첫 번째 목표로 정하면 어떨까요?

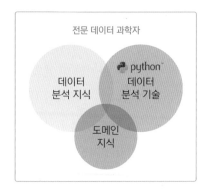

전문 데이터 과학자

데이터
분석 지식

🐍 python
데이터
분석 기술

도메인
지식

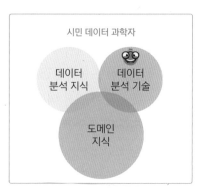

시민 데이터 과학자

데이터
분석 지식

데이터
분석 기술

도메인
지식

우리가 정할 목표로 '시민 데이터 과학자Citizen Data Scientist, CDS'라는 개념이 적당할 것 같습니다. 널리 알려진 표현은 아니지만 세계적으로 유명한 IT 컨설팅 전문 기업인 가트너Gartner에 의하면 '전문 데이터 분석가는 아니지만 자신의 분야에서 쌓은 전문적인 도메인 지식과 데이터 활용 능력을 결합하여 더 나은 결정을 내리는 사람'을 의미합니다. 우리가 각 분야의 시민 데이터 과학자가 된다면 데이터 분석 도구를 활용해 본인이 가지고 있는 실무 역량과 결합하여 다양한 문제를 해결할 수 있습니다.

이제 이 책을 공부하는 목표가 명확해졌습니다. 전문 데이터 과학자와 비교하면 데이터 분석 지식이나 분석 기술 역량은 다소 부족하더라도, 자신이 갖고 있는 도메인 지식을 결합하여 원하는 분석을 자유롭게 시도한다면 시민 데이터 과학자로서 굉장히 다양한 일을 할 수 있을 것입니다.

지금까지 데이터 분석을 시작하기 전에 짚고 넘어가야 할 내용을 알아봤습니다. 02장부터는 시민 데이터 과학자가 되는 것을 목표로 데이터의 개념부터 이해해 보겠습니다.

✅ **퀴즈로 복습하자!**

1. 과거에는 경험과 직관에 의존하던 의사결정 방식이 현재는 [데　　] 기반의 의사결정 방식으로 변화하고 있습니다.

2. [오　　　]는 복잡한 코딩 없이도 데이터 분석할 수 있게 도와주는 노코드 분석 도구입니다.

3. 데이터 분석을 위한 기본 역량으로는 데이터 [분　　　], 데이터 [분　　　], [도　　] 지식이 있습니다.

정답: 1. 데이터 2. 오렌지3 3. 분석지식, 분석기술, 도메인

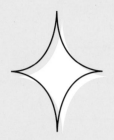

02장

데이터란?

'데이터'라는 용어는 많은 분야에서 다양한 의미로 사용합니다. 그렇다면 데이터 분석에서 사용하는 데이터는 정확히 어떤 의미일까요? 엑셀 파일에 저장된 표를 떠올릴 수도 있고, 주가 차트 같은 그래프를 생각할 수도 있습니다. 02장에서는 데이터의 정확한 정의와 종류에 대해 알아보겠습니다.

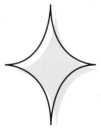

먼저 데이터 분석에서 말하는 데이터란 무엇인지 정확한 의미를 정리하고, 앞으로 계속 사용할 데이터 관련 용어도 함께 짚어보겠습니다.

데이터 이해하기

데이터의 정의

'데이터'는 다양한 분야에서 여러 의미로 활용되고 있습니다. 예를 들어 스마트폰에서 인터넷 사용 요금을 계산할 때 '데이터 무제한'이라고 표현하고, PC나 핸드폰에 저장된 자료를 이동할 때도 '데이터를 옮긴다'라고 하죠. 이 책에서 사용할 데이터는 '컴퓨터가 처리할 수 있는 텍스트, 숫자, 이미지 등의 형태로 된 정보'라고 하겠습니다.

컴퓨터가 처리할 수 있다는 건 무슨 뜻일까요? 사람은 숫자, 텍스트, 기호 등 다양한 형태를 보고 바로 이해할 수 있지만, 컴퓨터는 숫자로 먼저 바꿔 줘야 합니다. 사람은 표 형태에 숫자와 텍스트가 섞여 있어도 내용을 이해할 수 있지만, 컴퓨터는 오직 숫자만 이해할 수 있습니다.

다음 자료에서 왼쪽의 데이터는 집값, 면적, 주차 여부, 가구 옵션을 정리한 표입니다. 주차 여부와 가구 옵션 정보는 텍스트로 입력되어 있는데, 적용하고자 하는 분석 모델에 따라 완전히 숫자로 바꿔 줘야 하는 경우도 있습니다. 또한 이미지나 텍스트 데이터는 전처리 과정에서 숫자로 된 묶음으로 변환해서 사용합니다. 넷째마당 비정형 데이터 분석에서 실습을 통해 자세히 알아볼 예정이므로 여기서는 이 정도만 살펴보고 넘어가겠습니다.

사람이 이해할 수 있는 형태

집값($)	면적(ft²)	주차 여부	옵션 여부
13,300,000	7,420	아니요	옵션 있음
12,250,000	8,960	아니요	옵션 있음
12,250,000	9,960	아니요	일부 옵션
12,215,000	7,500	아니요	옵션 있음
11,410,000	7,420	예	옵션 있음

컴퓨터가 이해할 수 있는 형태

```
[[ 13300000, 7420, 0, 1 ],
 [ 12250000, 8960, 0, 1 ],
 [ 12250000, 9960, 0, 0 ],
 [ 12215000, 7500, 0, 1 ],
 [ 11410000, 7420, 1, 1 ]]
```

따라서 데이터란 '컴퓨터가 처리할 수 있는 텍스트, 숫자, 이미지 등의 형태로 된 정보'이며, 데이터를 분석하려면 컴퓨터가 데이터를 잘 이해할 수 있도록 숫자로 바꿔 주는 과정이 필요하다는 것을 기억해 두세요.

어떤 데이터를 사용해야 하나요?

그렇다면 우리가 사용할 데이터는 어떤 데이터일까요? 실제로 데이터 분석을 하다 보면 양질의 데이터를 확보할 수 있는지에 따라 성공 여부가 결정되는 경우가 많습니다. 데이터 분석가들 사이에서 널리 쓰이는 "Garbage in, garbage out"이라는 말이 있습니다. 이는 "쓰레기를 넣으면 쓰레기가 나온다"라는 뜻입니다. 데이터 분석에 좋지 않은 데이터를 사용하면 좋지 않은 결과가 나오므로, 좋은 데이터를 사용해야 좋은 분석 결과를 얻을 수 있다는 것을 전제로 데이터 분석을 진행해야 합니다.

좋은 데이터란 기본적으로 분석 목적에 맞는 내용이면서 좋은 품질과 충분한 양을 갖춘 데이터를 말합니다. 그럼 분석 목적에 맞는 내용이란 무엇일까요? 기후 변화 분석을 예로 들면 전국 관측소별 최근 10년 간 기온, 강수량 현황 등이 이에 해당한다고 볼 수 있습니다. 분석 목적에 맞는 데이터를 찾으려면 과거에 진행된 연구나 관련 논문을 살펴보는 방법이 있습니다. 더불어 데이터 수집 및 입력 과정에서 오류가 없고, 장기간 충분한 양을 수집했다면 좋은 데이터라고 할 수 있습니다. 성공적인 데이터 분석의 첫 단계는 수많은 데이터 가운데 분석에 필요하고 적절한 데이터를 가려내는 것이라는 점을 기억하길 바랍니다.

02-2 | 데이터의 종류 알아보기

일반적으로 데이터 분석이라고 하면 엑셀이나 구글 시트처럼 표 형태의 데이터를 생각하지만, 데이터 처리 기술 및 딥러닝의 발전으로 텍스트, 이미지 등도 데이터로 활발히 사용되고 있습니다. 지금부터 이러한 데이터의 종류와 특징을 각각 알아보겠습니다.

데이터 형태로 구분하기

데이터는 형태에 따라 정형 데이터와 비정형 데이터로 구분합니다. 또한 데이터의 형태에 따라 전처리 및 분석 방법에 차이가 있습니다.

데이터를 구분하는 가장 큰 기준은 데이터의 형태입니다. 엑셀 시트처럼 정해진 형태로 존재하는 데이터를 '정형 데이터', 그 외에 이미지나 텍스트 등 정형 데이터로 보기 어려운 경우를 '비정형 데이터'로 구분합니다. 정형 데이터는 형태가 정해져 있어서 관리·활용하기에 편리하며, 비정형 데이터는 형태가 정해져 있지 않아서 관리·활용하기에는 어렵지만 다양한 형태를 취급할 수 있다는 장점이 있습니다. 실제 예시를 통해 좀 더 자세히 알아보겠습니다.

정형 데이터	비정형 데이터
형태가 정해져 있어서 관리·활용하기 편리함 ⑩ 스프레드시트, 데이터베이스, 표 등	형태가 정해져 있지 않아서 관리·활용하기 어렵지만 다양한 형태를 취급할 수 있음 ⑩ 텍스트, 이미지, 음성, 영상 등

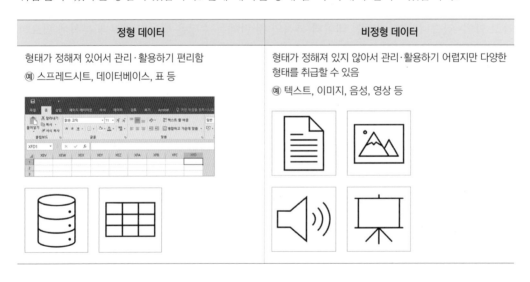

정형 데이터

정형 데이터란 말 그대로 형태가 정해져 있는 데이터로, 행과 열로 구성된 표 형태에 값이 입력된 데이터를 의미합니다. 일반적으로 엑셀이나 구글 시트에 정리해 놓은 자료를 정형 데이터로 볼 수 있습니다.

정형 데이터 이해하기

정형 데이터는 행과 열로 이루어진 표 형태로 구성됩니다. 분석 도구와 업무 분야에 따라 용어가 조금씩 다르지만, 오렌지3에서는 각 관측치의 행을 로row 또는 인스턴스instance, 열은 칼럼column이라고 합니다. 모델 학습 시에는 역할에 따라 피처feature와 타깃target으로 표현하기도 합니다. 용어에 익숙해지도록 상황에 따라 혼용하여 사용하겠습니다.

다음 표의 데이터를 확인해 보세요. 칼럼이 성명, 이메일 주소, 연령, 연봉, 성별, 직무, 입사 일자로 구성된 것을 보니 특정 회사의 직원 정보 데이터인 것 같습니다. 칼럼은 총 7개, 관측치는 총 50개입니다. 데이터를 자세히 보니 성명과 이메일 주소, 성별, 직무는 텍스트 형태, 연령과 연봉은 숫자 형태, 입사 일자는 날짜 형태로 입력되어 있습니다.

데이터

변수
열, 칼럼column

	성명	이메일 주소	연령	연봉($)	성별	직무	입사 일자
1	A	lee@orange.com	35	60,000	남자	IT	2022-10-15
...	...	...	...	...	...	...	...
50	B	koo@orange.com	45	70,000	여자	영업	2020-05-06

행
로row
인스턴스instance
관측치

이 데이터는 칼럼별로 정해진 규칙에 맞춰 일관성 있게 저장되어 있어 활용하기 편리해 보입니다. 왜냐하면 데이터를 수집하고 저장하는 단계에서 각 데이터 칼럼의 유형에 맞춰 관리했기 때문입니다. 데이터 칼럼의 유형이라는 말이 조금 생소하지만 데이터 분석을 하려면 꼭 필요한 개념이므로 그 의미와 종류를 알아보겠습니다.

데이터 칼럼의 유형

데이터 칼럼의 유형이란 데이터의 칼럼이 각각 어떤 형태로 저장되어 있는지를 의미하며 여기에는 숫자형, 텍스트형, 범주형, 날짜형 등이 있습니다. 이렇게 데이터 칼럼의 유형을 지정해야 하는 이유는 무엇일까요? 수집과 활용의 관점에서 이야기해 보겠습니다.

먼저 수집 관점에서 알아보겠습니다. 데이터를 수집하면 관측치, 즉 여러 행의 값이 계속 쌓입니다. 데이터를 쌓기 전에 칼럼 유형을 미리 정하지 않으면 각 관측치별로 동일한 정보에 대한 데이터가 숫자, 텍스트 등 여러 형태로 섞여서 입력될 것입니다.

예를 들어 입사 정보 데이터를 활용해서 직무별 평균 연령을 알아본다고 합시다. 처음 데이터를 수집할 때 연령을 30, 52와 같이 숫자로만 저장했다면 평균 연령을 쉽게 계산할 수 있을 것입니다. 여기에 만약 '만 60세', '미입력', '기타' 등과 같은 텍스트형 데이터가 섞여 있다면 어떻게 될까요? 컴퓨터는 숫자만 이해할 수 있으므로 평균 연령을 구하지 못해 오류가 발생하고, 이를 다시 확인 및 수정하는 과정을 거쳐야 할 것입니다. 그 전에 미리 수집할 데이터의 칼럼 유형을 지정하면 양질의 데이터를 확보하고 분석을 준비하는 시간을 절약할 수 있습니다.

그렇다면 활용 관점에서는 어떨까요? 데이터 분석을 할 때는 먼저 원하는 분석 방법에 맞는 분석 모델을 결정하는데, 이때 모델별로 적용할 수 있는 데이터 칼럼 유형이 정해져 있으므로 잘 파악해 두는 것이 좋습니다.

예를 들어 예측 분석을 할 때 예측 대상이 판매량, 온도 등의 숫자 형태라면 수치 예측 모델을, Yes/No와 같은 범주 형태라면 분류 예측 모델을 활용하는 것이 좋습니다. 또한 시각화 방법을 결정할 때도 데이터 칼럼의 유형에 따라 적용할 수 있는 시각화 종류가 달라지므로 이를 정확히 이해하고 파악할 수 있어야 합니다.

데이터 분석에서 많이 사용하는 칼럼 유형에는 텍스트형, 숫자형, 범주형, 날짜형이 있습니다.

데이터 분석에서 사용하는 칼럼 유형

구분	설명
텍스트형	• 텍스트로 표현되는 정보 例 이름, 이메일 등 • 일반적으로 데이터 분석에서 제외
숫자형	• 숫자로 표현되는 정보 例 연령, 연봉 등 • 합계, 평균 등의 연산 가능 • 일반적으로 데이터 분석에서 가장 중요
범주형	• 정해진 범주의 값으로 표현되는 정보 例 성별, 직무, 혈액형 등
날짜형	• 연, 월, 일, 시 등 날짜와 시간으로 표현되는 정보 例 생년월일, 입사 일자 등 • '2023-01-01'과 같은 형식으로 표현됨 • 시계열 분석에서 중요한 역할

앞에서 예로 든 직원 정보 데이터에서 칼럼 유형을 다시 확인해 보겠습니다. 성명과 이메일 주소는 텍스트형 칼럼이고, 연령과 연봉은 숫자형 칼럼입니다. 성별은 '남성'과 '여성'이라는 정해진 범주의 값이 있는 범주형 칼럼이고, 직무 역시 IT·영업·기획 등 회사에서 정해 놓은 직무의 값이 있는 범주형 칼럼입니다. 마지막으로 입사 일자는 YYYY-MM-DD 형식으로 표현되는 날짜형 칼럼입니다.

이제는 데이터를 볼 때마다 어떤 칼럼의 유형인지 판단하는 습관을 가지는 것이 중요합니다. 텍스트형과 범주형은 모두 텍스트 형태로 입력되어 있지만, 정해진 범주의 값을 가지고 있는지 또는 분석에 활용할 수 있는지 등에 따라 적절히 판단하면 됩니다.

	텍스트형		숫자형		범주형		날짜형
	성명	이메일 주소	연령	연봉($)	성별	직무	입사 일자
1	A	lee@orange.com	35	60,000	남자	IT	2022-10-15
...	...	...	...	...	...	...	...
50	B	koo@orange.com	45	70,000	여자	영업	2020-05-06

지금까지 정형 데이터의 의미와 구조, 칼럼 유형의 종류까지 살펴봤습니다. 이어서 정형 데이터가 아닌 데이터의 집합인 비정형 데이터를 알아보겠습니다.

비정형 데이터

정형 데이터와 반대로 형태가 정해져 있지 않은 비정형 데이터도 있습니다. 이번에는 비정형 데이터의 종류와 활용 방법을 알아보겠습니다.

비정형 데이터 이해하기

비정형 데이터란 정해진 형태가 아닌 데이터를 의미하며 주로 텍스트와 이미지가 이에 해당합니다. 텍스트 데이터는 신문기사나 제품 리뷰, 온라인 게시물 등이 대표적이며, 이미지 데이터는 손 글씨나 의료 이미지 등을 예로 들 수 있습니다.

💡 정형 데이터와 비정형 데이터의 중간 개념인 반정형 데이터도 있습니다. 주로 html, json 등이 있으며, 정형 데이터처럼 행과 열이 있는 테이블 형태로 구조화되어 있지는 않아도 원하는 형태로 변환하여 사용할 수 있다는 특징이 있습니다.

텍스트 데이터	이미지 데이터
[기사] 인공지능 기술 관심으로 관련 주가 상승 최근 인공지능(AI) 기술의 중요성이 점점 더 부각되면서 관련 주식들이 급격한 상승세를 보이고 있습니다. AI는 금융, 의료, 제조, 서비스 등 다양한 산업에서 핵심적인 역할을 하고 있으며, 이로 인해 AI 개발과 활용에 강점을 가진 기업들이 시장에서 큰 주목을 받고 있습니다. 특히 AI 기술을 선도하는 기업들은 기술 혁신을 통해 비즈니스 모델을 빠르게 변화시키며 경쟁력을 강화하고 있습니다. 투자자들은 AI가 미래 경제 성장의 핵심 동력이 될 것으로 기대하고 있으며, 이러한 기대는 주식 시장에서 관련 주식의 가치 상승으로 이어지고 있습니다. AI 기술이 산업 전반에 걸쳐 변화를 이끌고, 효율성을 크게 개선할 수 있다는 점에서 투자자들의 관심이 집중되고 있는 상황입니다. 이에 따라 기술 기업들의 주가는 지속적으로 상승세를 기록하고 있으며, AI 관련 기술이 향후 경제 및 산업에 미치는 영향이 더욱 확대될 것으로 전망되고 있습니다.	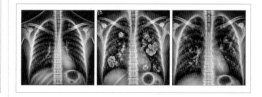

비정형 데이터 사용법

그렇다면 비정형 데이터는 데이터 분석에서 어떻게 사용할 수 있을까요? 텍스트나 이미지 데이터는 그대로 사용하기 어려우므로 컴퓨터가 이해할 수 있도록 숫자 묶음으로 먼저 바꿔 줘야 합니다. 예를 들어, 텍스트 분석을 한다면 문장을 단어 단위로 나눈 다음 해당하는 단어의 빈도수를 파악하여 테이블(표) 형태의 정형 데이터로 만드는 방법이 있습니다.

구분	텍스트
문장1	노코드 데이터 분석
문장2	노코드 분석 도구 오렌지
문장3	데이터 분석 공부

→

구분	노코드	데이터	분석	도구	공부	오렌지
문장1	1	1	1	0	0	0
문장2	1	0	1	1	0	1
문장3	0	1	1	0	1	0

또한 이미지 분석을 하기 위해서는 이미지의 최소 단위인 픽셀별로 각자 보유하고 있는 RGB 값을 숫자 묶음으로 변환하면 마치 정형 데이터처럼 분석을 진행할 수 있습니다.

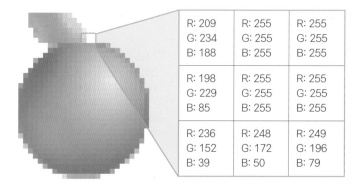

텍스트와 이미지를 변환하는 방법은 다소 추상적이어서 처음에는 이해가 조금 어려울 수 있습니다. 넷째마당 비정형 데이터 분석에서 텍스트와 이미지 데이터를 처리하고 분석하는 과정까지 자세히 다루므로, 여기서는 비정형 데이터인 텍스트와 이미지도 데이터 분석에 충분히 활용할 수 있다는 정도만 알고 넘어가세요.

✅ 퀴즈로 복습하자!

1. [데   ]는 컴퓨터가 처리할 수 있는 텍스트, 숫자, 이미지 등의 형태로 된 정보입니다.

2. 데이터는 테이블 형태의 [정   ] 데이터와 이미지, 텍스트 같은 [비   ] 데이터로 구분됩니다.

3. 정형 데이터의 칼럼 유형으로 [텍   ]형, [숫   ]형, [범   ]형, [날   ]형이 많이 사용됩니다.

정답: 1. 데이터 2. 정형, 비정형 3. 텍스트, 숫자, 범주, 날짜

데이터 분석

03장에서는 데이터 분석의 정확한 의미와 종류에 대해 알아보겠습니다. 그리고 원하는 결과를 얻기 위한 데이터 분석의 세부 과정도 함께 살펴보겠습니다.

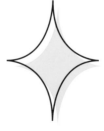

데이터 분석은 데이터를 활용해서 원하는 결과를 도출하는 전 과정을 의미합니다. 데이터 분석 방법은 매우 다양하지만 최근 많이 언급되는 인공지능(AI)을 활용하는 방법부터 조금 낯설게 느껴지는 비지도 학습까지 하나씩 알아보겠습니다.

AI, 머신러닝, 딥러닝의 관계 이해하기

요즘 수많은 서비스나 제품에서 AI라는 표현을 자주 볼 수 있습니다. 인공지능을 의미하는 AI^{Artificial Intelligence}는 사람이 정보를 이해하고 추론하는 방식을 컴퓨터로 구현해 데이터를 이해하고 결과를 도출하는 기술을 의미합니다. 쉽게 말하면 컴퓨터의 좋은 성능에 사람처럼 이해하고 생각하는 방식을 결합해 더욱 뛰어난 결과를 만들어 내는 새로운 방식입니다.

AI, 머신러닝, 딥러닝은 하위 집합의 개념으로 이해할 수 있습니다. 다음 그림과 같이 인공지능 기술에 머신러닝이 포함되고, 머신러닝 기술에 딥러닝이 포함된다고 이해하면 쉽습니다. 이제 각 개념을 하나씩 살펴보겠습니다.

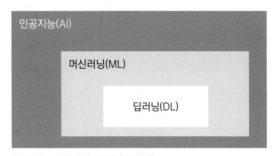

인공지능, 머신러닝, 딥러닝의 관계

인공지능(AI)

컴퓨터가 인간의 지적 능력(인식, 학습, 추론, 결과 도출 등)을 수행할 수 있도록 구현하여 데이터를 이해하고 결과를 도출할 수 있게 하는 기술을 의미합니다. 예를 들어 스마트폰의 음성 인식 기능은 AI를 사용하여 사용자의 목소리를 듣고 이해하여 명령을 수행합니다. 사용자가 "오늘 날씨 어때?"라고 물어보면 AI는 이 질문을 이해하고 인터넷에서 날씨 정보를 검색하여 그 결과를 사용자에게 알려 줍니다. 이 과정에서 AI는 인간이 정보를 인식하고 처리하는 능력을 모방하여 결과를 제시합니다.

머신러닝

머신러닝^{machine learning}(기계 학습)이란 인공지능의 한 분야로, 머신러닝 모델을 데이터로 학습시킨 후 새로운 결과를 예측하거나 사람이 파악하기 힘든 특징을 파악해 내는 기술을 의미합니다. 데이터 분석에서 일반적으로 널리 사용되는 방법입니다.

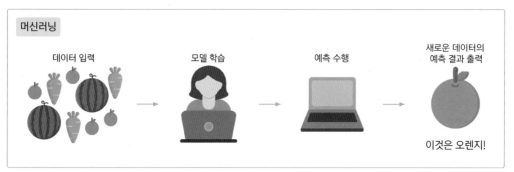

머신러닝의 데이터 분석 과정

딥러닝

딥러닝^{deep learning}(심층 학습)이란 머신러닝의 한 분야이며, 인간의 뇌가 정보를 처리하는 방식을 모방하여 만든 인공 신경망을 기반으로 데이터의 특징을 추출하고 결과를 도출하는 기술입니다. 인공 신경망이 직접 데이터의 특징을 추출하고 모델을 학습시키면서 예측하므로 내부 작동 원리와 결정 기준을 정확하게 파악할 수는 없지만 텍스트, 이미지 처리 등 복잡한 문제를 해결하는 데 효과적입니다.

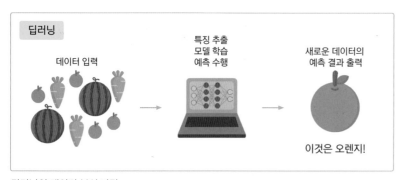

딥러닝의 데이터 분석 과정

머신러닝으로 데이터를 분석하자

데이터 분석에 어떤 방법이 가장 효과적인지는 분석할 데이터의 내용과 형태, 그리고 컴퓨터 성능에 따라 다릅니다. 머신러닝은 데이터를 학습하여 수치 예측이나 범주 분류 등의 작업을 수행하거나 숨겨진 패턴을 발견하기 위해 많이 사용하는데, 여기에는 주로 정형 데이터를 사용합니다. 딥러닝은 인공 신경망을 기반으로 대량의 비정형 데이터를 활용한 객체 인식, 자연어 처리 등에 많이 사용합니다.

따라서 어떤 데이터 분석 방법이 더 나은지를 판단하기보다는 분석할 데이터에 가장 적합한 방법을 선택하는 것이 중요합니다. 일반적으로 인공지능이나 딥러닝은 자율주행, 스마트 가전 제품, 생성형 AI 서비스 등에 사용되며 일반 PC보다 높은 성능을 갖춘 장비와 대규모 학습 데이터가 필요하므로 대기업이나 연구소에서 주로 활용합니다. 반면 머신러닝은 업무나 연구에 누구나 쉽게 활용할 수 있습니다. 따라서 우리는 머신러닝에 초점을 맞춰 학습을 진행하겠습니다.

앞에서 머신러닝은 컴퓨터가 데이터의 특징을 바탕으로 스스로 결과를 도출하는 기술이라고 했습니다. 이때 결과를 도출하는 방식을 기준으로 지도 학습과 비지도 학습으로 구분할 수 있는데, 각각 어떤 특징이 있는지 알아보겠습니다.

지도 학습 VS 비지도 학습

지도 학습supervised learning과 비지도 학습unsupervised learning 중 하나를 선택하려면 먼저 '특징'과 '정답'이라는 개념을 이해해야 합니다. 오렌지, 당근, 수박의 색깔과 모양 데이터를 예로 들어 보겠습니다.

먼저 데이터 칼럼별로 특징(x)과 정답(y)이라는 역할을 정한 뒤 머신러닝 모델에게 특징을 보고 정답을 맞추도록 학습을 시킵니다. 주황색이면서 원형이라는 특징이 있다면 오렌지가, 주황색이면서 역삼각형이라는 특징이 있다면 당근이, 초록색이면서 원형이라는 특징이 있다면 수박이 정답이라는 식입니다. 이렇게 색깔과 모양이라는 특징 및 오렌지, 당근, 수박이라는 종류를 정답으로 모델에게 하나씩 지도해서 학습시키면 나중에는 특징만 봐도 스스로 오렌지, 당근, 수박을 분류할 수 있게 됩니다. 모델이 잘 학습했는지 확인하려면 정답을 가리고 특징을 먼저 설명해 줍니다. "주황색이면서 원형인 특징이 있다면 무엇일까?" 그럼 컴퓨터는 그동안 배운 내용을 떠올려서 오렌지라는 결과를 내놓습니다. 이것이 바로 지도 학습입니다.

데이터

특징(x)		정답(y)
색깔	**모양**	**종류**
주황색	원형	오렌지
주황색	역삼각형	당근
주황색	원형	오렌지
초록색	원형	수박

지도 학습

주황색이면서 원형이면 → 오렌지
주황색이면서 역삼각형이면 → 당근
초록색이면서 원형이면 → 수박

결과 도출

주황색이면서 원형이라는
특징이 있다면 무엇일까요?

정답은
오렌지!

그렇다면 비지도 학습은 무엇일까요? 말 그대로 사람이 지도하는 과정 없이 모델이 스스로 독학하는 것입니다. 머신러닝 모델에게 데이터 칼럼별로 정답과 특징과 같은 역할을 지정하지 않고 입력합니다. 그럼 모델은 데이터를 살펴보면서 색깔은 주황색과 초록색이 있고 모양은 원형이거나 역삼각형이라는 것을 파악한 뒤 이를 종합해 특징이 비슷한 관측치끼리 묶어서 보여 줍니다.

데이터

특징(x)	
색깔	**모양**
주황색	원형
주황색	역삼각형
주황색	원형
초록색	원형

비지도 학습

색깔은 주황색과 초록색이고
모양은 원형과 역삼각형이다.
색깔과 모양으로 유형을 나눌 수 있군!

결과 도출

모양

오렌지
수박
당근

비슷한 유형끼리
그룹 생성

색깔

지도 학습과 비지도 학습의 차이는 정답을 맞힐 수 있는 문제인지에 따라 구분할 수 있습니다. 특징과 정답을 학습시킨 후 새로운 문제의 정답을 맞히는 분석을 하고 싶다면 지도 학습을, 가지고 있는 데이터에서 눈에 보이지 않는 패턴을 발견해 비슷한 데이터를 몇 개의 그룹으로 나누고 싶다면 비지도 학습을 선택하면 됩니다.

지도 학습과 비지도 학습의 종류

그렇다면 지도 학습과 비지도 학습에는 어떤 종류가 있을까요? 다양한 종류가 있지만 많이 사용되면서 기초 수준에서 이해할 수 있는 대표적인 분석 방법을 위주로 배워 보겠습니다.

지도 학습에는 대표적으로 분류 분석과 예측 분석이 있습니다. 분류 분석은 정답 칼럼의 형태가 오렌지, 당근, 수박처럼 범주형인 경우를 의미하고, 예측 분석은 미세먼지 농도 예측, 여름철 전기 사용량 예측 등 맞혀야 할 정답이 농도, 사용량처럼 숫자형 칼럼인 경우를 의미합니다. 비지도 학습에는 유형이 비슷한 관측치를 군집별로 묶어 주는 군집 분석이 있습니다. 아직은 개념이 잘 이해되지 않아도 셋째마당에서 실제 데이터로 실습하면서 자세히 배울 예정이니 걱정하지 않아도 됩니다.

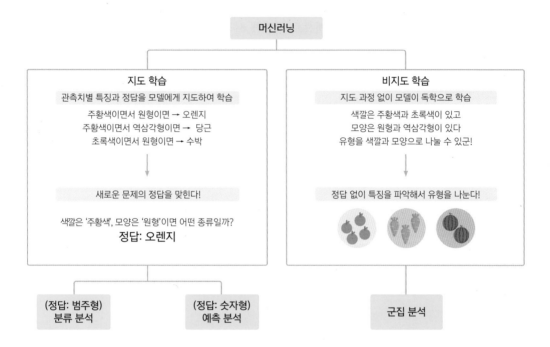

특징과 정답 이해하기

머신러닝에서 특징과 정답 역할의 칼럼은 정해져 있는 것이 아니라 데이터 분석 주제나 방법에 따라 설정합니다. 물론 지도 학습에서 데이터 분석을 하려면 정답으로 사용할 칼럼이 반드시 필요합니다. 사실 특징과 정답은 데이터 분석 이론을 쉽게 설명할 때 사용하는 표현이고, 머신러닝에서는 특징을 독립변수(x), 정답을 종속변수(y)라고 합니다. 종속변수(y)는 독립변수(x)에 의해 설명되고 종속되는 존재여서 이런 이름이 붙었습니다.

독립변수(x)는 종속되지 않고 독립적으로 존재하는 변수여서 독립변수라고 합니다. 이 책에서 사용할 분석 도구인 오렌지3에서는 독립변수와 종속변수 대신 피처feature와 타깃target이라는 용어를 사용하니 혼동하지 않도록 잘 알아 두기 바랍니다.

설명을 위한 표현		머신러닝		오렌지3
특징(모양, 색깔)	⟶	독립변수(x)	⟶	피처
정답(종류)		종속변수(y)		타깃

지금까지 데이터와 데이터 분석의 개념 및 종류 등 데이터 분석에 필요한 기초 지식을 알아봤습니다. 그렇다면 데이터 분석은 본격적으로 어떻게 시작하고 진행하는지 그 순서를 살펴보겠습니다.

03-2 | 데이터 분석 순서 알아보기

우리의 목적은 정확한 분석 결과를 도출하는 것입니다. 그런데 목적지에 잘 도착하려면 경로를 알아야 합니다. 이번에는 분석 기획 단계부터 결과 해석 단계까지, 목적지에 도달하는 구체적인 경로를 5단계로 구분해 알아보겠습니다.

① 분석 기획	② 데이터 수집	③ 데이터 전처리	④ 데이터 분석	⑤ 결과 해석
• 분석 내용 정의 • 필요 데이터 확인 • 분석 방법 및 결과 활용 방법 결정	• 데이터 수집 • 데이터 수집처 및 기준 일자 정리	• 이상치/결측치 확인 및 처리 • 스케일링 • 인코딩 등	• EDA 분석 • 분석 모델 적용 • 모델 평가 및 성능 개선 • 기타 분석	• 결과 해석 • 시각화 • 결과 활용

데이터 분석 5단계

1단계: 분석 기획하기

데이터 분석의 출발점은 분석 기획입니다. 이 과정이 제대로 되지 않으면 의미 없는 분석 결과가 도출되거나 중간에 방향성을 잃을 수도 있으므로 데이터 분석에서 확인하고 싶은 내용이나 해결해야 할 문제를 구체적으로 정의해야 합니다. 데이터 분석으로 얻고 싶은 결과가 무엇인지, 그 결과를 얻으려면 어떤 분석 방법을 적용해야 하는지, 어떤 데이터가 필요한지 등을 확인하기 위해 먼저 분석 사례나 논문을 검토합니다.

적용할 수 있는 분석 방법과 데이터가 존재한다면 어떻게 적용할지 결정하고 최종 결과를 활용하는 방안도 생각해 봐야 합니다. 아무리 좋은 데이터와 분석 방법을 적용했다고 하더라도 활용 가치가 없다면 비용과 시간을 낭비할 수 있기 때문입니다. 다음 예시를 기준으로 하면 보다 구체적이고 현실적인 분석 과제를 기획할 수 있습니다.

분석 기획 예시
분석 제목: 분석 배경 및 필요성: 분석 목적: 분석 방법: 필요 데이터: 분석 시 고려 사항: 결과 활용 방안:

2단계: 데이터 수집하기

데이터 수집은 분석에 필요한 데이터를 바로 활용할 수 있도록 한곳에 모으는 작업을 의미합니다. 공공 데이터 포털 같은 사이트에서 내려받거나, 데이터를 소유하고 있는 사람에게 요청하거나, 엑셀에 직접 값을 입력해서 만드는 방법 등으로 데이터를 수집할 수 있습니다. 이때 반드시 실제 데이터 수집 가능 여부를 확인하는 것이 중요합니다.

데이터를 수집할 때에는 정확한 출처와 기준 시점을 관리해야 최신 데이터를 확보하고 데이터 오류 검증 시 어려움을 겪지 않을 수 있습니다. 또한 데이터를 수집한 후에는 반드시 데이터의 기초 통계량과 결측치 등 데이터의 상태를 파악해야 실제 분석 단계에서 데이터를 다시 수집해야 하는 실수를 피할 수 있습니다.

데이터 수집 예시				
분석 데이터 목록				
ID	데이터명	출처	기준 일자	설명
1	고객 데이터	고객 DB	2024년 1월	고객 정보 데이터
2	매출 데이터	매출 DB	2023년 12월	누적 매출 데이터
3	날씨 데이터	공공 데이터 포털	2024년 1월	최근 3년간 날씨 데이터

3단계: 데이터 전처리하기

데이터 전처리는 데이터의 상태와 분석 방법에 따라 경우의 수가 매우 다양합니다. 여기서는 일반적으로 사용하는 데이터 전처리 방법 3가지를 알아보겠습니다.

데이터 전처리 방법 3가지
- 방법 1: 데이터를 합치거나 구조 변경하기
- 방법 2: 측정되지 않은 값(결측치) 또는 활용하기 어려운 값(이상치) 처리하기
- 방법 3: 적용할 분석 방법에 맞춰 인코딩 또는 스케일링 진행하기

방법 1: 데이터를 합치거나 구조 변경하기

데이터 분석을 할 때 데이터 구조를 바꾸거나 여러 데이터를 합쳐야 하는 경우가 있습니다. 예를 들어, 연도별로 기록된 데이터 파일을 수집한 뒤 하나의 데이터로 합쳐서 분석하려고 보니 원하는 구조와 다른 경우가 있습니다. 그렇다면 다음과 같이 데이터 구조를 원하는 형태로 바꾸는 작업을 해야 합니다.

2023년 상반기 주문 현황		
ID	상품	개수
1	사과	10
2	귤	10
3	레몬	5
4	키위	10

+

2023년 하반기 주문 현황		
ID	상품	개수
1	사과	15
2	귤	10
3	딸기	20
4	키위	10

=

2023년 상·하반기 주문 현황			
ID	상품	상반기	하반기
1	사과	10	15
2	귤	10	10
3	레몬	5	0
4	딸기	0	20
5	키위	10	10

방법 2: 측정되지 않은 값(결측치) 또는 잘못 측정된 값(이상치) 처리하기

결측치는 입력되지 않은 값을, 이상치는 잘못 입력되었거나 정상 범위 밖의 값을 의미합니다. 결측치와 이상치를 처리하는 과정이 필요한 이유는 이 값들을 포함한 상태로 데이터 분석을 진행하면 분석 결과에 왜곡이나 오류가 발생할 수 있기 때문입니다. 이를 방지하려면 데이터에 결측치와 이상치는 없는지 미리 확인하여 보완하거나 삭제하는 과정을 반드시 거쳐야 합니다.

이상치와 결측치가 포함된 데이터			
ID	생년월일	성별	키(cm)
1	1990-10-12	남자	178
2	2999-12-31	여자	160
…			
99	2020-03-06		155
100	1986-05-20	남자	300

→

이상치와 결측치가 처리된 데이터			
ID	생년월일	성별	키(cm)
1	1990-10-12	남자	178
2	1999-12-31	여자	160
…			
99	2020-03-06	미입력	155
100	중요한 값의 결측치로 행 삭제		

방법 3: 적용할 분석 방법에 맞춰 인코딩 또는 스케일링 진행하기

분석 모델을 만들려면 컴퓨터가 데이터를 이해할 수 있도록 텍스트로 입력된 범주형 칼럼의 값은 숫자로 변환해 줘야 합니다. 예를 들어 성별이 '남자', '여자'로 입력되었다면 이를 각각 1과 0으로 변환하는 인코딩 처리를 해야 컴퓨터가 정상적으로 이해할 수 있습니다.

또한 숫자형 칼럼 간의 범위를 맞추는 전처리가 필요한 경우도 있습니다. 예를 들어 키와 몸무게 값의 범위를 비교해 보면 측정 단위가 다르기 때문에 키가 훨씬 높은 범위의 값을 나타냅니다. 그런데 컴퓨터는 키와 몸무게의 단위를 고려하지 않고 단순히 1번, 2번 칼럼으로 인식하기 때문에 몸무게보다 키가 더 중요한 정보라고 오해할 수 있습니다. 이러한 문제는 키와 몸무게 두 칼럼의 범위를 모두 0~1 사이로 동일하게 맞추는 스케일링 방식 등으로 해결할 수 있습니다.

사람이 이해하는 형태				컴퓨터가 이해할 수 있는 형태			
ID	성별	키(cm)	몸무게(kg)	ID	성별	키(cm)	몸무게(kg)
1	남자	178	60	1	1	1.00	0.67
2	여자	160	55	2	0	0.22	0.33
3	여자	155	50	3	0	0.00	0.00
4	남자	175	65	4	1	0.87	1.00

인코딩   스케일링

데이터 전처리 방식은 1단계 데이터 분석 기획에서 결정한 분석 방법과 2단계에서 수집된 데이터 상태에 따라 정해집니다. 따라서 각 분석 방법과 데이터의 특징에 따라 필요한 전처리 방식을 판단할 수 있어야 합니다.

4단계: 데이터 분석하기

데이터 분석은 전처리까지 완료한 데이터를 분석 모델에 적용하는 단계입니다. 데이터를 모델에 적용한 후에는 더 좋은 성능이나 결과를 얻기 위해 분석가가 직접 설정할 수 있는 옵션값인 하이퍼 파라미터hyper parameter를 조절하거나, 기존의 변수를 활용해서 새로운 변수를 추가하는 피처 엔지니어링feature engineering을 추가로 진행할 수 있습니다. 분석 모델을 통해 얻은 결과가 실제 의사결정이나 업무에 적용할 만큼 정확하거나 의미 있어야 하므로 그 부분에 집중해서 모델을 개선해 나가는 것이 중요합니다.

데이터 분석은 크게 세 가지 범주로 나눌 수 있습니다. 먼저 데이터 현황을 파악하거나 머신러닝 적용을 위해 데이터를 다각도로 살펴보는 EDA 분석이 있고, 새로운 값을 예측하거나 유사한 값들의 군집을 확인할 수 있는 머신러닝 방식이 있습니다. 그리고 데이터가 이미지, 텍스트 등의 비정형인 상태에서 복잡한 문제를 해결해야 하는 경우 딥러닝 방식을 선택할 수 있습니다. 세부 분석 방법은 앞으로 자세히 다룰 예정이니 큰 틀만 우선 살펴보고 넘어가겠습니다.

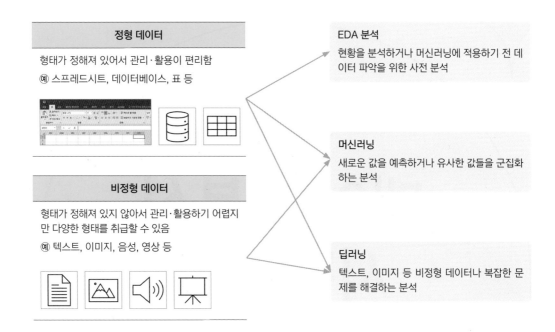

5단계: 결과 해석하기

4단계에서 얻은 분석 결과 값은 그 자체만으로는 큰 의미가 없습니다. 데이터 분석 지식과 도메인 지식을 바탕으로 결괏값을 해석하고 인사이트를 추가한 뒤 의사결정이나 업무에 활용할 수 있어야 의미 있는 분석이라고 볼 수 있습니다. 또한 데이터를 숫자로만 제시하는 대신 다양한 형태로 시각화해서 설명하면 그 의미를 더 효과적으로 전달할 수 있습니다.

분석 결과를 보고서로 작성할 수도 있지만, 실시간 정보가 중요한 분석 주제에서는 데이터 분석 결과를 시스템에서 상시 조회할 수 있도록 구현하는 경우도 있습니다. 그러므로 분석 결과를 활용하는 방식을 잘 알아 둘 필요가 있습니다.

이처럼 실제 분석 결과를 의사결정이나 업무에 활용하여 1단계에서 설정한 분석 목적을 달성했다면 데이터 분석의 5단계가 모두 마무리됩니다.

✅ 퀴즈로 복습하자!

1. [머　　　]은 컴퓨터가 데이터의 특징을 바탕으로 스스로 결과를 도출하는 기술로, 지도 학습과 비지도 학습이 있습니다.

2. 지도 학습은 데이터를 [특　]과 [정　]으로 나누어 모델을 학습시키고 새로운 결과를 예측하는 방법입니다.

3. 데이터 분석은 분석 기획 → 데이터 [수　] → 데이터 [전　　] → 데이터 [분　] → 결과 해석 순서로 진행됩니다.

정답: 1. 머신러닝 2. 특징, 정답 3. 수집, 전처리, 분석

데이터 분석 시작하기

둘째마당에서는 코드 없이도 데이터를 쉽고 편리하게 분석할 수 있는 노코드 분석 도구인 오렌지3를 알아보고, 실제 데이터를 가져와서 원하는 형태로 만들어 가는 과정을 실습해 보겠습니다. 그리고 데이터 분석의 첫 단계인 탐색적 데이터 분석 EDA도 함께 알아보겠습니다.

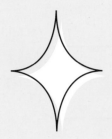

04장

오렌지3가
뭔가요?

04장에서는 노코드 분석 도구인 오렌지3를 사용하여 데이터를 직접 분석해 보겠습니다. 프로그램 설치와 기본 사용법부터 잘 익혀 보세요.

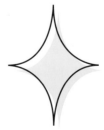

04-1 │ 오렌지3 이해하기

노코드 분석 도구인 오렌지3의 장점

오렌지3는 슬로베니아의 블라냐 대학교University of Ljubljana에서 개발한 노코드 분석 도구로, 오픈 소스여서 누구나 무료로 사용할 수 있습니다. 지금부터 오렌지3의 장점을 하나씩 살펴보겠습니다.

---

② 질문 있어요 │ **오픈 소스가 뭔가요?**

오픈 소스open source란 소프트웨어를 구성하는 '소스 코드'가 공개되어 있어 누구나 자유롭게 사용, 수정 및 배포할 수 있는 소프트웨어를 의미합니다.
- 장점: 무료로 사용할 수 있고 사용자 커뮤니티가 활성화되어 있습니다.
- 단점: 유상으로 판매되는 제품이 아니다 보니 기술 지원이나 유지보수 부분이 미흡합니다.

손쉬운 데이터 분석 가능

파이썬 같은 프로그래밍 언어로 데이터를 분석하려면 분석 환경을 세팅한 뒤 파이썬을 설치하고 라이브러리까지 추가해야 하므로 초보자에게는 다소 부담스러울 수 있습니다. 또한 분석에 앞서 프로그래밍 언어의 기본 문법뿐만 아니라 데이터 불러오기, 전처리, 시각화 등 각 단계마다 필요한 코드를 모두 알아야 하므로 학습량이 많습니다. 그 밖에도 데이터 분석을 진행하면서 분석 환경과 코드 오류 등으로 어려움을 겪을 수도 있습니다.

반면 오렌지3는 사용자의 운영체제(OS)에 맞는 버전만 설치하면 바로 분석을 시작할 수 있으며, 분석에 필요한 각종 기능을 담은 위젯(아이콘)을 연결해서 수십 줄의 코드를 일일이 작성하지 않고도 간단하게 분석을 진행할 수 있습니다. 또한 분석 환경이나 코드로 인해 오류가 발생할 일이 거의 없기 때문에 중도에 포기하지 않고 분석을 진행할 수 있습니다.

직관적인 분석 가능

왼쪽의 파이썬 코드로 작성한 내용을 보면 어떤 분석을 했는지 한 번에 감이 잘 오지 않습니다. 하지만 오른쪽의 오렌지3 워크플로를 보면 어떤 흐름으로 분류 분석을 진행했는지 직관적으로 파악할 수 있습니다.

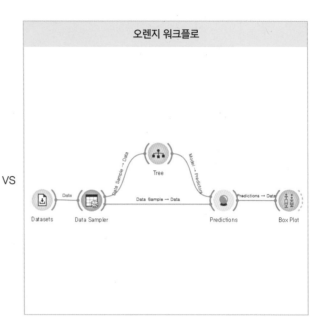

파이썬 코드와 오렌지 워크플로 비교

이처럼 오렌지3는 GUIgraphical user interface를 기반으로 데이터 분석 과정을 상당히 직관적으로 보여 줍니다. 분석 역시 엑셀처럼 원하는 기능을 클릭하고 옵션을 설정하는 방식으로 이루어지며, 결과는 마치 파워포인트처럼 한 화면에서 구현되기 때문에 전체 분석 과정을 확인할 수 있어 이해가 쉽습니다. 단, 한글 버전은 아직 지원하지 않습니다.

(?) 질문 있어요 | GUI가 뭔가요?

GUI는 사용자가 아이콘, 버튼 등의 그래픽 요소를 클릭해서 컴퓨터와 상호작용하는 방식을 의미합니다. 과거에는 명령어를 입력하는 방식으로 컴퓨터와 상호작용했지만 현재는 대부분 GUI 방식으로 개선되어 원하는 기능의 아이콘을 마우스로 클릭하면서 직관적이고 편하게 작업을 진행할 수 있습니다.
데이터 분석 분야에서도 사용자가 마우스로 그래픽 요소를 클릭하며 손쉽게 분석할 수 있도록 GUI에 기반한 노코드 분석 도구가 다양하게 개발되고 있습니다.

오픈 소스와 사용자 커뮤니티

오렌지3는 유료로 사용하는 노코드 분석 도구와 달리 오픈 소스이기 때문에 누구나 무료로 자유롭게 사용할 수 있습니다. 그로 인해 사용자가 많고 커뮤니티가 활성화되어 있는 편이며, 사용자들이 직접 공유하는 분석 노하우나 강의 등의 다양한 자료를 많이 얻을 수 있다는 것도 장점입니다.

오렌지3 홈페이지 살펴보기

오렌지3 홈페이지(https://orangedatamining.com)에 접속하면 오렌지3 프로그램에 대한 다양한 정보를 얻을 수 있습니다. 오렌지3 프로그램 다운로드는 물론 위젯 카탈로그, 분석 예제, 유튜브 영상, 튜토리얼 등의 정보를 참고할 수 있습니다. 여기서는 오른쪽 상단의 [Docs]를 클릭해 상세한 내용을 먼저 살펴보겠습니다.

오렌지3 홈페이지

분석 사례

오렌지3는 다양한 기능의 위젯을 연결하면서 데이터 분석을 진행하는데, 이렇게 연결된 분석 결과물을 워크플로^{workflow}라고 합니다. Documentation 메뉴에서 Visual Programming에 있는 [Example workflows]로 들어가면 데이터 불러오기, 텍스트 마이닝, 분류 분석 등 많이 사용되는 분석 예제를 파일로도 제공합니다.

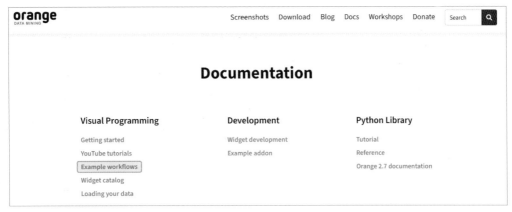

오렌지3 홈페이지의 Docs 페이지

여러 개의 분석 예제 중 알고 싶은 것을 선택하고 [Download] 버튼을 클릭해 파일을 내려받으면 관련 내용을 학습하거나 자신이 원하는 분석에 응용해 볼 수 있습니다.

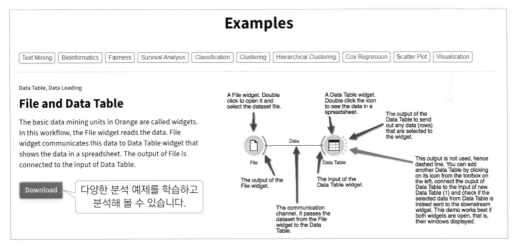

오렌지3 홈페이지의 Examples workflow 페이지

위젯 카탈로그

오렌지3에서는 분석에 필요한 기능을 위젯widget이라는 아이콘에 담아 제공합니다. 데이터 가져오기, 데이터 변환, 시각화, 모델링, 평가 등 카테고리별로 수많은 위젯이 있으며 계속해서 업데이트되고 있습니다. Documentation 메뉴에서 Visual Programming에 있는 [Widget catalog]로 들어가면 현재 서비스 중인 다양한 위젯을 볼 수 있으며, 특정 위젯을 클릭하면 해당 위젯의 정의와 기능 및 자세한 사용 방법을 참고할 수 있습니다.

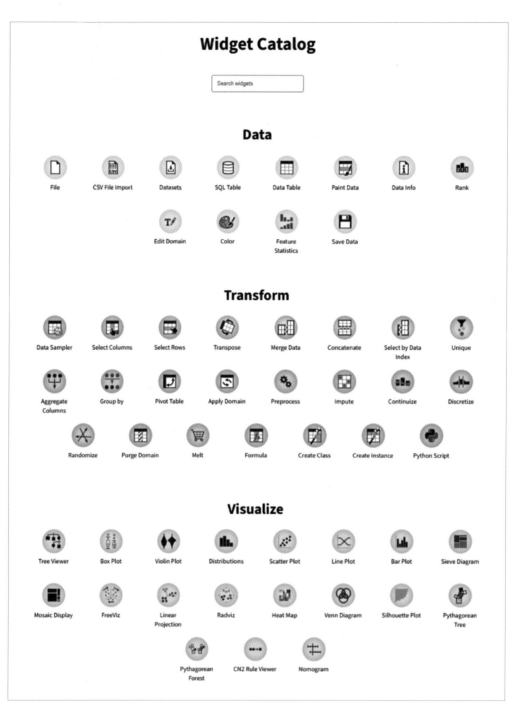

오렌지3 홈페이지의 위젯 카탈로그 페이지

💡 화면에서 스크롤을 내리면 Data 외에 Transform, Visualize, Model 등 다양한 카테고리의 위젯을 확인할 수 있습니다.

04-2 | 오렌지3 실습 준비하기

이제 노코드 분석 도구인 오렌지3가 무엇인지 알았으니 직접 설치하고 사용해 보겠습니다.

Do it! 실습 오렌지3 설치하기

오렌지3 설치 파일을 내려받기 위해 공식 웹 사이트(https://orangedatamining.com)에 먼저 접속하세요.

01. 메인 화면의 상단 메뉴에서 [Download]를 클릭하면 들어가면 윈도우와 맥OS로 나누어 설치 파일을 제공하는데, 자신의 사용 환경에 맞는 설치 파일을 다운로드하면 됩니다. 이 책은 윈도우 3.37.0 버전을 기준으로 하겠습니다.

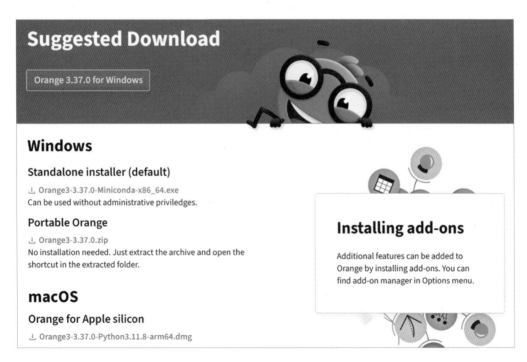

02. 내려받은 설치 파일을 실행하면 다음 화면이 나타납니다. [Next] 버튼을 클릭하여 설치를 시작합니다.

03. 소프트웨어 사용권 화면이 나타나면 [I Agree] 버튼을 클릭합니다.

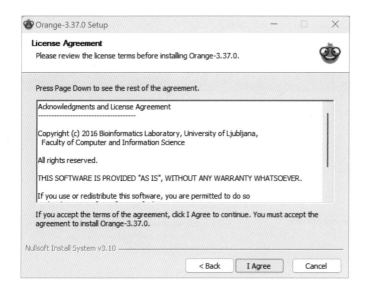

04. 설치하는 PC의 모든 계정에서 사용하려면 [Install for anyone using this computer]를, 자신의 계정에서만 사용하려면 [Install just for me]를 선택한 후 [Next] 버튼을 클릭합니다.

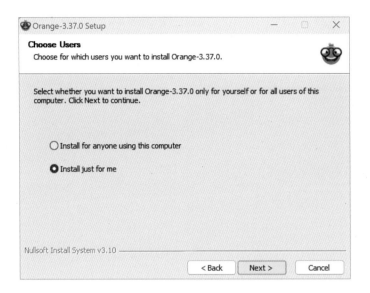

05. 오렌지3는 파이썬을 기반으로 실행되기 때문에 파이썬의 주요 패키지 배포판인 아나콘다의 경량 버전인 미니콘다(Miniconda), 그리고 오렌지3가 제대로 작동되기 위한 Install required packages를 필수로 설치해야 합니다. 따라서 여기서는 바로가기 아이콘(Shortcuts)의 설치 여부만 결정한 후 [Next]를 클릭합니다.

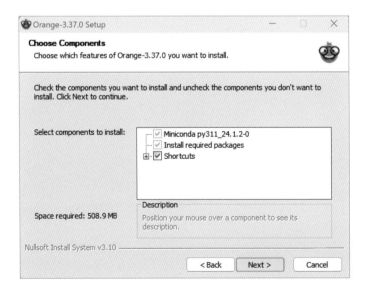

06. 오렌지3를 설치할 경로를 지정합니다. 원하는 경로로 지정하려면 [Browse] 버튼을 클릭해 해당 경로를 선택합니다. 설치 경로를 확인 후 [Next] 버튼을 클릭합니다.

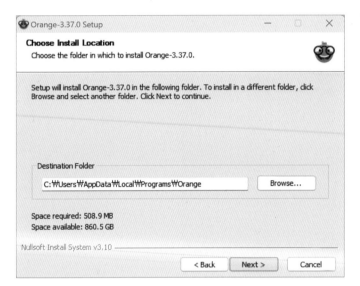

💡 경로에 들어갈 폴더명은 모두 영문이어야 합니다.

07. [Install] 버튼을 클릭해 프로그램을 설치를 시작합니다.

08. 오렌지3 설치 진행 중에 다음과 같이 미니콘다 설치를 안내하는 창이 나타납니다. [확인] 버튼을 클릭하면 미니콘다 설치 화면으로 넘어갑니다.

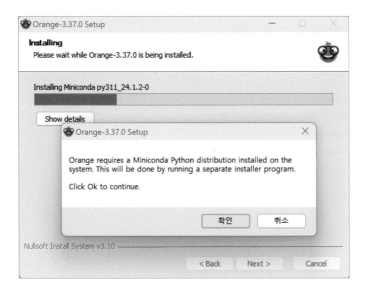

09. 미니콘다 설치 안내 화면이 나타나면 [Next] 버튼을 클릭합니다.

10. 소프트웨어 사용권 화면이 나타나면 [I Agree] 버튼을 클릭합니다.

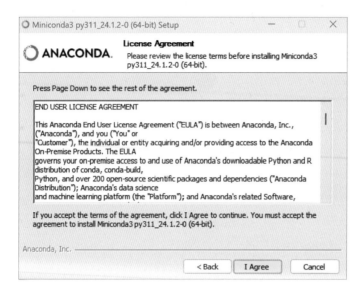

11. 설치하는 PC의 모든 계정에서 사용하려면 [All Users]를, 자신의 계정에서만 사용하려면 [Just Me]를 선택한 후 [Next] 버튼을 클릭합니다.

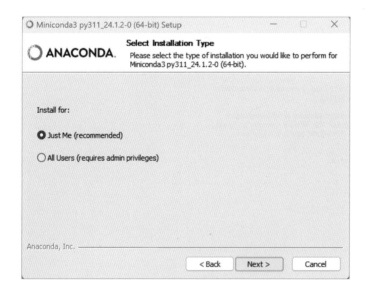

12. 미니콘다를 설치할 경로를 지정합니다. [Browse] 버튼을 클릭해 원하는 경로를 선택한 후 [Next] 버튼을 클릭합니다.

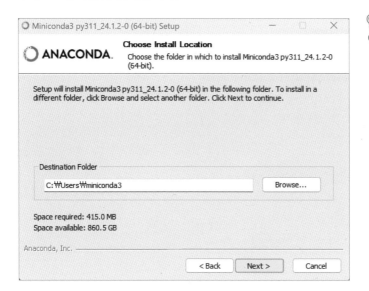

💡 경로에 들어갈 폴더명은 모두 영문이어야 합니다.

13. 미니콘다의 설치 옵션은 기본값으로 제시되는 첫 번째와 세 번째 옵션만 선택한 후, [Install] 버튼을 클릭해 설치를 시작합니다.

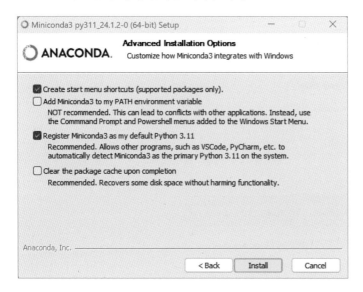

14. 미니콘다 설치가 완료되면 [Next] 버튼을 클릭합니다.

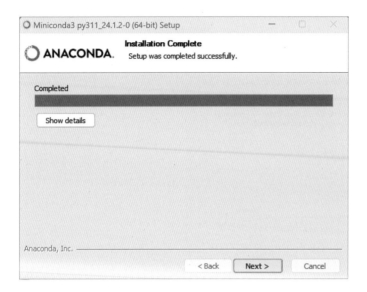

15. 미니콘다 설치 완료 화면이 나타나면 [Finish] 버튼을 클릭합니다.

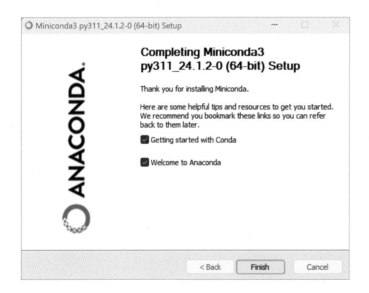

16. 미니콘다 설치가 완료되면 다시 오렌지3 설치 화면으로 돌아와 나머지 설치가 진행됩니다.

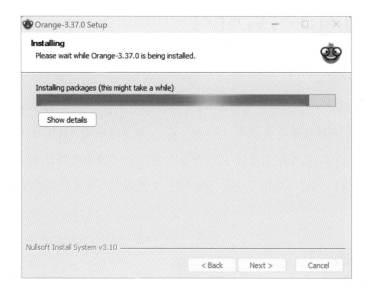

17. 오렌지3 설치가 완료되면 [Next] 버튼을 클릭하고 오렌지3 설치 완료 화면이 나타나면 [Finish] 버튼을 클릭해서 설치를 완료합니다.

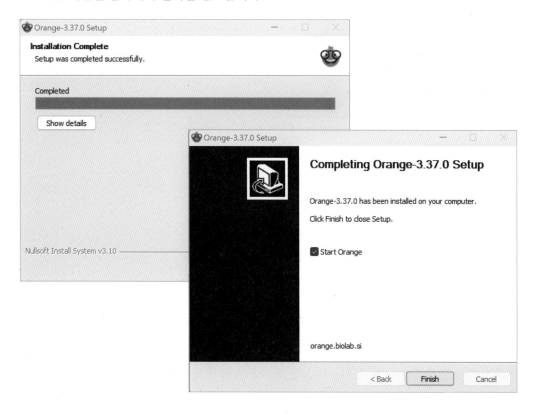

04-3 | 오렌지3 시작하기

이제 본격적으로 오렌지3와 친해질 시간입니다. 오렌지3에서는 다양한 기능이 담긴 위젯이라는 아이콘을 캔버스^{canvas} 위에 드래그해서 올린 후 각 아이콘들을 연결해서 워크플로라는 분석 흐름을 만드는 방식으로 데이터 분석을 진행합니다. 작업한 파일을 저장하면 확장자는 .ows로 저장됩니다. 익숙하지 않은 개념이지만 꾸준히 실습하다 보면 자연스럽게 익숙해질 것입니다.

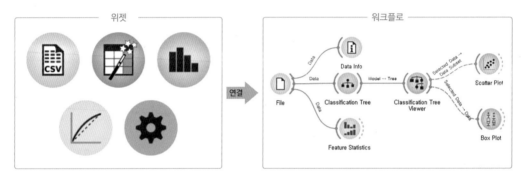

오렌지3의 구성 요소

구분	내용
위젯	데이터 분석에 필요한 다양한 기능을 담은 아이콘
캔버스	데이터 분석을 진행하는 도화지 같은 화면
워크플로	위젯을 연결해서 만드는 분석 흐름
OWS 파일	오렌지3 워크플로 결과 저장 파일

Do it! 실습 오렌지3 실행하기

오렌지3를 처음 실행하면 나타나는 웰컴 스크린$^{welcome\ screen}$ 창에서는 새로운 분석을 시작하거나 기존 분석 또는 최근 분석을 다시 불러올 수 있습니다. 그 밖에 오렌지 공식 유튜브 채널에 접속할 수도 있고, 오렌지3로 분석을 시작하기 전에 알아야 할 내용과 분석 예제, 위젯 설명 자료로 이동할 수 있습니다. 우리는 새로운 분석을 시작할 것이므로 [New] 아이콘을 클릭하겠습니다.

웰컴 스크린

작업 화면

오렌지3의 작업 화면은 크게 두 구역으로 나뉩니다. 왼쪽은 다양한 기능과 위젯들을 제공하는 메뉴 영역, 오른쪽은 실제 분석을 진행하는 캔버스 영역입니다. 세부 메뉴는 다음과 같습니다.

작업 화면

① 상단 메뉴

| File | Edit | View | Widget | Window | Options | Help |

파일, 편집, 보기, 옵션 설정 등의 기능을 실행할 수 있습니다.

메뉴명	내용
File	워크플로 파일을 불러오거나 저장하는 등 파일과 관련된 기능
Edit	이전 작업 실행하기, 위젯 삭제, 복사, 붙여넣기, 전체 선택 등의 편집 기능 * 기본 단축키는 윈도우, macOS 등 운영체제에서 사용하는 것과 동일
View	줌인/줌아웃 등 화면 구성과 관련된 기능
Widget	위젯 설정 열기, 이름 바꾸기, 제거 등 위젯과 관련된 기능
Window	프로그램 창과 관련된 기능
Options	프로그램 설정, 위젯 설성 초기화, Add-ons(추기 기능 설치) 등 여러 옵션을 설정하는 기능
Help	웰컴 스크린 창, 유튜브 채널, 분석 예제, 위젯 문서 등으로 이동하는 기능

② 위젯 카테고리

관련 있는 위젯을 카테고리로 모아서 보여 줍니다. 오렌지3를 설치하면 다음과 같이 6개 카테고리와 하위 위젯이 기본으로 제공됩니다.

기본 제공 카테고리 설명

카테고리명	내용
Data	데이터 가져오기, 확인하기, 정보 편집하기 등 데이터 관련 위젯 제공
Transform	데이터 결합, 요약, 전처리 등 데이터 변환에 관한 위젯 제공
Visualize	막대차트, 박스 플롯(box plot), 산점도 등 데이터 시각화 관련 위젯 제공
Model	트리 구조(tree), 선형 회귀(linear regression) 등 지도 학습 관련 위젯 제공
Evaluate	예측, 검증 및 평가, 혼동행렬 등 모델의 성능 평가 관련 위젯 제공
Unsupervised	k-평균(k-means), 계층적 군집화(hierarchical clustering) 등 비지도 학습 관련 위젯 제공

기본 제공 카테고리는 머신러닝을 적용하는 과정에서 기본적으로 필요한 데이터 가져오기, 전처리, 모델 선택, 성능 평가, 시각화 등의 위젯을 담고 있습니다. 이 외에도 오렌지3 상단 메뉴의 [Options]에서 [Add-ons]을 클릭하면 일반적인 정형 데이터가 아닌 이미지, 텍스트, 공간 정보 등의 데이터 분석을 지원하는 다양한 카테고리를 추가로 설치할 수 있습니다. 여기서는 Educational, Explain, Geo, Image Analytics, Text 카테고리를 모두 선택하고 [OK] 버튼을 클릭해 카테고리를 추가로 설치합니다.

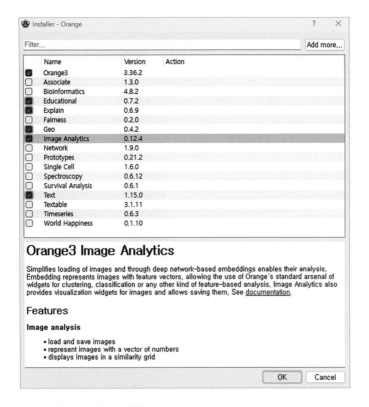

Add-ons의 주요 카테고리 설명

카테고리명	내용
Educational	초보자 및 교육 과정에서 활용할 수 있는 위젯 제공
Explain	분석 결과를 설명하기 위한 위젯 제공
Geo	위도와 경도 등의 공간 정보 분석 관련 위젯 제공
Image Analytics	이미지 가져오기, 뷰어, 임베딩 등 이미지 분석 관련 위젯 제공
Text Mining	텍스트 데이터 변환, 전처리, 임베딩 등 텍스트 분석 관련 위젯 제공

? 질문 있어요	Add-ons를 실행하는데 오류가 발생했어요!

오렌지3가 설치된 경로에 한글명이 포함되어 있는지 확인해 보세요. 한글명이 포함되어 있다면 영어로 변경하고 PC를 재부팅한 후 오렌지3를 다시 실행합니다. 경로명에 문제가 없다면 오렌지3를 처음 실행할 때 마우스 오른쪽 버튼을 클릭하여 [관리자 권한으로 실행]하는 방법을 시도해 볼 수 있습니다.

카테고리 설치가 완료되면 [OK] 버튼을 클릭한 후 오렌지3를 종료한 뒤 재실행합니다. 화면 왼쪽에 있는 위젯 메뉴에 방금 설치한 다섯 개 카테고리가 추가된 것을 확인할 수 있습니다.

❸ 위젯 정보 창

위젯 위에 마우스를 올려 놓으면 위젯의 주요 기능과 입력값, 출력값 등의 설명을 볼 수 있습니다. 여기서 Inputs는 해당 위젯이 작동할 때 필요한 입력값이고, Outputs는 해당 위젯이 작동하면 생성되는 출력값입니다.

위젯 카테고리 아래에 있는 위젯 정보 창에서도 각 위젯에 대한 사용 정보를 확인할 수 있습니다. 위젯의 이름만 보고 기능을 정확하게 파악하기 어렵다면 이 창의 내용을 참고해서 자신에게 필요한 위젯인지 확인할 수 있습니다.

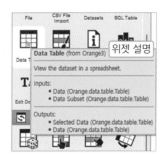
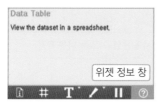

❹ 워크플로 작업 도구

캔버스 위에 위젯을 연결해서 워크플로를 그릴 때 사용할 수 있는 도구 모음입니다.

구분	내용
Ⓐ 워크플로 정보 설정	워크플로의 제목과 내용을 메모할 수 있는 기능
Ⓑ 위젯 정렬	위젯을 연결해서 만든 워크플로를 보기 좋게 정렬해 주는 기능
Ⓒ 텍스트 추가	워크플로에 텍스트를 추가하는 기능
Ⓓ 화살표 추가	워크플로에 화살표를 추가하는 기능
Ⓔ 워크플로 비활성화	워크플로가 자동으로 실행되지 않도록 비활성화하는 기능
Ⓕ 위젯 정보 창 설정	위젯 정보 창 숨김/표시 기능

Ⓐ 워크플로 정보 설정

워크플로의 제목과 설명을 간단하게 메모할 수 있는 기능입니다. 분석 내용을 저장하고 다른 사람과 공유할 수도 있습니다.

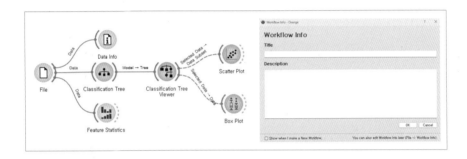

Ⓑ 위젯 정렬

위젯을 연결해서 만든 워크플로를 보기 좋게 정렬해 주는 기능입니다. 정렬할 위젯을 선택한 후 버튼을 클릭하면 위젯이 정렬되며, 실행 취소(Ctrl + Z)를 하면 정렬 전으로 돌아갈 수 있습니다. 단, 성능이 그리 좋은 편은 아니므로 워크플로를 만들 때 직접 정렬하는 편이 좋습니다.

Ⓒ 텍스트 추가

워크플로에 텍스트를 추가하는 기능입니다. 버튼을 길게 누르고 있으면 원하는 텍스트의 크기를 선택할 수 있습니다.

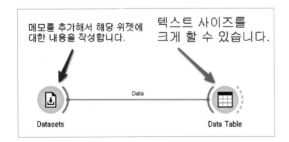

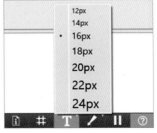

ⓓ 화살표 추가

작성한 텍스트가 어떤 위젯에 해당하는지 알 수 있도록 화살표를 추가합니다. 버튼을 길게 누르고 있으면 원하는 화살표의 색깔을 선택할 수 있습니다.

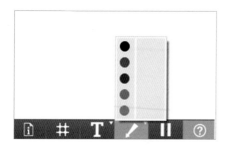

ⓔ 워크플로 비활성화

오렌지3에서 위젯을 연결하면 해당 위젯의 작업이 자동으로 실행됩니다. 위젯의 개수가 적고 데이터 용량이 작아 작업량이 많지 않다면 상관없지만, 위젯이 많고 데이터 용량이 큰 경우 작업 시간이 오래 걸리는 불필요한 작업이 반복될 수 있습니다. 그럴 때는 이 버튼을 클릭해서 워크플로를 비활성화한 다음 전체 워크플로가 완성되거나 확인이 필요한 경우에만 다시 활성화해 작업하는 편이 좋습니다.

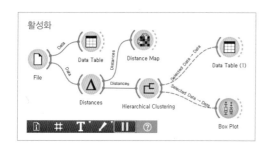
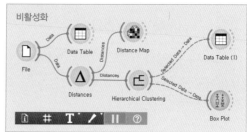

ⓕ 위젯 정보 창 설정

위젯 정보 창을 숨기거나 다시 표시합니다.

⑤ 캔버스

위젯을 연결해서 워크플로를 만드는 흰 도화지 같은 작업 공간입니다. 캔버스를 클릭하고 Ctrl 를 누른 상태에서 마우스 휠을 움직이면 화면 크기를 축소하거나 확대할 수 있습니다.

Do it! 실습 오렌지3 사용법 익히기

오렌지3의 작업 화면을 익혔으니 이제 실제로 위젯을 선택하고 연결하며 워크플로를 만드는 방법을 알아보겠습니다.

위젯 선택하기

워크플로를 만들려면 먼저 위젯을 선택해서 캔버스로 가져와야 합니다. 크게 3가지 방법이 있으며, 자신에게 가장 편리한 방법을 사용하면 됩니다.

구분	설명
위젯 드래그 앤 드롭	왼쪽 위젯 카테고리에서 위젯을 선택하고 오른쪽 캔버스 위로 드래그 앤 드롭하여 끌어다 놓기
위젯 더블클릭	왼쪽 위젯 카테고리에서 위젯을 더블클릭하기
위젯 추가 창 활용	캔버스 위에서 마우스 오른쪽 버튼을 클릭할 때 나타나는 위젯 추가 창에서 위젯 선택하기

원하는 위젯을 찾기 어렵다면 위젯 카테고리 상단의 ❶ [Filter]나 캔버스에서 마우스 오른쪽 버튼을 클릭하면 나타나는 위젯 추가 창의 ❷ [Search for a widget]에 위젯 이름을 입력해 검색하면 편리합니다. 여러 가지 분석 방법을 실습하고 나면 자주 사용하는 카테고리와 위젯이 익숙해져서 필요한 위젯의 위치를 쉽게 찾을 수 있을 것입니다.

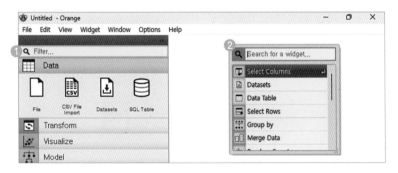

위젯 설정 및 위젯 이름 바꾸기

위젯 위에서 마우스 오른쪽 버튼을 누르면 6가지 기능을 선택할 수 있는 창이 나타납니다. 해당 기능을 사용할 수 있는 단축키도 확인할 수 있습니다.

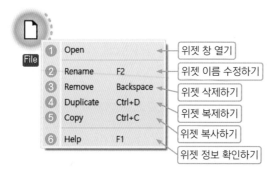

위젯 연결하기

위젯을 연결하는 것은 정보를 입력하고 출력하는 것을 의미합니다. 정보는 데이터가 될 수도 있고, 데이터를 요약하거나 분석한 결과일 수도 있습니다. 각 위젯의 왼쪽과 오른쪽을 자세히 보면 회색 점선이 보이는데, 이는 정보의 입력과 출력 방향을 나타냅니다.

만약 위젯의 왼쪽에 점선이 있다면 이전 위젯에서 정보가 전달되어 입력될 수 있음을 의미하고, 오른쪽에 점선이 있다면 다음 위젯으로 정보를 전달하기 위해 출력할 수 있음을 뜻합니다. 그리고 양쪽 모두 점선이 있다면 이전 위젯에서 정보를 전달받아 작업한 후 다음 위젯으로 정보를 전달할 수 있다는 것을 나타냅니다. 몇 가지 예를 들면 다음과 같습니다.

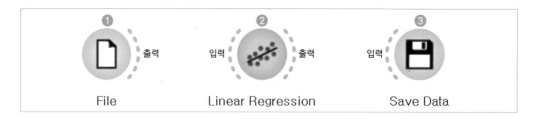

❶ [File] 위젯: 외부에 저장된 파일을 불러와 다른 위젯으로 출력하는 기능을 합니다. 다른 위젯에서 입력받는 정보가 없으므로 다음 위젯으로 데이터를 전달하는 오른쪽으로만 점선이 표시됩니다.

❷ [Linear Regression] 위젯: 선형 회귀 분석 기능을 합니다. 이전 위젯에서 데이터를 입력받아 모델을 학습한 후 그 결과를 예측 위젯으로 전달하므로 양쪽에 점선이 표시됩니다.

❸ [Save Data] 위젯: 워크플로 내에서 생성된 데이터를 입력받아 외부에 파일로 저장하는 기능을 하며 다른 위젯으로 데이터를 전달하지 않기 때문에 데이터를 입력받는 왼쪽에만 점선이 표시됩니다.

워크플로 그리기

캔버스로 원하는 위젯을 두 개 이상 가져왔다면 이제 서로 연결할 수 있습니다. 위젯을 연결하는 방법은 아주 간단합니다. 출발 위젯(File)의 오른쪽에 있는 출력 점선을 클릭해서 도착 위젯(Data Table)의 왼쪽에 있는 입력 점선으로 끌어오면 됩니다. 위젯의 점선이 실선으로 바뀌면 제대로 연결된 것입니다. 이런 식으로 필요한 위젯을 계속 연결하면 분석 워크플로가 완성됩니다.

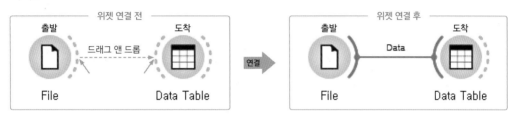

지금까지 오렌지3의 설치 방법과 화면 구성, 그리고 위젯의 간단한 사용법까지 알아봤습니다. 배운 내용을 바탕으로 이제부터 오렌지3에서 실제로 데이터를 준비하고 다루는 방법을 알아보겠습니다.

✓ 퀴즈로 복습하자!

1. 오렌지3는 코딩 없이도 손쉽게 데이터 분석을 할 수 있도록 도와주는 [노   ] [분   ]입니다.

2. [위   ]은 오렌지3에서 데이터 분석을 위해 필요한 다양한 기능을 담은 아이콘입니다.

3. 오렌지3는 캔버스 위에 위젯을 연결해서 [위   ] 형태로 분석을 진행합니다.

정답: 1. 노코드 분석 도구 2. 위젯 3. 워크플로

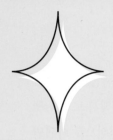

데이터 다루기

데이터 분석에서 원하는 결과를 얻으려면 무엇보다 데이터를 자유롭게 다룰 수 있어야 합니다. 05장에서는 분석할 데이터를 오렌지3로 불러오고, 선택하고, 요약하고, 결합하는 다양한 방법을 살펴보겠습니다.

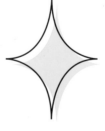

오렌지3는 다양한 방식으로 외부 데이터를 가져올 수 있습니다. PC에 저장되어 있는 파일을 가져오거나 오렌지3에 내장되어 있는 데이터를 활용하는 방법, 그리고 웹에서 URL을 통해 데이터를 가져오는 방법 등을 차례로 살펴보겠습니다.

데이터 파일 활용하기

현재 사용하는 PC에 저장되어 있는 파일을 가져오는 방법입니다. 데이터 파일의 확장자는 대부분 .xlsx 또는 .csv인 경우가 많습니다. 확장자에 따라 데이터 파일을 오류 없이 가져오는 방법을 알아보겠습니다.

(?) 질문 있어요 | CSV가 뭔가요?

CSV란 Comma-Separated Values의 줄임말로, 쉼표(,)로 데이터 값을 구분해서 저장하는 방식입니다. 오렌지나 엑셀에서 파일을 열면 테이블(표) 형태로 보이지만 메모장에서 열어보면 각 데이터 값이 쉼표로 구분되어 있는 것을 볼 수 있습니다. 이와 같은 형태의 CSV는 대량의 데이터를 복잡한 서식 없이 간단하게 저장할 수 있고 다양한 프로그램과 호환이 가능해 데이터를 저장하는 방식으로 널리 사용됩니다.

iris	sepal length	sepal width	petal length	petal width
Iris-setosa	5.1	3.5	1.4	0.2

우리 눈에 보이는 형태: 오렌지 또는 엑셀

iris,sepal length,sepal width,petal length,petal width
Iris-setosa,5.1,3.5,1.4,0.2
〔쉼표로 구분해요.〕

실제 저장된 형태: 메모장

데이터 파일 가져오기 — File 위젯

File 위젯으로 쉼표나 탭 등으로 구분된 데이터를 가져올 수 있습니다. Data 카테고리 안에 있는 [File] 위젯을 캔버스로 드래그 앤 드롭하여 가져옵니다.

💡 다른 위젯들도 동일한 방법으로 캔버스로 가져오면 됩니다.

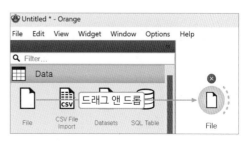

05장 ▶ 데이터 다루기　**71**

캔버스로 옮겨온 [File] 위젯을 더블클릭하면 위젯 설정 창이 나타납니다.

❶ File: 파일로 저장된 데이터를 가져올 경우 여기에 체크 표시합니다.

❷ 🖿 ... : 원하는 경로에 있는 데이터 파일을 찾아 선택할 수 있습니다.

❸ Reload: 데이터 원본 파일이 변경되거나 데이터를 새로 읽어와야 하는 경우 클릭하여 최신 정보로 업데이트 합니다.

❹ URL: 데이터가 구글 시트처럼 웹에 저장되어 있다면 체크 표시한 후 해당 URL 주소를 복사해서 붙여넣습니다.

❺ Info: 파일 또는 웹에서 데이터를 가져오면 해당 데이터의 전체 관측치와 피처의 개수를 보여주고, 값이 존재 하지 않는 결측치 정보도 확인할 수 있습니다.

❻ Columns: 가져올 데이터의 칼럼명, 칼럼 유형, 역할, 범줏값을 미리 보기 형태로 확인합니다. 각 영역을 더블 클릭하면 정보를 수정할 수도 있습니다.

(?) 질문 있어요	데이터의 특징과 정답은 어떻게 설정하나요?

37쪽에서 지도 학습을 하려면 데이터에 특징과 정답 역할이 반드시 필요하다고 했습니다. 그리고 오렌지3 에서는 특징을 피처, 정답을 타깃이라고 표현한다고 했죠? 오렌지3에서 파일을 불러올 때에는 이 피처와 타 깃 역할을 [Select Columns] 위젯에서 직접 설정할 수 있습니다. 이후 실습에서 여러 번 반복하다 보면 자 연스럽게 익힐 수 있을 것입니다.

데이터가 제대로 들어왔는지 확인하려면 [File] 위젯에 [Data Table] 위젯을 연결한 다음 [Data Table] 위젯을 더블클릭합니다. 여기에 데이터가 잘 들어와 있어야 정상적으로 사용할 수 있습니다.

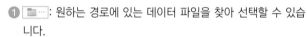 CSV 등 구분자로 분리된 데이터 파일 가져오기 ― CSV File Import 위젯

File 위젯으로 데이터 파일을 가져올 때 칼럼명의 위치를 잘못 인식한다거나 인코딩이 잘못 인식되어 한글이 깨지는 등의 오류가 발생하는 경우가 있습니다. 이때는 CSV File Import 위젯을 사용해 추가 옵션을 설정하여 데이터 파일을 가져올 수 있습니다.

캔버스로 옮겨온 [CSV File Import] 위젯을 더블클릭하면 위젯 설정 창이 나타납니다.

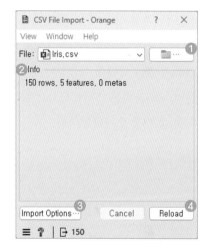

❶ ▣ …: 원하는 경로에 있는 데이터 파일을 찾아 선택할 수 있습니다.

❷ Info: 데이터의 정보를 확인할 수 있습니다. 해당 파일은 관측치 150개의 행과 피처 5개로 구성되어 있다는 것을 보여 줍니다.

❸ Import Options: 상세한 옵션 설정과 데이터 미리 보기를 제공합니다. 여러 개의 옵션 중 Cell delimiter에서 값을 구분하는 기준인 구분자(예시에서는 Comma)를 선택하면 구분자를 잘못 인식하는 오류를 방지하여 데이터를 오류 없이 정확하게 불러올 수 있습니다.

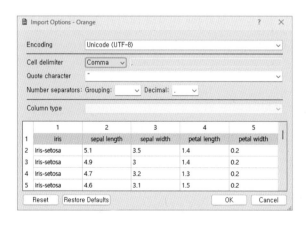

💡 데이터 값을 구분하는 구분자로는 Comma(쉼표), Tab(탭), Semicolon(세미콜론), Space(공백) 등이 있습니다.

❹ Reload: 데이터 원본 파일이 변경되거나 데이터를 새로 읽어와야 하는 경우 클릭하여 최신 정보로 업데이트합니다.

데이터가 제대로 들어왔는지 확인하려면 [CSV File Import] 위젯에 [Data Table] 위젯을 연결한 다음 [Data Table] 위젯을 더블클릭합니다. 여기에 데이터가 잘 들어와 있어야 정상적으로 사용할 수 있습니다.

💾 데이터 저장하기 — Save Data 위젯

오렌지3에서 사용 중인 데이터나 분석 결과 데이터를 파일로 저장하고 싶다면 Data Table 위젯에 Save Data 위젯을 연결해 사용합니다.

캔버스로 옮겨온 [Save Data] 위젯을 더블클릭하면 위젯 설정 창이 나타납니다.

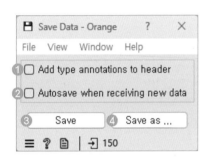

❶ 여기에 체크하면 데이터 칼럼의 유형 정보가 포함된 형태로 내려받을 수 있습니다.

❷ 여기에 체크하면 위젯에 새로운 데이터가 들어올 때마다 자동으로 저장합니다. 단, 기존에 저장한 데이터를 자동으로 덮어쓰게 되므로 사용에 주의합니다.

❸ Save: 위에서 체크한 설정에 따라 파일을 저장합니다.

❹ Save as: 새로운 파일로 저장하고 싶을 때 사용합니다.

기타 데이터 활용하기

사용자 PC에 있는 파일을 가져오는 방식 외에도 오렌지3에 내장된 데이터를 활용하거나 인터넷에서 좋은 데이터를 찾는 방법에 대해 알아보겠습니다.

📥 오렌지3 내장 데이터 활용하기 — Datasets 위젯

오렌지3는 데이터 분석에 널리 사용되는 다양한 형태의 데이터를 [Datasets] 위젯을 통해 제공합니다. 이를 활용하면 별도로 데이터를 준비하지 않아도 오렌지3에서 바로 데이터 분석을 진행할 수 있습니다.

캔버스로 옮겨온 [Datasets] 위젯을 더블클릭하면 데이터 검색 창이 나타납니다. 여기에서는 제목(Title), 크기(Size), 관측치 수(Instances), 칼럼 수(Variables), 타깃 칼럼의 형태(Target), 데이터의 주제나 특징을 알 수 있는 태그(Tag) 정보를 제공합니다. 검색 결과 중 원하는 데이터를 선택하면 하단 Description에서 상세 정보를 확인할 수 있습니다.

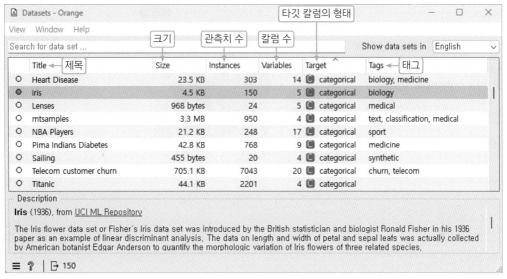

Title ← 제목	Size	Instances	Variables	Target	Tags ← 태그
○ Heart Disease	23.5 KB	303	14	categorical	biology, medicine
◉ Iris	4.5 KB	150	5	categorical	biology
○ Lenses	968 bytes	24	5	categorical	medical
○ mtsamples	3.3 MB	950	4	categorical	text, classification, medical
○ NBA Players	21.2 KB	248	17	categorical	sport
○ Pima Indians Diabetes	42.8 KB	768	9	categorical	medicine
○ Sailing	455 bytes	20	4	categorical	synthetic
○ Telecom customer churn	705.1 KB	7043	20	categorical	churn, telecom
○ Titanic	44.1 KB	2201	4	categorical	

Description

Iris (1936), from UCI ML Repository

The Iris flower data set or Fisher's Iris data set was introduced by the British statistician and biologist Ronald Fisher in his 1936 paper as an example of linear discriminant analysis, The data on length and width of petal and sepal leafs was actually collected by American botanist Edgar Anderson to quantify the morphologic variation of Iris flowers of three related species.

💡 오렌지3는 머신러닝 예제로 유명한 iris(붓꽃의 꽃잎과 꽃받침의 길이와 너비를 측정한 데이터), Titanic(타이타닉호 탑승자 정보와 침몰 이후 생존 여부 데이터) 등의 데이터를 제공합니다. 단, 원본을 가공해서 제공하는 경우도 있으니 참고하기 바랍니다.

데이터가 제대로 들어왔는지 확인하려면 [Datasets] 위젯에 [Data Table] 위젯을 연결한 다음 [Data Table] 위젯을 더블클릭합니다. 여기에 데이터가 잘 들어와 있어야 정상적으로 사용할 수 있습니다.

좋은 데이터 찾기

데이터 분석하기 좋은 데이터는 어디서 찾을 수 있을까요? 이미 사용할 데이터가 준비되어 있거나 업무나 과제처럼 정해진 데이터가 있지 않다면 인터넷에 공개되어 있는 다양한 데이터를 찾아 사용할 수도 있습니다. 데이터 분석 자료를 찾을 때 유용한 웹 사이트 4곳을 소개합니다.

캐글

캐글Kaggle(https://www.kaggle.com)은 세계적으로 유명한 데이터 분석 경진 대회가 열리는 커뮤니티입니다. 기업이나 단체에서 데이터 분석 과제를 등록하면 다양한 분야의 데이터 과학자들이 모여 적합한 분석 모델을 개발하기 위해 경쟁합니다. 이 외에도 분석하기 좋은 데이터를 분야별·주제별·형태별로 확인할 수 있으며, 경진 대회 참여자의 분석 결과물이나 의견도 확인할 수 있어 참고하기 좋습니다.

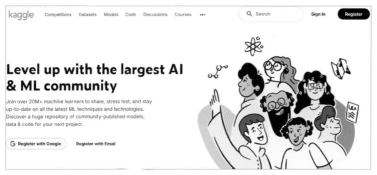

캐글 홈페이지

데이터셋 서치

데이터셋 서치^{Dataset Search}(https://datasetsearch.research.google.com)는 구글에서 운영하는 데이터 검색 엔진입니다. 키워드를 입력하면 관련 데이터의 다운로드 페이지로 연결되며 업데이트 일자, 다운로드 형식, 사용 권한, 주제 및 무료 여부 등의 옵션으로 검색 결과를 필터링하여 확인할 수 있습니다.

구글의 데이터셋 서치 홈페이지

공공 데이터 포털

공공 데이터 포털(https://www.data.go.kr)은 우리나라 공공부문에서 제공하는 데이터를 한 곳에서 확인할 수 있도록 정부에서 운영하는 웹 사이트입니다. 행정, 안전, 교통, 날씨 등 다양한 분야의 신뢰할 수 있는 공공 데이터를 확인할 수 있습니다.

공공 데이터 포털 홈페이지

AI 허브

AI 허브^{AI HUB}(https://www.aihub.or.kr)는 AI 기술 및 제품·서비스 개발에 필요한 AI 학습용 데이터를 제공하기 위해 정부에서 운영하는 웹 사이트입니다. 텍스트, 이미지, 영상 등 다양한 종류의 비정형 데이터를 확인할 수 있습니다.

AI 허브 홈페이지

05-2 | 데이터 처리하기

지금까지 오렌지3로 데이터를 가져오는 방법을 알아봤습니다. 가져온 데이터를 바로 사용할 수도 있지만, 현실에서는 분석에 적절한 형태로 가공하는 과정을 거쳐야 하는 경우가 많습니다. 데이터에서 불필요한 칼럼을 삭제하거나 전체 데이디를 한눈에 볼 수 있도록 요약하는 경우도 있으니까요. 지금부터 데이터를 자유롭게 다루기 위해 알아야 할 기본 내용을 살펴보겠습니다.

iris 데이터란?

iris 데이터(붓꽃 데이터)는 머신러닝 분야에서 예제로 널리 사용되는 데이터로, 오렌지3에 내장되어 있으므로 별도로 내려받을 필요가 없습니다. 이번 기회에 익혀 두면 오렌지3 외에도 데이터 분석 관련 자료 검색 및 학습에 많은 도움이 될 것입니다.

iris 데이터에는 붓꽃의 꽃잎과 꽃받침의 길이·너비를 측정한 정보가 들어 있습니다. 데이터에 사용된 붓꽃은 총 세 종류(versicolor, setosa, virginica)이며, 각각 50송이씩 총 150 송이입니다.

💡 식물 분류법에서 아이리스(Iris)는 속명(붓꽃속)을, 버시컬러(versicolor)와 세토사(setosa)와 버지니카(virginica)는 종명을 뜻합니다.

iris versicolor

iris setosa

iris virginica

데이터를 보면 꽃받침(sepal)과 꽃잎(petal)별로 각각의 길이(length)와 너비(width)를 측정한 4개의 숫자형 칼럼(sepal length, sepal width, petal length, petal width)과 어떤 종에 속하는지를 나타내는 1개의 범주형 칼럼(iris)까지 총 5개의 칼럼이 있습니다.

78 둘째마당 ▶ 데이터 분석 시작하기

구분	특징(피처)				정답(타깃)
	sepal length	sepal width	petal length	petal width	아이리스의 종류
1	5.1	3.5	1.4	0.2	Iris setosa
…	…	…	…	…	Iris setosa
50	5.0	3.3	1.4	0.1	Iris setosa
51	7.0	3.2	4.7	1.4	Iris versicolor
…	…	…	…	…	Iris versicolor
100	5.7	2.8	4.1	1.3	Iris versicolor
101	6.3	3.3	6.0	2.5	Iris virginica
…	…	…	…	…	Iris virginica
150	5.9	3.0	5.1	1.8	Iris virginica

이러한 iris 데이터는 꽃의 특징을 표현한 sepal length, sepal width, petal length, petal width 칼럼을 데이터의 특징(피처)으로 활용하여 타깃인 iris 칼럼의 품종을 예측하는 지도 학습 문제로 많이 활용됩니다. 이제 실제로 데이터를 활용해 보겠습니다.

`Do it! 실습` 데이터 선택하기

본격적인 데이터 분석 전에 먼저 수집한 데이터에서 불필요하거나 잘못된 내용 등은 제외하고 꼭 필요한 내용만 선택해 가공하는 과정을 거쳐야 합니다. 이를 위해 데이터의 열이나 행 전체 중 일부를 선택하는 방법을 사용합니다. 어떻게 하는지 하나씩 살펴보겠습니다.

 데이터 열 선택하기 — Select Columns 위젯

01. Data 카테고리 안에 있는 [Datasets] 위젯을 캔버스로 드래그 앤 드롭하여 가져옵니다.

Datasets

02. 캔버스로 옮겨온 [Datasets] 위젯을 더블클릭하면 데이터 검색 창이 나타납니다. 검색 창에 'iris'를 입력해 나오는 결과를 선택합니다. 데이터 제목 옆에 초록색 불(●)이 켜지면 데이터가 제대로 선택된 것입니다.

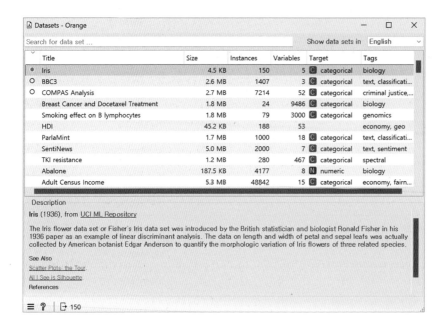

03. Data 카테고리의 [Data Table] 위젯을 캔버스로 가져와 [Datasets] 위젯과 연결합니다. [Data Table] 위젯을 더블클릭하여 iris 데이터가 잘 들어왔는지 확인합니다.

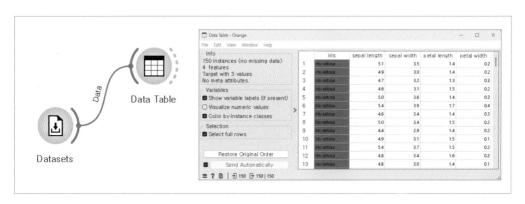

04. Transform 카테고리의 [Select Columns] 위젯을 캔버스로 가져와 [Datasets] 위젯과 연결합니다.

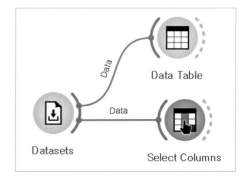

05. [Select Columns] 위젯을 더블클릭하면 데이터 칼럼별로 피처와 타깃 역할을 설정하는 창이 나타납니다. 처음 데이터가 들어오면 역할 정보가 없기에 자동으로 설정되지만, 분석 내용과 방법에 따라 각 칼럼을 Features, Target, Metas, Ignored 중 원하는 칸으로 드래그 앤 드롭하거나 화살표를 클릭해 이동시킬 수 있습니다.

💡 머신러닝 중 지도학습 모델을 적용하려면 반드시 피처와 타깃을 설정해 줘야 하며, 분석에 필요 없는 칼럼을 제외할 때도 이 창의 Ignored를 활용하면 됩니다.

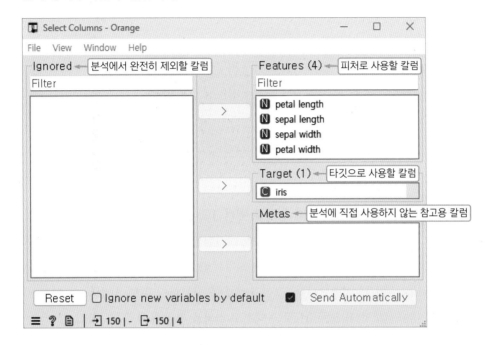

06. 실습에서는 4개의 피처 중 petal length와 petal width만 활용하겠습니다. sepal length와 sepal width를 선택해서 Ignored로 드래그하고, Target은 iris를 유지한 채로 ☒ 버튼을 클릭해 창을 닫습니다.

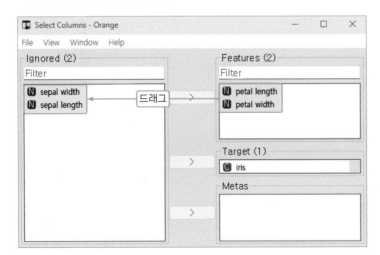

07. Data 카테고리의 [Data Table] 위젯을 캔버스로 가져와 [Select Columns] 위젯과 연결합니다. [Data Table] 위젯을 더블클릭하여 피처로는 앞서 선택한 petal length, petal width가, 타깃으로는 iris가 선택되었는지 확인합니다.

💡 오렌지3는 종속변수인 타깃 칼럼을 회색으로 나타냅니다.

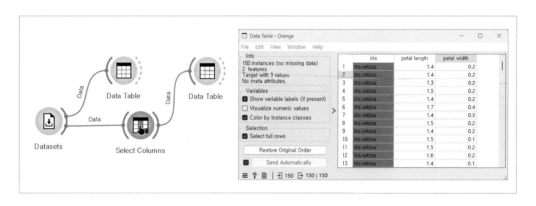

08. Visualize 카테고리의 [Scatter Plot] 위젯을 캔버스로 가져와 [Select Columns] 위젯과 연결합니다. [Scatter Plot] 위젯을 더블클릭하면 데이터를 2차원 평면에서 흩어진 형태로 표현하는 산점도 그래프를 확인할 수 있습니다. Axes에서 ❶ Axis x(x축)는 petal length, ❷ Axis y(y축)는 petal width를 선택합니다. 그리고 종류를 구분하기 위해 Attributes에서 ❸ Color(색깔)와 ❹ Shape(모양)을 모두 iris로 선택하고 결과를 확인해 보겠습니다.
왼쪽 아래 ○ 모양으로 표시된 Iris-setosa는 petal width와 petal length 두 값이 모두 작은 편이라 다른 점들과 확실히 구분되지만, × 모양으로 표시된 Iris-versicolor와 △ 모양으로 표시된 Iris-virginica는 명확히 구분되지 않고 중첩되는 것을 확인할 수 있습니다.

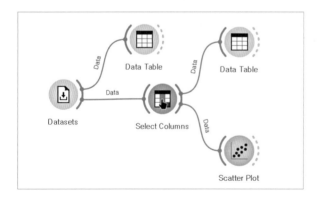

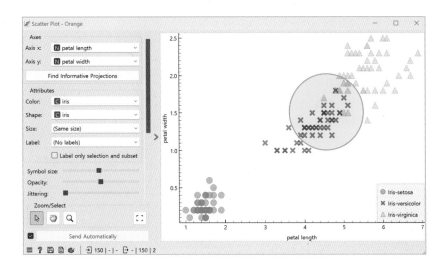

![데이터에서 행 선택하기 — Select Rows 위젯]

데이터에서 행 선택하기 — Select Rows 위젯

Transform 카테고리의 Select Rows 위젯을 활용하면 칼럼별로 조건을 걸어 해당하는 행만 선택할 수 있습니다. 이때 기준 칼럼의 유형에 따라 선택할 수 있는 조건에 차이가 있는데, Category(범주형) 유형이라면 해당하는 특정 값을, Numeric(숫자형) 유형이라면 숫자의 범위를 조건으로 걸 수 있습니다.

칼럼 유형	조건	설명
Category (범주형)	is	특정 값과 정확히 일치하는 모든 행을 선택합니다. 예 iris 칼럼의 값이 setosa인 행 선택
	is not	특정 값과 일치하지 않는 모든 행을 선택합니다. 예 iris 칼럼의 값이 setosa가 아닌 행 선택
	is one of	지정된 여러 값 중에서 일치하는 모든 행을 선택합니다. 예 iris 칼럼의 값이 versicolor, virginica인 행 선택
	is defined	값이 정의된(즉, 비어 있지 않은) 모든 행을 선택합니다. 예 데이터 내에서 누락된 값을 제외할 때 사용
Numeric (숫자형)	equals	지정된 값과 정확히 같은 값을 가진 행을 선택합니다.
	is not	지정된 값이 아닌 모든 행을 선택합니다.
	is below	지정된 값보다 작은(미만) 행을 선택합니다.
	is at most	지정된 값 이하인 행을 선택합니다.
	is greater than	지정된 값보다 큰(초과) 행을 선택합니다.
	is at least	지정된 값 이상인 행을 선택합니다.

칼럼 유형	조건	설명
Numeric (숫자형)	is between	지정된 범위 안에 포함된 행을 선택합니다.
	is outside	지정된 범위 안에 포함되지 않은 행을 선택합니다.
	is defined	값이 정의된(즉, 비어 있지 않은) 모든 행을 선택합니다.

앞에서 실습한 Select Columns 위젯 결과에 조건을 걸어 필요한 행을 선택해 보겠습니다.

01. Transform 카테고리의 [Select Rows] 위젯을 캔버스로 가져와 [Select Columns] 위젯과 연결합니다.

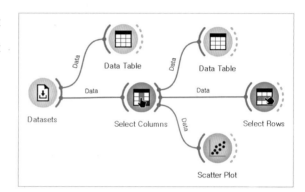

02. [Select Rows] 위젯을 더블클릭하여 우리가 보고 싶은 부분을 조건으로 정의해 보겠습니다. 첫 번째 조건(①)은 범주형 칼럼인 iris에서 값이 Iris-setosa가 아닌 것, 두 번째 조건(②)은 petal length가 3을 초과하는 것, 세 번째 조건(③)은 petal width가 1을 초과하는 것입니다. 조건을 추가할 때는 하단의 [Add Condition] 버튼을 클릭하면 됩니다.

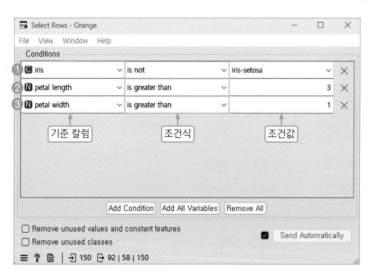

03. Data 카테고리의 [Data Table] 위젯을 캔버스로 가져와 [Select Rows] 위젯과 연결합니다. [Data Table] 위젯을 더블클릭하여 피처로 앞서 정의한 세 가지 조건을 모두 만족하는 데이터가 선택되었는지 확인합니다.

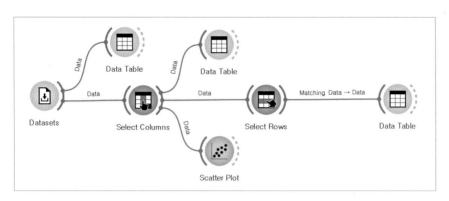

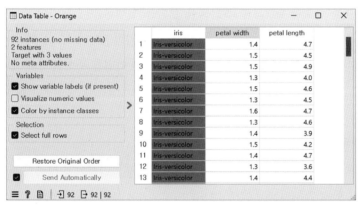

04. Visualize 카테고리의 [Scatter Plot] 위젯을 캔버스로 가져와 [Select Rows] 위젯과 연결합니다. 앞에서 ○ 모양으로 표시되었던 Iris-setosa는 제외되었고, petal length와 petal length의 조건 범위에 맞는 행만 선택되어 나타난 것을 확인할 수 있습니다.

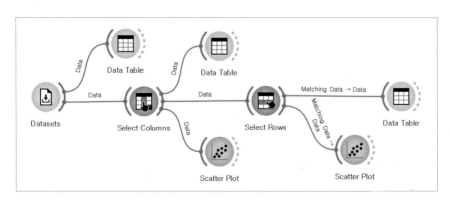

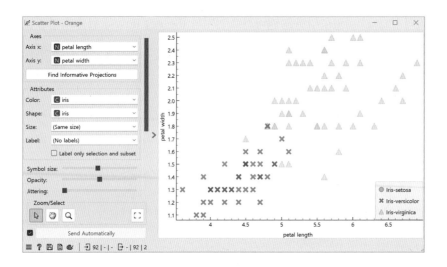

이처럼 데이터 칼럼별의 역할을 설정할 때, 그리고 필요한 칼럼을 선택하거나 제외할 때는 Select columns 위젯을 사용하고, 조건에 맞는 행을 선택하거나 제외할 때는 Select Rows 위젯을 사용합니다. 필요에 따라 두 위젯을 적절히 조합하여 원하는 데이터를 구성할 수도 있습니다.

Do it! 실습   데이터 요약하기

데이터는 수많은 숫자들이 나열된 형태이므로 전체적인 특징을 한 눈에 파악하기 어렵습니다. 이때는 Aggregate Columns 위젯, Group by 위젯, Pivot Table 위젯 등을 사용해 데이터를 요약할 수 있습니다. 하나씩 알아보겠습니다.

 데이터 행별 통곗값 요약하기 — Aggregate Columns 위젯

Aggregate Columns 위젯을 사용하면 숫자형 칼럼값을 행 단위로 요약할 수 있습니다.

01. 79쪽 **01~03**과 같은 방법으로 [Datasets] 위젯에서 iris 데이터를 불러온 다음 [Data Table] 위젯과 연결합니다.

02. Transform 카테고리의 [Aggregate Columns] 위젯을 캔버스로 가져와 [Data Table] 위젯과 연결합니다.

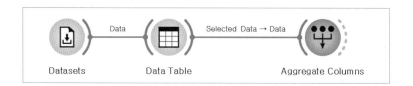

03. [Aggregate Columns] 위젯을 더블클릭하면 요약할 데이터를 설정하는 창이 나타납니다. ❶ Selected variables에서 요약할 칼럼을 모두 선택하고 ❷ Operation에서 계산 방법을 Mean value(평균값)로 선택합니다. ❸ Output variable name에는 새로 계산될 칼럼명을 직접 입력할 수 있습니다. 여기서는 한글로 '평균값'이라고 입력하고 ✖ 버튼을 클릭해서 창을 닫겠습니다.

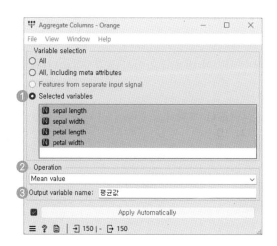

Aggregate Columns 위젯의
Operation 설정값

설정값	설명
Sum	더하기
Product	곱하기
Minimal value	최솟값
Maximal value	최댓값
Mean value	평균값
Variance	분산
Median	중앙값

04. Data 카테고리의 [Data Table] 위젯을 캔버스로 가져와 [Aggregate Columns] 위젯과 연결합니다. [Data Table] 위젯을 더블클릭하여 원본 데이터 뒤에 '평균값'이라는 새로운 칼럼이 추가되었는지 확인합니다. 첫 번째 행의 평균값 칼럼에 계산된 '2.55'는 같은 행의 4개 칼럼값인 5.1, 3.5, 1.4, 0.2의 평균값임을 확인할 수 있습니다.

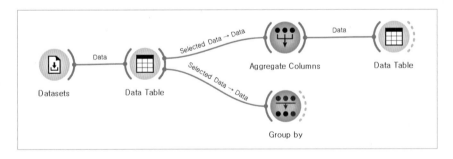

	iris	sepal length	sepal width	petal length	petal width	평균값
1	Iris-setosa	5.1	3.5	1.4	0.2	2.55
2	Iris-setosa	4.9	3.0	1.4	0.2	2.375
3	Iris-setosa	4.7	3.2	1.3	0.2	2.35
4	Iris-setosa	4.6	3.1	1.5	0.2	2.35
5	Iris-setosa	5.0	3.6	1.4	0.2	2.55
6	Iris-setosa	5.4	3.9	1.7	0.4	2.85
7	Iris-setosa	4.6	3.4	1.4	0.3	2.425
8	Iris-setosa	5.0	3.4	1.5	0.2	2.525
9	Iris-setosa	4.4	2.9	1.4	0.2	2.225
10	Iris-setosa	4.9	3.1	1.5	0.1	2.4
11	Iris-setosa	5.4	3.7	1.5	0.2	2.7
12	Iris-setosa	4.8	3.4	1.6	0.2	2.5
13	Iris-setosa	4.8	3.0	1.4	0.1	2.325
14	Iris-setosa	4.3	3.0	1.1	0.1	2.125
15	Iris-setosa	5.8	4.0	1.2	0.2	2.8

범주형 칼럼 1개를 기준으로 통곗값 요약하기 — Group by 위젯

Group by 위젯을 사용하면 각 칼럼을 특정 칼럼의 범줏값 기준으로 요약할 수 있습니다. iris 데이터라면 sepal length 칼럼값을 Iris-setosa, Iris-versicolor, Iris-virginica 종별로 요약해서 품종별 특징을 살펴볼 때 활용할 수 있습니다. 앞서 실습한 내용에 이어서 진행하겠습니다.

01. Transform 카테고리의 [Group by] 위젯을 캔버스로 가져와 iris 데이터가 있는 [Data Table] 위젯과 연결합니다.

02. [Group by] 위젯을 더블클릭하면 요약할 데이터를 설정하는 창이 나타납니다. ❶ Group by에서 요약 기준이 될 범주형 칼럼을 선택합니다. 여기서는 종별 그룹 정보가 있는 iris 칼럼을 선택하겠습니다. 이어서 ❷ 요약할 칼럼으로 sepal length, sepal width, petal length, petal width를 선택한 후 ❸ Aggregations에서 요약 방법으로 Mean(평균)을 선택하고 ✕ 를 클릭합니다.

Group by 위젯의 주요 Aggregations 설정값

설정값	설명	설정값	설명
Mean	평균값	Median	중앙값
Q1	1분위수 값	Q3	3분위수 값
Sum	합계	Count	개수
Max. value	최댓값	Min. value	최솟값
Mode	최빈값	Variance	분산

💡 Aggregation이란 '집합'을 뜻하며, 오렌지3에서는 어떤 방식으로 데이터를 요약할 것인지를 지칭합니다.

03. Data 카테고리의 [Data Table] 위젯을 캔버스로 가져와 [Group by] 위젯에 연결합니다. [Data Table] 위젯을 더블클릭하면 iris의 3개 품종별로 각 칼럼의 평균값이 계산된 것을 확인할 수 있습니다.

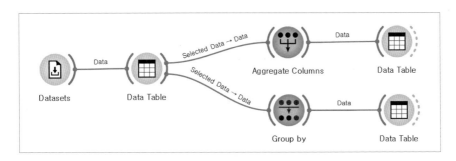

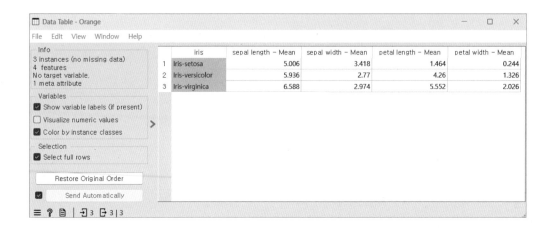

범주형 칼럼 2개를 기준으로 통곗값 요약하기 — Pivot Table 위젯

엑셀에서 많이 사용하는 피벗 테이블로 데이터를 요약하는 방법도 있습니다. Pivot Table 위젯은 2개의 범주형 칼럼을 기준으로 데이터를 요약할 수 있다는 점에서 Group by 위젯과 차이가 있습니다. 이번에는 iris 데이터가 아닌 다른 데이터를 새로 가져와 활용해 보겠습니다.

01. Data 카테고리 안에 있는 [Datasets] 위젯을 캔버스로 드래그 앤 드롭하여 가져옵니다.

Datasets

02. 캔버스로 옮겨온 [Datasets] 위젯을 더블클릭하면 나타나는 데이터 검색 창에서 'Employee'를 입력하면 나오는 'Employee attrition'을 선택합니다. 하단 설명을 보면 회사 직원의 연령, 성별, 급여, 직무, 만족도, 퇴직 여부에 관한 가상 데이터입니다.

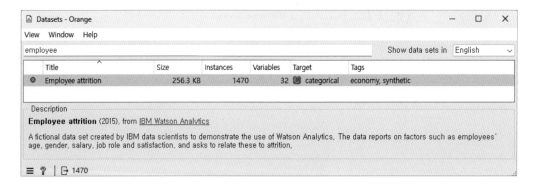

03. Data 카테고리의 [Data Table] 위젯을 캔버스로 가져와 [Datasets] 위젯과 연결합니다. [Data Table] 위젯을 더블클릭하여 Employee attrition 데이터가 잘 들어왔는지 확인합니다.

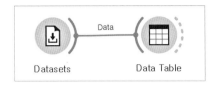

04. Transform 카테고리의 [Pivot Table] 위젯을 캔버스로 가져와 Employee attrition 데이터가 있는 [Data Table] 위젯과 연결합니다.

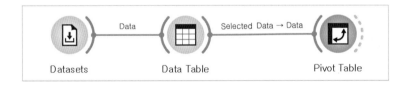

05. 이제 부서별로 퇴사한 사람과 퇴사하지 않은 사람의 평균 월소득을 확인해 보겠습니다. ❶ Rows는 Attrition(퇴사 여부) 칼럼을, ❷ Columns는 Department(부서명) 칼럼을 선택합니다. ❸ Values에는 숫자형 칼럼인 MonthlyIncome(월소득) 칼럼을 선택합니다. 평균을 구할 것이므로 ❹ Aggregations에서 Mean(평균값)을 선택하면 오른쪽 화면에서 분석 결과를 미리 볼 수 있습니다.

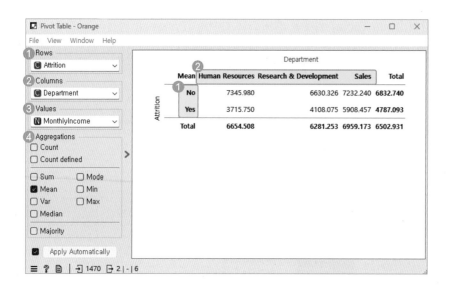

06. Data 카테고리의 [Data Table] 위젯을 캔버스로 가져와 [Pivot Table] 위젯에 연결합니다. [Data Table] 위젯을 더블클릭하면 Human Resources, Research & Development, Sales 부서 모두 회사를 떠난 직원들(Attrition=Yes)이 남은 직원들(Attrition=No)보다 월 소득 평균이 낮은 것을 확인할 수 있습니다.

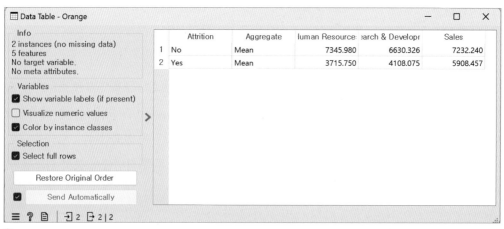

💡 단, 이는 단순히 부서별 평균 급여를 계산한 것이므로 세부적인 퇴사의 원인을 파악하려면 재직 기간이나 직급 등 급여에 영향을 미치는 다양한 변수를 반영해야 합니다.

이처럼 데이터를 요약하여 특징을 한눈에 파악하려면 Aggregate Columns, Group by, Pivot Table 위젯을 활용합니다.

Do it! 실습 데이터 결합하기

이번에는 서로 다른 데이터를 결합해서 하나의 데이터로 만드는 방법을 알아보겠습니다. 세부적으로는 위아래로 결합하는 방법과 좌우 옆으로 결합하는 방법이 있습니다. 이렇게 데이터를 결합하는 과정에서는 각 데이터 간에 '연결 고리'를 찾는 것이 가장 중요합니다.

데이터 연결 고리 찾기

데이터를 위아래로 결합할 때 사용하는 연결 고리는 양쪽 데이터에 동일하게 존재하는 칼럼입니다. 예를 들어 두 데이터에 모두 성명, 수학, 영어라는 공통 칼럼이 있다면 다음과 같이 칼럼별로 데이터를 결합한 후 각 행이 어떤 데이터에서 왔는지 출처를 확인할 칼럼(반 정보)을 추가해 주면 됩니다.

1반 성적 데이터

번호	성명	수학	영어
1	A		
2	B		
3	C		

+

2반 성적 데이터

번호	성명	수학	영어
1	D		
2	E		
3	F		

=

번호	성명	수학	영어	반
1	A			1반
2	B			1반
3	C			1반
4	D			2반
5	E			2반
6	F			2반

데이터를 옆으로 결합할 때에는 양쪽 데이터에 공통으로 있으면서 각 관측치들을 구별할 수 있는 칼럼이 연결 고리 역할을 합니다. 일반적으로 학번, 사번, 회원번호 등이 중복 없이 관측치들을 구별할 수 있으므로 연결 고리로 널리 사용되고 있습니다.

번호	학번	수학
1	110	
2	111	
3	112	

수학 성적 데이터

+

번호	학번	영어
1	110	
2	111	
3	112	

영어 성적 데이터

=

번호	학번	수학	영어
1	110		
2	111		
3	112		

이렇게 데이터를 결합하면 훨씬 더 풍부하고 다각적인 데이터 분석을 진행할 수 있습니다. 이때 정확한 연결 고리를 잘 찾는 것이 중요하다는 것을 잊지 맙시다. 이제 실습을 통해 직접 데이터를 결합해 보겠습니다.

두 개의 데이터를 위아래로 결합하기 — Concatenate 위젯

수집한 데이터는 월별 또는 항목별로 저장되어 있는 경우가 많습니다. 이때는 서로 연결할 수 있는 칼럼명을 연결 고리로 사용해 칼럼의 구조가 동일하도록 맞춰 줘야 합니다. 하나씩 해보겠습니다.

01. Data 카테고리 안에 있는 [Datasets] 위젯을 캔버스로 드래그 앤 드롭하여 가져옵니다. 더블클릭하면 나타나는 데이터 검색 창에서 'Wine quality'를 입력하면 red와 white로 구분된 데이터가 각각 있습니다. 두 데이터 모두 와인의 구성 성분과 만족도를 내용으로 하기 때문에 동일한 칼럼 11개로 구성되어 있어 데이터를 위아래로 결합할 수 있습니다. 먼저 1,599개의 관측치로 이루어져 있는 red 데이터를 선택하고 ⊗ 버튼을 클릭합니다.

Datasets

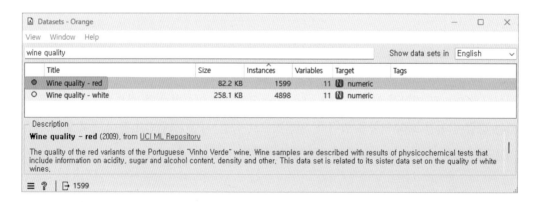

02. Data 카테고리 안에 있는 [Datasets] 위젯을 캔버스로 하나 더 드래그 앤 드롭하여 가져옵니다. 더블클릭하면 나타나는 데이터 검색 창에서 똑같이 'Wine quality'를 입력하고 이번에는 4,898개의 관측치로 이루어진 white 데이터를 가져옵니다.

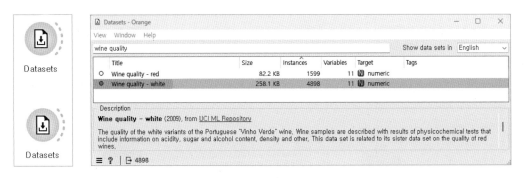

03. red와 white의 [Datasets] 위젯 양쪽 모두에 Transform 카테고리의 [Select Columns] 위젯을 가져와 연결합니다. 각각 더블클릭하여 두 위젯 모두 Features에는 alcohol과 density 칼럼만 남겨 두고 Ignored로 옮긴 후 Target은 quality로 설정합니다.

Wine — red

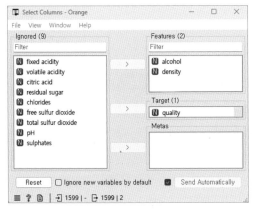

Wine — red

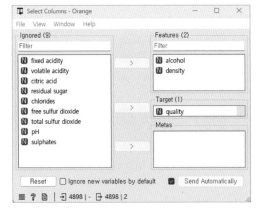

Wine — white

04. 각 [Select Columns] 위젯에 [Data Table] 위젯을 연결해서 데이터를 확인합니다. Instances가 1,599개인 red 데이터와 4,898개인 white 데이터가 잘 들어왔고 두 데이터 모두 quality, alcohol, density 칼럼으로 동일한 구조입니다.

05. Transform 카테고리의 [Concatenate] 위젯을 캔버스로 가져옵니다. 여기에 [Data Table] 위젯 두 개를 모두 연결한 후 [Concatenate] 위젯을 더블클릭하면 위젯 설정 창이 나타납니다.

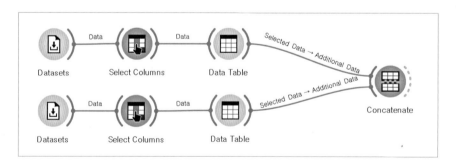

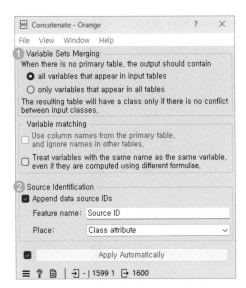

❶ Variable Sets Merging은 두 데이터의 구조가 다를 때 모든 칼럼을 포함시킬지, 아니면 양쪽 데이터에 공통적으로 있는 칼럼만 포함시킬지를 선택하는 옵션입니다. 현재는 red와 white 데이터의 구조가 동일하므로 어떤 옵션을 설정해도 같은 결과가 나오지만, 가지고 있는 데이터 구조가 서로 다르다면 상황에 맞게 선택합니다.

💡 concatenate는 '연관시키다'라는 뜻입니다.

❷ Source Identification은 서로 다른 데이터를 합쳤을 때 출처를 확인할 수 있는 칼럼을 추가할지를 선택하는 옵션입니다. Feature name에 'Source ID'라는 새로운 칼럼을 추가하면 칼럼값에는 어떤 데이터에서 온 관측치인지 알 수 있는 원본 데이터 정보가 생성됩니다. 설정 후에는 ✕ 버튼을 클릭하고 창을 닫습니다.

06. Data 카테고리의 [Data Table] 위젯을 캔버스로 가져와 [Concatenate] 위젯에 연결합니다. [Data Table] 위젯을 더블클릭하고 ❶ Info의 관측치를 확인해 보면 red 1,599개, white 4,898개를 합쳐 총 6,497개가 포함되어 있습니다. 그리고 ❷ 오른쪽 데이터를 보면 'Source ID'라는 새로운 칼럼이 추가되었고, 데이터값으로 원본 데이터 출처가 생성된 것을 확인할 수 있습니다.

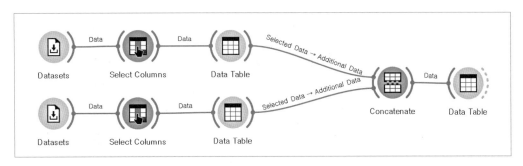

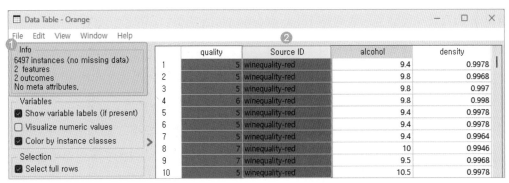

07. Visualize 카테고리의 [Box Plot] 위젯을 캔버스로 가져와 [Data Table] 위젯과 연결합니다. [Box Plot] 위젯을 더블클릭하면 데이터를 그룹별로 구분하여 통곗값(최솟값, 1사분위수, 중앙값, 3사분위수, 최댓값 등) 정보를 시각적으로 보여주는 박스 플롯 그래프를 확인할 수 있습니다. [Box Plot] 위젯에서는 ❶ Variable에 비교하기 위한 숫자형 칼럼을 선택하고, ❷ Subgroups에는 비교할 그룹 기준이 될 범주형 칼럼을 선택합니다. Variable에는 quality(와인 품질)를, Subgroups에는 Source ID를 선택하면 레드 와인과 화이트 와인의 품질을 서로 비교할 수 있습니다.

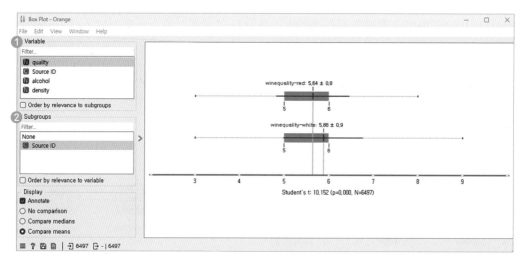

🔲 두 개의 데이터 옆으로 결합하기 — Merge Data 위젯

이번에는 서로 다른 두 개의 데이터를 옆으로 연결하는 방법을 알아보겠습니다. 두 개의 데이터를 연결 고리로 합쳐서 하나의 데이터로 만들고, 이를 지도 위에 시각화까지 해 보겠습니다.

01. Data 카테고리 안에 있는 [Datasets] 위젯 두 개를 캔버스로 드래그 앤 드롭하여 가져옵니다. [Datasets] 위젯을 더블클릭하면 나타나는 데이터 검색 창에 'HDI'를 입력해 HDI와 HDI-edu 데이터를 각각 가져옵니다.

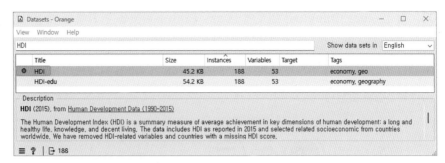

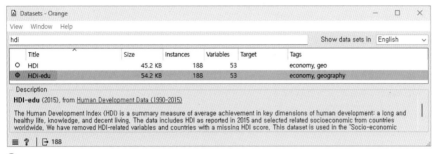

💡 HDI(Human Development Index) 지수는 국제연합개발계획(UNDP)에서 국가별 문해율과 평균 수명, 1인당 실질 국민 소득 등을 토대로 각 국가의 선진화 정도를 평가하는 지수입니다.

02. [Datasets] 위젯 양쪽 모두에 Transform 카테고리의 [Select Columns] 위젯을 가져와 연결

합니다. 각각 더블클릭하여 HDI 데이터에는 ❶ Features에 HDI(HDI 지수) 칼럼, Metas에 Country(국가명) 칼럼만 남겨 두고 모두 Ignored로 옮깁니다. 그리고 HDI-edu 데이터에는 ❷ Features에 국가의 위치를 나타내는 Latitude(위도), Longitude(경도) 칼럼을, Metas에 Country(국가명) 칼럼만 남겨 둔 채 모두 Ignored로 옮깁니다.

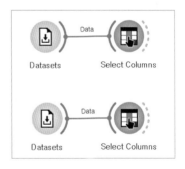

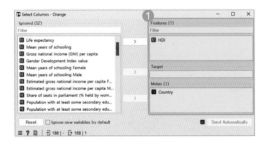

03. 각 [Select Columns] 위젯에 [Data Table] 위젯을 연결해서 데이터를 확인합니다. HDI 데이터는 관측치 188개에 Country(국가명), HDI(HDI 지수)라는 2개의 칼럼이 있습니다. HDI-edu 데이터 역시 관측치 188개에 Country(국가명), Latitude(위도), Longitude(경도)라는 3개의 칼럼이 있습니다.

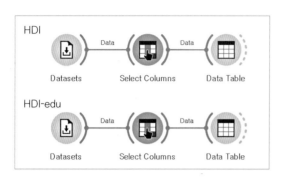

HDI

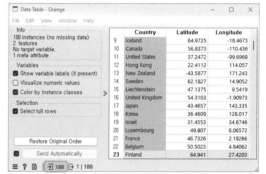

HDI-edu

04. HDI 데이터와 HDI-edu 데이터에 동일하게 있으면서 관측치를 구별할 수 있는 Country (국가명) 칼럼을 연결 고리로 이용해 두 데이터를 옆으로 결합해 보겠습니다. Transform 카테고리의 [Merge Data] 위젯을 캔버스로 가져옵니다. 여기에 [Data Table] 위젯 두 개를 모두 연결한 후 더블클릭하면 위젯 설정 창이 나타납니다.

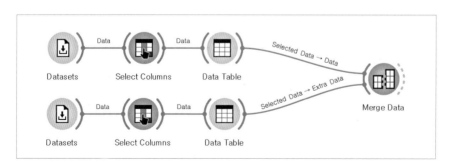

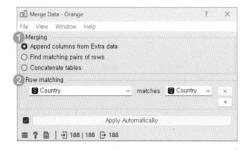

❶ Merging에는 다음 3가지 옵션이 있습니다.

· Append columns from Extra data: 첫 번째 데이터를 기준으로 두 번째 데이터에서 결합할 수 있는 값들을 추가합니다(left join). 여기에서는 이 옵션을 선택하겠습니다.

· Find matching pairs of rows: 양쪽 데이터에서 연결 고리를 기준으로 짝을 찾아 일치하는 데이터만 남깁니다(inner join).

· Concatenate tables: 양쪽 데이터를 모두 결합합니다(outer join).

❷ Row matching은 두 데이터를 결합하는 연결 고리를 선택하는 옵션입니다. Row index, instance id 등의 기본 옵션을 제공하지만, 정확한 결합을 위해 양쪽 데이터에 공통으로 존재하면서 각 관측치를 구별할 수 있는 칼럼인 Country(국가명)를 선택합니다.

05. Data 카테고리의 [Data Table] 위젯을 캔버스로 가져와 [Merge Data] 위젯에 연결합니다. [Data Table] 위젯을 더블클릭하면 앞에서 선택했던 Country를 기준으로 국가별 HDI 지수와 위도, 경도 칼럼이 1개의 데이터로 합쳐진 것을 볼 수 있습니다.

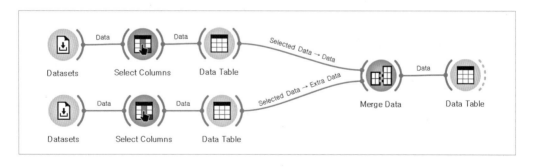

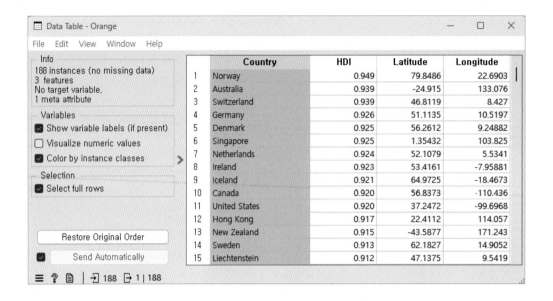

06. Geo 카테고리의 [Geo Map] 위젯을 캔버스로 가져와 [Data Table] 위젯과 연결합니다. [Geo Map] 위젯을 더블클릭하면 나타나는 위젯 창에서 세계 지도 위에 HDI 지수를 시각적으로 표현할 수 있습니다. 위도와 경도에 사용할 칼럼을 ❶ Layout에서 각각 Latitude(위도), Longitude(경도)로 설정하고, ❷ Attributes에서 시각화 옵션을 설정합니다. 여기에서는 Color와 Size에 모두 HDI 칼럼을 설정하겠습니다. 그럼 HDI 지수가 높은 선진화된 국가일수록 밝은 색으로 표현되고 원의 크기가 커지며, 낮은 국가일수록 어두운 색으로 표현되고 원의 크기가 작아지는 것을 확인할 수 있습니다. 나머지 옵션은 자신이 원하는 대로 설정해도 됩니다.

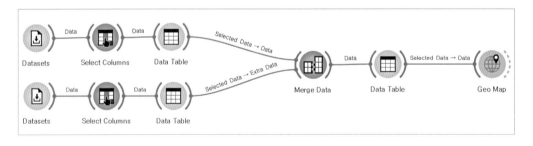

💡 Geo 카테고리가 설치되어 있지 않다면 상단 메뉴의 [Options]에서 [Add-ons]을 클릭하여 설치한 후 오렌지3를 재부팅합니다 (63쪽 참고). 단, 지금까지 작성한 워크플로는 재부팅 전에 미리 저장해 두세요.

지금까지 데이터를 결합한 뒤 시각화하는 방법을 알아봤습니다. 데이터 분석 시 여러 개의 데이터를 합쳐서 사용해야 하는 경우 Concatenate 위젯과 Merge Data 위젯을 활용하면 자신이 원하는 데이터를 얼마든지 나타낼 수 있을 것입니다.

✅ **퀴즈로 복습하자!**

1. PC에 저장된 데이터를 불러오려면 [F   ] 위젯을 사용하고, 내장 데이터를 활용하는 경우에는 [D   ] 위젯을 사용합니다.

2. 오렌지3는 데이터 분석 시 각 칼럼에 대해 Ignored, Features, Target, Metas와 같이 [역   ]을 설정합니다.

3. 데이터를 풍부하게 사용하기 위해 서로 다른 데이터에서 [연   ]를 찾아 [결   ]할 수 있습니다.

정답: 1. File, Datasets 2. 역할 3. 연결 고리, 결합

05장 ▶ 데이터 다루기   **103**

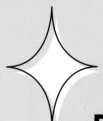

데이터 탐색하기

06장에서는 데이터 분석의 첫 단계인 EDA가 무엇이고 어떻게 하는지,
그리고 왜 해야 하는지를 차근차근 알아보겠습니다.

06-1 | EDA가 뭔가요?

지금까지의 실습을 통해 오렌지3를 어떻게 활용하는지 감을 잡았을 것 같습니다. 그럼 이제 EDA를 시작으로 본격적으로 데이터 분석을 시작해 봅시다.

EDA 이해하기

EDA는 Exploratory Data Analysis의 줄임말로, 직역하면 탐색적 데이터 분석을 의미합니다. 데이터를 탐색적으로 분석한다는 것이 무슨 말일까요? 수집한 데이터를 무작정 모델에 넣고 학습시킬 수는 없습니다. 그 전에 먼저 우리가 분석할 데이터의 특징을 잘 알아야 적합한 전처리 방법과 필요한 모델을 결정할 수 있습니다. 이때 필요한 것이 바로 EDA입니다.

EDA의 중요성

이해가 쉽도록 요리와 비교해 보겠습니다. EDA 과정 없이 바로 데이터 분석을 시작하는 것은 마치 요리를 시작하기 전에 재료의 상태를 확인하지 않는 것과 같습니다. 즉, 필요한 재료가 다 있는지, 영양 성분은 적당한지, 상한 부분이 있는지, 양은 충분한지 등을 확인하지 않으면 중간에 부족한 재료를 다시 구하러 가거나 처음에 생각했던 요리가 완성되지 않을 확률이 높습니다. 마찬가지로 원하는 데이터 분석 결과를 얻으려면 시작 전에 충분한 시간을 들여 EDA를 먼저 수행하는 것이 매우 중요합니다.

EDA에서 하는 것

1. 데이터 통계 요약 확인

데이터의 전반적인 특징을 파악하기 위해 여러 통곗값(평균값, 중앙값, 분산, 표준편차, 최댓값, 최솟값 등)을 통해 데이터를 요약하고 확인합니다.

2. 이상치 확인

이상치outlier는 다른 값들에 비해 너무 높거나 낮은 값이 있는 데이터입니다. 이는 실제 발생한 값일 수도 있고 잘못 입력된 값일 수도 있습니다. 예를 들어 평균 강수량이 10mm 정도인데 어느 날 폭우가 쏟아져서 200mm가 입력되었을 수도 있고, 측정 장치의 오류로 비가 오지 않았는데도 200mm가 입력되었을 수 있습니다. 이러한 이상치는 분석 결과를 왜곡시킬 수 있으므로 발견해서 삭제하거나 다른 값으로 대체해야 합니다.

3. 결측치 확인

결측치missing value는 값이 입력되지 않은 경우를 의미합니다. 결측치가 있는 상태로 분석을 진행하면 숫자 값이 아니기 때문에 계산 과정에서 오류가 발생하거나 분석 결과를 왜곡시킬 수 있습니다. 분석 전에 결측치 여부를 반드시 확인한 후 결측치가 있다면 다른 값들의 평균값으로 대체하거나 해당 관측치 자체를 삭제합니다. 단, 이때는 데이터의 양이나 특성을 고려해서 결정하는 것이 좋습니다.

4. 시각화를 통한 데이터 이해

막대그래프, 히스토그램, 박스 플롯, 산점도, 원그래프 등 다양한 시각화 방법을 사용하여 데이터의 분포나 관계, 패턴 등을 직관적으로 파악합니다. 이는 다양한 각도에서 데이터의 특징을 살펴볼 수 있다는 장점이 있습니다.

5. 변수 간의 관계 분석

데이터 분석에서는 각 변수, 즉 칼럼들의 관계가 분석 결과에 영향을 미칠 수 있기 때문에 이 관계성을 잘 파악하는 것이 중요합니다. 대표적인 예로 상관계수(변수 간의 상관관계를 수치로 나타낸 것)를 계산하여 변수들 사이의 관계성을 파악하는 상관 분석correlation analysis이 있습니다.

EDA가 중요한 이유

EDA가 중요한 이유는 크게 두 가지입니다. 첫째는 정확한 분석을 위해 데이터를 파악하는 것이고, 둘째는 분석의 구체적인 방향성을 결정하기 위함입니다. 하나씩 자세히 알아보겠습니다.

정확한 분석을 위한 데이터 파악

데이터를 파악하려면 데이터의 기본 구조, 변수(칼럼)의 종류, 데이터의 분포, 변수 간의 관계 등을 먼저 알아야 합니다. 다소 어려운 표현이라도 앞으로 계속 반복될 개념이니 한 번 정리하고 넘어가겠습니다.

데이터의 기본 구조 및 변수 확인

몇 개의 관측치와 칼럼으로 구성되었는지, 칼럼 유형은 무엇인지 등 데이터의 기본 구조를 파악하고, 각 칼럼들은 무엇을 의미하는지 확인합니다.

데이터 분포 확인

변수의 평균과 분산 등을 확인해 데이터가 어떤 형태로 분포되어 있는지 확인합니다. 통곗값을 요약해 볼 수도 있고, 박스 플롯 등의 그래프를 이용해 시각적으로 나타낼 수도 있습니다.

변수 간의 관계 탐색

두 변수 사이에 어떤 관계가 있는지, 변수 간에 영향을 어느 정도 미치는지 등을 확인합니다. 특징을 나타내는 변수(피처) 간의 상관성이 높다면 같은 정보를 중복 사용함으로 인해 분석 결과가 왜곡될 수 있습니다. 변수 간의 관계는 산점도나 상관 계수로 확인할 수 있습니다.

분석의 방향성 결정

데이터 분석의 방향성을 결정하려면 EDA를 통해 변수별로 어떤 전처리가 필요한지, 성능을 개선하기 위해 추가로 필요한 작업이 무엇인지를 탐구해 보는 시간이 필요합니다.

결측치·이상치 처리

결측치나 이상치 등 분석 결과를 왜곡할 수 있는 값은 해당 관측치를 삭제하거나 평균값 등으로 대체할 수 있습니다. 이때는 가지고 있는 데이터의 특성에 맞춰 다양한 방법을 시도해 본 후 분석 결과가 가장 좋은 방법을 선택하는 것이 바람직합니다.

스케일링

스케일링은 범위가 서로 다른 변수들을 같은 범위로 조정하는 것입니다. 데이터에 50~80kg 범위의 몸무게 칼럼과 160~190cm 범위의 키 칼럼이 있는 경우, 사람은 몸무게와 키의 숫자 범위가 다르다는 것을 바로 이해할 수 있지만 컴퓨터는 숫자의 크기로 데이터를 인식하기 때문에 값의 범위가 큰 키를 더 중요한 데이터로 판단할 가능성이 있습니다. 그러므로 모델의 특성에 따라 필요한 경우에는 스케일링을 통해 변수의 범위를 조절하는 것이 바람직합니다.

범주형 데이터 처리

텍스트값으로 입력된 범주형 데이터는 컴퓨터가 이해하기 어려우므로 인코딩 등의 방식을 통해 숫자값으로 변환해 줘야 합니다. 예를 들어 성별 변수의 값이 남/여로 되어 있는 경우 0/1과 같이 숫자값으로 변환하는 것이 바람직합니다.

이와 같이 EDA에서 먼저 데이터의 특성을 정확히 파악하고 분석 방향성을 확인하면 분석 과정에서 예상치 못한 문제가 발생할 가능성을 낮출 수 있습니다. 이제 실제 데이터를 활용해서 EDA를 진행해 보겠습니다.

Do it! 실습 탐색적 데이터 분석하기

전문 분석가가 아니라면 비정형 데이터보다는 표 형태의 정형 데이터를 활용하는 경우가 더 많을 것입니다. 우리가 05-2에서 살펴봤던 iris 데이터를 활용해서 EDA를 본격적으로 시작해 보겠습니다.

먼저 [Datasets] 위젯으로 iris 데이터를 가져온 후 [Data Table] 위젯을 연결해서 데이터가 잘 들어왔는지 확인합니다. 그리고 데이터를 탐색적으로 분석하기 위해 Data 카테고리의 [Data Info] 위젯과 [Feature Statistic] 위젯, Visualize 카테고리의 [Box Plot] 위젯, Unsupervised 카테고리의 [Correlations] 위젯을 연결해 다음과 같이 구조를 만듭니다. 이제 각 위젯의 특징을 하나씩 살펴보겠습니다.

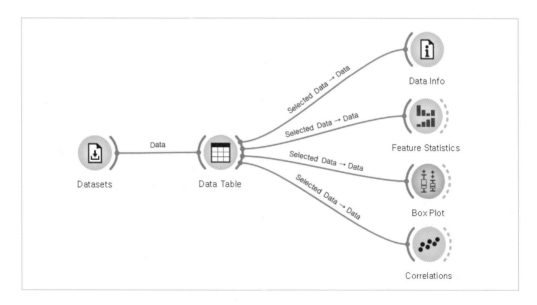

데이터 정보 확인하기 — Data Info 위젯

[Data Info] 위젯을 더블클릭하면 데이터의 이름과 크기, 피처(데이터의 특징을 나타내는 칼럼)와 타깃(맞춰야 하는 정답을 나타내는 칼럼)의 전체 현황을 확인할 수 있습니다.

우리가 사용한 데이터의 이름(Name)은 iris이며 관측치의 크기(Size)는 150개 행과 5개 칼럼입니다. 피처(Features)는 4개의 숫자형(numeric) 칼럼이며, 타깃(Target)은 3개의 범줏값이 있는 범주형(categorical) 칼럼이라는 것을 확인할 수 있습니다.

이렇게 데이터의 정확한 정보를 확인하는 습관을 가져야 분석 과정에서 예상치 못하게 데이터 행이나 열을 생략한 채로 분석 결과를 도출하는 실수를 예방할 수 있습니다.

통곗값 요약하기 ― Feature Statistics 위젯

Data 카테고리의 [Feature Statistics] 위젯을 더블클릭하면 다음과 같이 칼럼별 통곗값을 확인할 수 있습니다. 여기서 **N**은 숫자형을 의미합니다.

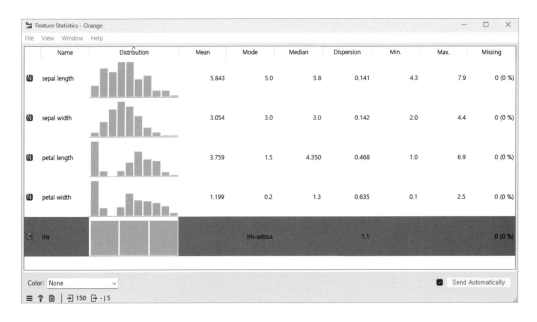

이처럼 오렌지3는 데이터 칼럼 유형을 숫자형(**N**), 범주형(**C**), 텍스트형(**S**), 날짜형(**T**)으로 구분합니다. 만약 칼럼 유형을 잘못 지정했거나 유형에 맞지 않는 옵션을 설정하면 오류가 발생하므로 항상 칼럼 유형을 확인할 필요가 있습니다.

	칼럼 유형	설명
N	숫자형numeric	• 칼럼값이 숫자인 칼럼 유형 • 합계, 평균 등의 연산 가능 예 연령, 소득, 온도 등 예 연령, 소득, 온도 등
C	범주형categorical	• 칼럼값이 정해진 범주의 값인 칼럼 유형 예 성별(남, 여), 상품 카테고리(전자제품, 가구, 식품) 등 • 주로 텍스트로 표현되며, 숫자로 표현되어 있어도 연산 가능한 수치의 의미보다는 범주를 구분하는 식별자 역할을 함 예 서울특별시-1, 경기도-2, 인천광역시-3, 부산광역시-4 등 • 일반적으로 특정 기준에 해당할 경우 1, 해당하지 않을 경우 0으로 표현 예 퇴사 여부 칼럼인 경우 퇴사한 경우-1, 퇴사하지 않은 경우-0
S	텍스트형string	• 칼럼값이 텍스트인 칼럼 유형 • 일반적으로 분석에 사용하지 않는 칼럼인 경우가 많음 예 사용자 이름, 주소, 이메일 주소 등
T	날짜형time	• 칼럼 값이 날짜와 시간(연, 월, 일, 시 등)인 칼럼 유형 • '2023-01-01'과 같은 형식으로 표현됨 • 시계열 분석에서 중요한 역할을 함 예 데이터가 수집된 시간, 사용자 로그인 시간, 거래 발생 시간 등

[Feature Statistics] 위젯을 다시 살펴보면 숫자형 칼럼에서는 분포Distribution, 평균값Mean, 최
빈값Mode, 중앙값Median, 변동계수Dispersion, 최솟값Min., 최댓값Max. 및 입력되지 않은 값의 비율인
결측치Missing를 확인할 수 있습니다. 그리고 범주형 칼럼에서는 각 범주의 막대 그래프와 최빈
값, 결측치 등을 확인할 수 있습니다.

평균값과 중앙값

오렌지3에서는 데이터를 요약할 때 평균값Mean과 중앙값Median을 제공합니다. 이렇게 주어진
자료를 요약해서 대표하는 특정 값을 대푯값이라고 합니다. 그런데 왜 대푯값으로 평균값과
중앙값을 함께 사용하는 것일까요?

평균값은 모든 데이터의 값을 더한 뒤 총 개수로 나눈 값입니다. 그런데 이 중에 말도 안 되게
크거나 작은 값이 포함될 경우, 평균값에 영향을 미쳐 전체 값을 대표하지 못하는 경우가 있습
니다. 이런 경우를 대비해서 중앙값을 함께 이용합니다. 중앙값이란 데이터 값을 크기대로 나
열했을 때 정 가운데 있는 값으로, 이상치의 영향을 덜 받기 때문에 평균값과 함께 대푯값으로
널리 활용되고 있습니다.

예를 들어 5일 동안 강우량을 측정했는데 마지막 날에는 측정기 고장으로 평소 강우량보다 10
배 정도 많은 양의 강우량이 측정됐다고 합시다. 그럼 5일간 평균 강우량은 약 470mm로, 일
반적인 장마 기간보다 훨씬 더 많은 비가 왔다고 오해할 수 있습니다. 하지만 중앙값은 마지막

날의 폭우로 인한 영향을 받지 않아 170mm가 되고, 이를 평균값 470mm와 함께 해석하면 5일 중에 엄청난 폭우가 있었거나 측정 오류가 아닐까 예상해 볼 수 있을 것입니다.

> 150mm, 160mm, 170mm, 180mm, 1700mm

이처럼 어떤 데이터를 요약할 때는 평균값과 중앙값을 비교해서 데이터의 이상치나 분포 상태를 파악하는 습관을 가지는 것이 좋습니다.

분산과 표준편차

데이터에서 분산variance 과 표준편차standard deviation는 데이터의 분포를 나타내는 중요한 지표입니다. 이들은 각 데이터가 평균값과 떨어져 있는 정도를 측정하여 데이터의 일관성과 변동성을 파악하는 데 도움을 줍니다.

분산은 데이터의 각 관측치와 관측치 전체 평균의 차이를 제곱한 값의 평균으로, 데이터가 평균값을 중심으로 얼마나 떨어져 있는지를 나타냅니다. 수식을 보면 관측치와 평균의 차이만 봐도 될 텐데 왜 굳이 제곱을 할까요? 이유는 다음과 같습니다.

$$\text{분산} = \frac{1}{n} \sum_{i=1}^{n} \left(x_i - \bar{x} \right)^2$$

예를 들어 어떤 집단의 평균 몸무게가 60kg일 때 첫 번째 관측치가 50kg이면 평균과의 차이는 50-60=-10이고, 두 번째 관측치가 70kg이면 평균과의 차이는 70-60=10입니다. 이렇게 구한 -10과 10은 각각 평균에서 얼마나 떨어져 있는지 나타내는 정보라고 볼 수 있습니다. 그런데 이 두 값을 더하면 (-10)+10=0이 되면서 이 정보가 사라지게 됩니다. 반면 각각의 값에 제곱을 하면 모두 양수가 되므로 데이터와 평균의 차이를 나타내는 정보가 사라지지 않습니다. 즉, $(50-60)^2 =100$과 $(70-60)^2 =100$으로 100+100=200이 되는 것입니다.

단, 이러한 방식은 원래 데이터 단위의 제곱이 되기 때문에 해석이 직관적이지 않을 수 있습니다. 예를 들어 제곱을 취하기 전에는 각 -10, 10으로 20만큼 떨어져 있었는데, 제곱이 되면서 그 차이가 200으로 증가하기 때문입니다. 그렇기 때문에 이러한 분산을 원래 데이터와 동일한 단위로 변환하기 위해 분산에 루트($\sqrt{}$)를 씌운 표준편차를 더 많이 사용합니다.

$$\text{표준편차} = \sqrt{\frac{1}{n} \sum_{i=1}^{n} \left(x_i - \bar{x} \right)^2}$$

박스 플롯 그리기 — Box Plot 위젯

박스 플롯은 상자 수염 그림이라고도 합니다. 그 이유는 가운데 상자를 기준으로 양 옆에 긴 수염을 그려서 데이터의 통계적 특성을 보여 주기 때문입니다.

오렌지3에서 사용하는 박스 플롯 그래프는 다음과 같이 생겼습니다. Q1, Q2, Q3는 전체 데이터를 4등분한 사분위수를 나타냅니다. Q1은 전체 데이터 가운데 25% 위치의 데이터를, Q2와 Q3는 각각 50%와 75% 위치의 데이터를 뜻합니다. 가운데 색 박스는 Q1~Q3까지의 값을 의미하고, 여기에는 평균값과 중앙값이 표시되어 있습니다. 단, 분석 언어나 도구마다 박스 플롯 구성이 조금씩 다르기 때문에 해석에 유의해야 합니다.

[Box Plot] 위젯을 더블클릭해 박스 플롯을 확인해 보겠습니다. ❶ Variable에는 숫자형 칼럼인 sepal length를 선택하고 ❷ Subgroups에는 범주형 칼럼인 iris를 선택하면 품종별로 sepal length의 값을 비교해 볼 수 있습니다. 숫자로 봤을 때는 몰랐지만 [Box Plot] 위젯으로 요약해 보니 sepal length 칼럼을 이용하면 품종을 구별할 때 유용하다는 것을 알 수 있습니다.

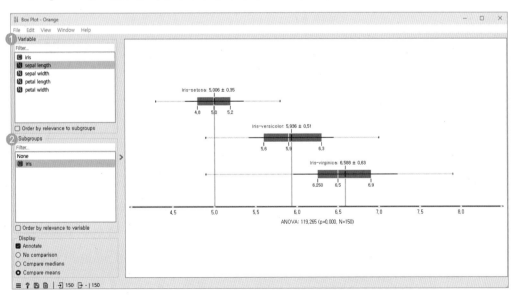

상관관계 확인하기 — Correlations 위젯

어떤 대상 간에 관계가 없어 보이면 '서로 상관없다'라고 합니다. 즉, 상관관계는 두 변수 간의 관계를 의미하며, 상관계수는 그 관계의 정도를 −1~1 사이의 숫자로 표현한 값입니다.

예를 들어 기온과 얼음 소비량의 관계를 생각해 봅시다. 기온이 올라갈수록 얼음 소비량도 증가하는 것과 같이, 두 변수가 같은 방향으로 증가/감소하는 관계는 양의 상관관계입니다. 반면 기온이 올라갈수록 목도리 판매량이 감소하는 것과 같이, 두 변수가 반대 방향으로 증가/감소하는 관계는 음의 상관관계입니다. 따라서 0을 기준으로 상관계수가 1에 가까워실수록 양의 상관관계, 숫자가 −1에 가까워질수록 음의 상관관계가 있다고 합니다.

그렇다면 기온과 휴대폰 판매량의 관계는 어떨까요? 상식적으로 생각해 보면 기온이 높거나 낮다고 해서 휴대폰 판매량에 큰 영향을 줄 것 같지 않으니 상관관계가 없다고 볼 수 있습니다. 이렇듯 데이터 분석을 하기 전에 상관계수를 이용해서 변수 간의 관계를 파악하는 과정이 필요합니다.

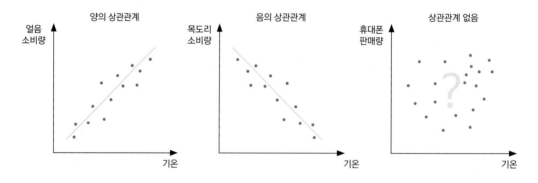

[Correlations] 위젯을 더블클릭한 후 설정 창 상단을 보면 기본값으로 ❶ Pearson correlation(피어슨 상관계수)가 설정되어 있습니다. 이는 그대로 유지합니다. ❷ 변수 조합별로 상관계수가 가장 높은 것부터 순서대로 보여 주는데, petal length와 petal width의 상관계수가 0.963인 것으로 보아 꽃잎(petal)의 길이와 너비가 함께 증가하거나 감소하는 형태로 상관관계가 매우 높다는 것을 확인할 수 있습니다.

💡 상관계수를 구하는 경우 일반적으로 피어슨 상관계수 방식을 널리 사용합니다.

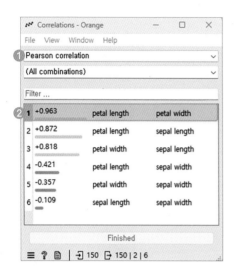

Do it! 실습) 데이터 시각화하기

27쪽 '데이터 칼럼의 유형'에서 데이터 칼럼 유형에는 텍스트형, 숫자형, 범주형, 날짜형이 있다고 했습니다. 데이터를 시각화하는 방법은 이 칼럼 유형에 따라 결정됩니다. 참고로 오렌지3는 무료로 제공되는 오픈 소스이다 보니 유료로 제공되는 분석 도구와 비교했을 때 시각화 기능이나 설정할 수 있는 옵션이 한정적이어서 뛰어난 시각화 결과물을 만들기는 어렵습니다. 그렇기 때문에 많이 사용되는 시각화 방법과 데이터 칼럼 유형에 따라 어떤 시각화 방법을 적용하면 좋은지 정도만 짚고 넘어가겠습니다.

마찬가지로 79쪽을 참고해 [Datasets] 위젯으로 iris 데이터를 가져온 후 [Data Table] 위젯을 연결해서 데이터가 잘 들어왔는지 확인합니다. 그리고 데이터를 시각화하여 살펴보기 위해 Educational 카테고리의 [Pie Chart] 위젯과 Visualize 카테고리의 [Bar Plot] 위젯, [Distributions] 위젯, [Scatter Plot] 위젯을 연결해 다음 그림과 같이 구조를 만듭니다. 이제 각 위젯의 특징을 하나씩 살펴보면서 데이터를 어떻게 시각화하고 해석하는지 알아보겠습니다.

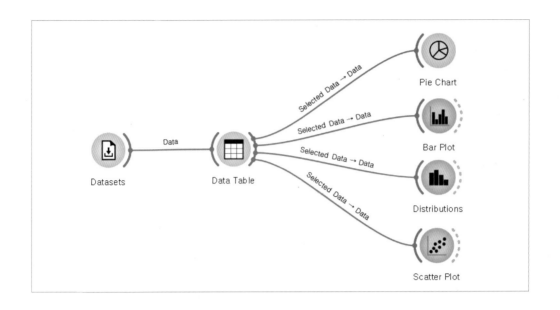

 원그래프 — Pie Chart 위젯

원그래프는 범주형 데이터를 시각화할 때 주로 사용합니다. [Pie Chart] 위젯을 더블클릭하면 iris 칼럼은 붓꽃의 3가지 품종값이 각각 50개의 레코드를 포함하고 있으므로 다음 그림처럼 원 그래프가 동일한 비율로 나타난 것을 확인할 수 있습니다.

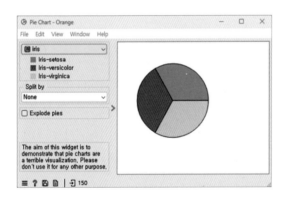

 막대그래프 — Bar Plot 위젯

막대그래프는 숫자형 칼럼의 값을 확인할 때 주로 사용합니다. [Bar Plot] 위젯을 더블클릭한 후 ❶ Values에는 시각화할 칼럼으로 sepal length를, ❷ Color에는 색깔을 구분할 칼럼으로 iris 칼럼을 선택합니다. 결과를 보면 품종별로 막대그래프 색깔이 구분된 것을 확인할 수 있습니다.

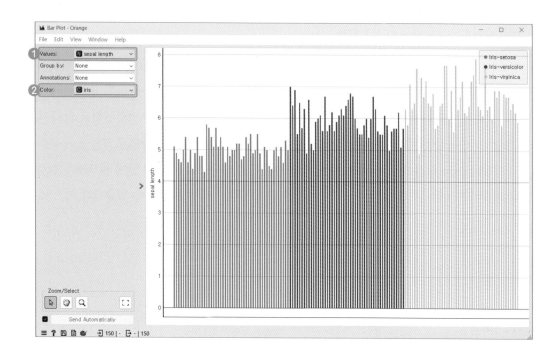

분포도 — Distributions 위젯

[Distributions] 위젯을 더블클릭하면 데이터의 분포도를 시각화하기 위한 다양한 옵션을 제공합니다. ❶ Variable에는 시각화할 숫자형 칼럼으로 sepal length를, ❷ Columns의 Split by에는 범주형 칼럼으로 iris를 선택하여 품종별 sepal length의 분포를 시각화했습니다. ❸ Distribution에서 다양한 옵션을 추가할 수도 있는데, 여기서는 Bin width(폭넓이)를 가장 낮은 0.2로 조절했더니 다음과 같이 전체 분포도가 그려졌습니다.

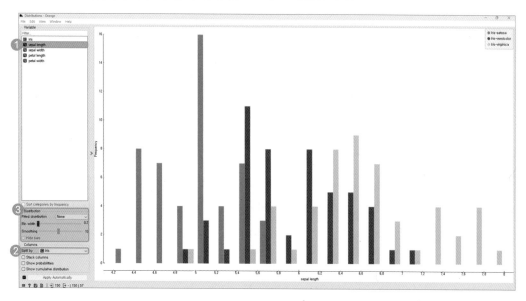

산점도 — Scatter Plot 위젯

산점도는 숫자형 변수 간의 관계를 시각화할 때 사용합니다. [Scatter Plot] 위젯을 더블클릭하면 나타나는 설정 창에서 ❶ Axis x에는 x축으로 설정할 칼럼으로 sepal length를, ❷ Axis y에는 y축으로 설정할 칼럼으로 sepal width를 선택합니다. Attributes에서는 범줏값별로 점의 색깔·모양·크기 등을 설정하거나 라벨을 추가할 수 있습니다. 여기서는 품종별로 모양을 구분하기 위해 ❸ Shape 옵션에서 iris 칼럼을 선택합니다. 이때 ❹ Show legend 앞에 체크해야 산점도의 색깔이나 모양이 어떤 범줏값을 의미하는지를 나타내는 범주표를 볼 수 있습니다.

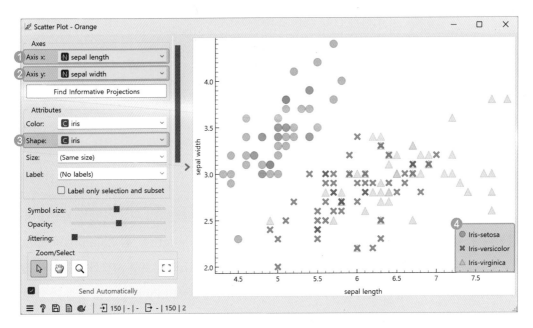

결과를 보면 ○ 모양으로 표현된 setosa는 잘 구분되지만 × 모양과 △ 모양으로 표현된 versicolor와 virginica 일부가 중첩되면서 잘 구분되지 않습니다. 세 품종을 잘 구분할 수 있는 칼럼이 있다면 데이터 분석을 위한 아이디어를 얻을 수 있을 텐데, 모든 칼럼의 조합을 직접 확인하기는 어려울 것입니다. 그 대신 좋은 방법이 있습니다.

다음과 같이 설정 창의 ❶ Axes에서 [Find Informative Projections] 버튼을 클릭하면 ❷ Score Plots 창이 나타나는데, 여기서 하단의 [Start] 버튼을 클릭합니다. 그러면 ❸ 숫자형 칼럼들의 조합별로 상관관계를 계산하여 높은 값부터 순서대로 보여 줍니다. 이 정보를 활용하면 칼럼 간의 관계성을 추측해 볼 수 있습니다. 여기서는 petal length와 petal width 조합이 1순위로 제시되었으므로 이를 선택 후 창을 닫습니다.

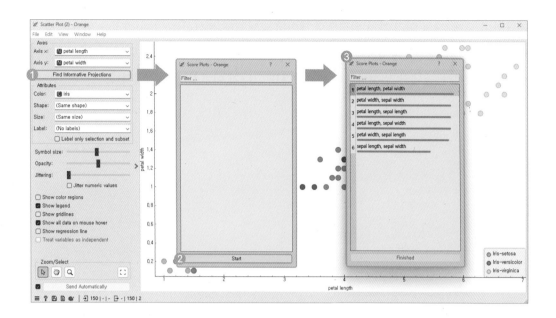

그럼 다음과 같은 산점도 결과를 얻을 수 있습니다. 앞서 살펴본 sepal length와 sepal width 조합보다 iris의 품종을 더 잘 구분해 주는 것을 한눈에 확인할 수 있습니다.

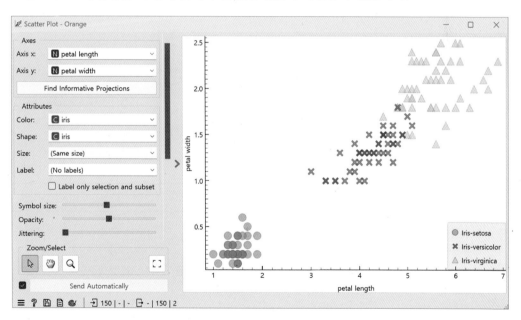

지금까지 오렌지3의 여러 가지 위젯으로 데이터를 탐색해 분석하는 EDA 과정을 실습해 봤습니다. 이제 기초 지식을 다졌으니 앞에서 배운 내용을 활용해서 본격적으로 데이터 분석을 실습할 차례입니다. 앞에서 잘 따라오며 학습했다면 그다지 어렵지 않을 것입니다.

✓ **퀴즈로 복습하자!**

1. [E   ]는 데이터의 특징을 파악하고 적합한 전처리 방식을 결정하기 위해 데이터를 탐색적으로 분석하는 과정입니다.

2. [박   ]은 데이터의 평균, 중앙값, 최솟값, 최댓값 등의 통계 정보를 시각적으로 보여주면서 이상치를 쉽게 파악할 수 있게 합니다.

3. [상   ]는 두 변수 간의 상관관계를 -1~1 사이의 숫자로 표현한 값입니다.

정답: 1. EDA 2. 박스 플롯 3. 상관계수

셋째마당

정형 데이터 분석

셋째마당에서는 정형 데이터로 할 수 있는 다양한 분석을 알아보겠습니다. 데이터의 특징을 학습해서 새로운 값을 예측하는 예측분석과 분류분석, 그리고 데이터에서 패턴을 찾아내는 군집분석까지 실습을 통해 살펴보겠습니다.

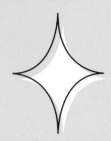

07장

예측분석하기

07장부터는 분석 방법별로 데이터 수집부터 마지막 결과 해석까지 이르는 전 과정을 살펴보겠습니다. 먼저 예측분석에서는 선형 회귀가 무엇인지, 그리고 어떤 종류가 있는지 알아보겠습니다.

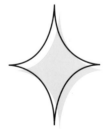

07-1 | 예측분석 시작하기

예측분석이 뭔가요?

앞에서 배운 지도 학습과 비지도 학습을 다시 떠올려 봅시다. 모델에게 특징과 정답을 설명하고 학습시켜서 새로운 특징의 정답을 예측하게 하는 방법이 지도 학습, 모델 스스로 데이터에서 특징을 찾아내도록 하는 방법이 비지도 학습입니다.

지도 학습은 예측하려는 값의 형태에 따라 두 가지로 나눕니다. 07장에서는 광고비, 보험료와 같은 숫자값을 예측하는 예측분석^{prediction}을 배워 보고, 08장에서는 iris 품종이나 예(yes)/아니요(no)처럼 범줏값을 예측하는 분류분석^{classification}에 대해 알아보겠습니다.

예측분석 이해하기

예측분석이란 현재 가지고 있는 데이터를 활용해 모델을 학습시키고 이를 바탕으로 새로운 수치값을 예측하는 방법입니다. 가령 광고비와 매출 데이터를 활용해 광고비별로 발생하는 매출을 모델에 학습시키면 새로운 광고비를 입력했을 때 매출액을 예측할 수 있습니다. 예측분석은 미세먼지 농도 예측, 에너지 수요량 예측 등 많은 분야에서 이미 널리 사용되고 있습니다.

38쪽에서 본 표를 다시 떠올려 봅시다. 이제부터 특징은 독립변수 또는 x, 정답은 종속변수 또는 y라고 표현하겠습니다. 오렌지3를 실습할 때는 피처와 타깃이라는 용어도 사용하니 잘 구별하기 바랍니다.

설명을 위한 표현	머신러닝	오렌지3
특징(모양, 색깔)	독립변수(x)	피처
정답(종류)	종속변수(y)	타깃

선형 회귀 이해하기

선형 회귀란 예측하려는 값인 'y'와 'y와 관련 있는 x'의 관계를 가장 잘 설명하는 직선을 찾고, 그 직선을 이용해서 새로운 y값을 예측하는 것입니다. 만약 키로 몸무게를 예측하는 분석을 하고 싶다면 키와 몸무게 데이터를 수집한 뒤 '몸무게=0.9×키-88'과 같은 형태의 직선을 만듭니다. 그리고 여기에 몸무게를 예측하고 싶은 키를 입력합니다. 키 170cm를 입력하니 65kg

이라는 값이 계산됩니다(단, 이는 가상의 데이터로 만든 직선으로 실제와 차이가 있을 수 있습니다). 여기서 예측하려는 값인 몸무게가 y, 몸무게를 설명하는 키가 x입니다. 그리고 y와 x의 관계를 가장 잘 설명하는 직선이 y = 0.9×x − 88이 되는 것입니다. 이것이 바로 선형 회귀를 이용해서 새로운 값을 예측하는 방법입니다.

우리가 찾은 직선은 x에 대한 함수이므로 다음과 같이 수식으로 표현할 수 있습니다. 등호(=)를 기준으로 왼쪽은 $f(x)$, 오른쪽은 y절편 b_0, 기울기 b_1이 결합한 형태입니다. 이때 b_0와 b_1을 회귀계수coefficients라고 하는데, 결국 x와 y의 관계를 가장 잘 설명하는 직신을 찾는다는 것은 이 회귀계수를 결정한다는 것을 의미합니다.

$$f(x) = b_0 + b_1 x$$

최적의 직선을 찾는 방법

그렇다면 x와 y의 관계를 가장 잘 설명할 수 있는 최적의 직선은 어떻게 찾을 수 있을까요? 다음 그래프에서 회색 점은 데이터의 관측치(행)를 의미합니다. 회색 점의 분포 형태를 보면 x(독립변수)가 증가할수록 y(종속변수)도 증가하는 관계라고 추측해 볼 수 있습니다. 이 위에 서로 다른 y절편 b_0와 기울기 b_1을 가지는 직선을 ❶부터 ❸까지 그려 봤을 때, 어떤 직선이 x와 y의 관계를 가장 잘 설명한다고 볼 수 있을까요?

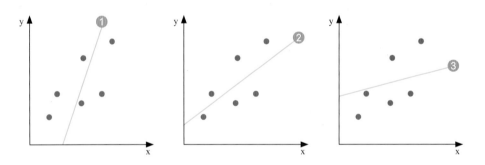

다른 직선에 비해 ❷번 직선이 회색 점으로 표현된 모든 관측치들과 근접하고 형태도 안정되어 보입니다. 이렇게 점 위에 그려 놓은 직선은 데이터를 학습해서 만든 모델이라고 볼 수 있는데, 데이터를 가장 잘 설명하는 직선을 찾는 방법은 각 관측치와 직선의 거리인 잔차들의 합을 가장 적게 만드는 것입니다.

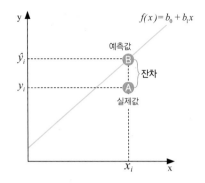

❷번 직선을 좀 더 자세히 뜯어보겠습니다. 전체 데이터 중 i번째 행의 데이터를 기준으로 살펴봤을 때, i번째 행의 x값을 x_i, 그에 대응하는 실제 y값을 y_i라고 하겠습니다. 그리고 학습을 통해 찾은 직선 $f(x) = b_0 + b_1x$의 x에 x_i를 대입해서 얻은 예측값을 $\hat{y}_i$라고 할 때, 실제값인 ❹와 예측값인 ❺의 차이인 진자가 작을수록 좋은 직선이라고 볼 수 있습니다. 쉽게 말하면 ❹는 실제 몸무게, ❺는 직선으로 예측된 몸무게라고 할 때, 예측된 몸무게와 실제 몸무게의 차이인 잔차가 작을수록 예측이 잘 된다는 뜻입니다.

이와 같이 모든 행(관측치)에 대한 잔차를 계산해서 평균을 구하면 직선이 예측한 값이 실제값에 비해 평균적으로 얼마나 차이가 나는지 알 수 있습니다.

💡 $\hat{y}_i$는 모델을 통해 예측된 i번째 예측값을 의미하며 y hat(햇)이라고 읽습니다. 07-2 예측 모델의 성능 평가 지표를 계산하는 수식(138쪽)을 함께 참고하세요.

같은 방식으로 앞에서 봤던 ❶ ~ ❸번 직선의 잔차 평균을 계산하여 비교해 보면 ❷번 직선이 가장 작은 것으로 확인됩니다. 따라서 ❷번 직선이 데이터를 가장 잘 설명하는 최적의 직선이라고 볼 수 있습니다.

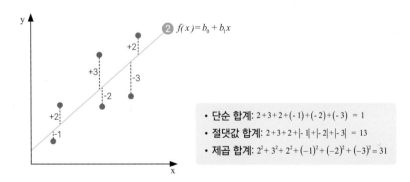

• 단순 합계: $2+3+2+(-1)+(-2)+(-3) = 1$
• 절댓값 합계: $2+3+2+|-1|+|-2|+|-3| = 13$
• 제곱 합계: $2^2+3^2+2^2+(-1)^2+(-2)^2+(-3)^2 = 31$

단, 여기서 주의할 점은 잔차는 양수 값과 음수 값이 섞여 있을 수 있기 때문에 그대로 더하면 서로 상쇄되어 전체 잔차의 규모를 정확히 파악하기 어려울 수 있다는 것입니다. 그러므로 전체 잔차를 합산할 때는 각 잔차에 절댓값을 취하거나 제곱값을 구한 후 평균을 내어 사용합니다.

이처럼 잔차는 전체 데이터 관측치의 실제값과 예측값의 차이의 평균이며, 일일이 직접 계산하지 않아도 오렌지3가 다양한 방식으로 계산 결과를 제공해 주므로 우리는 그 결과를 어떻게 해석하는지에 집중하면 됩니다. 자세한 내용은 실제 분석을 진행하면서 다시 정리해 보겠습니다.

07-2 ｜ 단순 선형 회귀

선형 회귀 중에서도 종속변수(y)를 설명하는 독립변수(x)가 1개로만 이뤄지면 단순 선형 회귀, 2개 이상이면 다중 선형 회귀로 구분할 수 있습니다. 우리가 사는 세상은 매우 복잡하고 특정 현상을 변수 하나만으로는 설명하기 어렵기 때문에 다중 선형 회귀가 일반적이지만, 이해를 돕기 위해 먼저 단순 선형 회귀부터 짚고 넘어가겠습니다.

Do it! 실습 ▶ 광고비 대비 매출 예측분석하기

지금부터 단순 선형 회귀를 이해하기 위해 제약회사의 광고비에 따른 매출액을 예측분석해 보겠습니다. 지금도 TV나 신문에서 자주 볼 수 있는 인사돌이나 우루사 광고는 사람들에게 이미잘 알려진 제품인데도 불구하고 유명한 모델로 계속 광고를 진행하고 있습니다. 광고 여부가매출이나 시장 점유율에 큰 영향을 미치는 걸까요? 제약회사별 광고비와 매출액 데이터를 활용해 광고비(x)와 매출액(y)의 관계를 확인할 수 있는 직선을 찾아보겠습니다.

❶ 분석 개요

전체 분석 과정을 워크플로를 이용해 살펴보겠습니다. 먼저 [File] 위젯으로 실습 파일을 오렌지로 불러온 다음 [Data Table] 위젯과 [Feature Statistics] 위젯을 연결해 데이터 구조와 기초 통계를 확인합니다. 그 다음 [Select Columns] 위젯으로 우리에게 필요한 칼럼을 선택한뒤 피처(x)와 타깃(y)의 역할까지 설정하면 데이터 분석을 위한 준비를 모두 마친 것입니다.

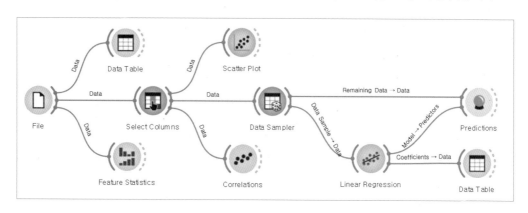

일반적으로 모델을 학습할 때에는 전체 데이터(full data)를 다 사용하지 않고 70% 정도는 모델을 학습하는 학습용 데이터(train data)로, 나머지 30%는 모델이 잘 만들어졌는지를 확인하는 테스트용 데이터(test data)로 사용합니다. 이렇게 전체 데이터를 학습용과 테스트용으로 적절하게 나눠 주는 역할을 하는 것이 [Data Sampler] 위젯입니다. 그러므로 70%의 학습용 데이터를 [Linear Regression] 위젯에 연결해서 모델을 학습시킨 후, 학습이 완료된 모델과 30%의 테스트용 데이터를 [Predictions] 위젯에 연결합니다. 그럼 테스트용 데이터로 모델이 잘 학습되었는지 확인할 수 있습니다.

❷ 데이터 수집 및 확인

실습 파일의 데이터는 국내 제약회사의 1년간 매출액과 광고비 정보를 포함하고 있는 가상의 데이터이며 타깃과 피처 정보는 다음과 같습니다. 두 개 모두 숫자형 칼럼이지만, 금액 단위가 다릅니다.

- **실습 데이터**: 오렌지3_실습파일/7장. 예측분석/07-2. 단순 선형 회귀.csv

역할	칼럼명	칼럼 유형	칼럼 정보
타깃(y)	매출액(백만 원)	Numeric	해당 연도 회사 전체 매출액(백만 원 단위)
피처(x)	광고비(천 원)	Numeric	해당 연도 회사에서 사용한 광고 선전비(천 원 단위)

[File] 위젯으로 실습 데이터를 가져온 후 [Data Table] 위젯을 연결하고 더블클릭해서 Info 영역을 확인합니다. 데이터는 관측치 50개와 피처 2개를 포함하고 있는데, 아직 예측 대상인 매출액 칼럼의 역할을 타깃으로 설정하지 않아 두 변수 모두 피처로 구분되었습니다.

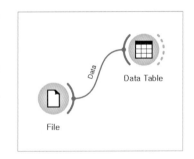

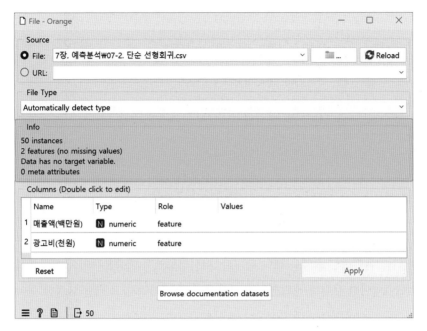

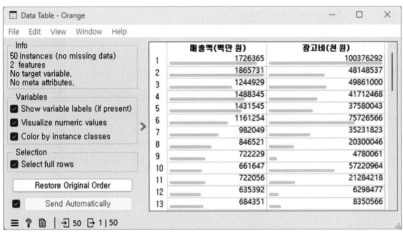

이어서 데이터의 통계적 특성을 살펴보기 위해 [File] 위젯에 [Feature Statistics] 위젯을 연결하고 더블클릭합니다. 데이터의 분포를 나타내는 Distribution을 보면 작은 값으로 쏠린 형태를 보이고 있으며, 마지막의 Missing(결측치)이 0%이므로 데이터가 전부 잘 들어왔다는 것을 알 수 있습니다.

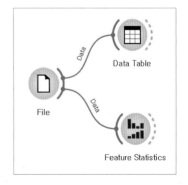

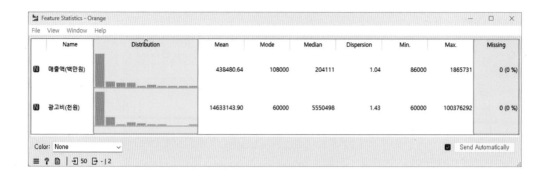

③ 데이터 전처리

이번 실습 데이터는 굉장히 간단하기 때문에 특별한 전처리 과정은 없습니다. 대신 칼럼의 역할을 설정하고 데이터를 분할하는 작업을 해야 합니다. 머신러닝에서 예측분석이나 분류분석 같은 지도 학습을 하려면 어떤 칼럼이 독립변수(x)이고 종속변수(y)인지 그 역할을 정해 줘야 합니다.

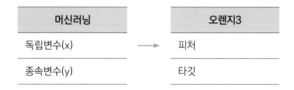

머신러닝		오렌지3
독립변수(x)	⟶	피처
종속변수(y)		타깃

[File] 위젯에 [Select Columns] 위젯을 연결하고 더블클릭해서 설정 창을 엽니다. 실습은 광고비에 따른 매출액을 예측하는 것이 목적이므로 매출액 칼럼은 Target, 광고비 칼럼은 Features에 두고 창을 닫습니다.

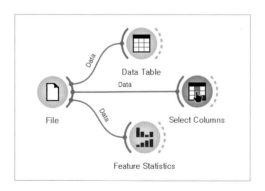

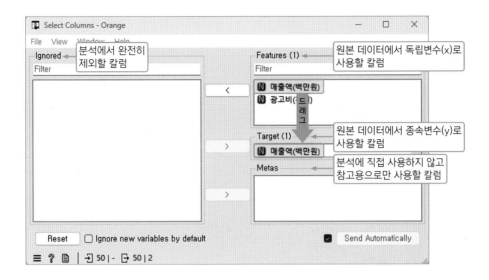

이제 칼럼 역할도 설정했으니 피처와 타깃이 어떤 관계인지 살펴보겠습니다. 관계를 살펴본다는 것은 한 칼럼의 값이 증가하거나 감소할 때 다른 칼럼의 값은 어떻게 반응하는지를 산점도나 상관계수로 살펴보는 것을 의미합니다.

먼저 [Select Columns] 위젯에 Visualize 카테고리의 [Scatter Plot] 위젯을 연결합니다. 더블 클릭하여 설정 창을 연 후 Axes에서 ❶ Axis x는 광고비, ❷ Axis y는 매출액으로 설정한 다음 ❸ Show regression line에 체크해 회귀 직선을 표시합니다.

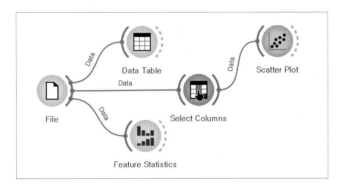

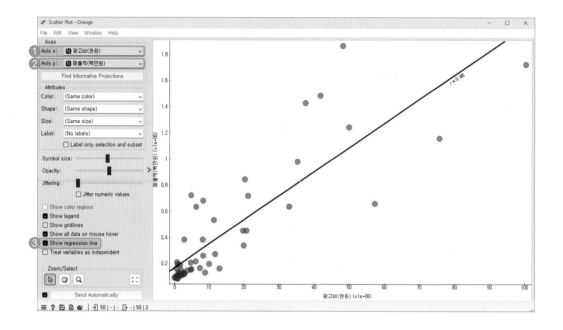

오른쪽의 산점도를 살펴보면 데이터가 왼쪽 아래에 몰려 있기는 하지만 전반적으로 오른쪽 위로 향하는 형태이며, 데이터 관측치들이 직선 주위에 모여 있는 것을 볼 수 있습니다. 이처럼 산점도에서 데이터의 전반적인 경향을 확인할 수 있지만, 변수가 여러 개 있을 경우에는 상관계숫값으로 비교하는 것이 더 확실합니다.

[Select Columns] 위젯에 Unsupervised 카테고리의 [Correlations] 위젯을 연결하면 변수 간에 상관계수를 확인할 수 있습니다. 이번 실습에는 변수가 2개여서 1개의 조합만 나타나지만, 변수가 여러 개라면 상관계수가 높은 조합 순서대로 표시해 주므로 변수 간의 관계를 쉽게 비교할 수 있습니다.

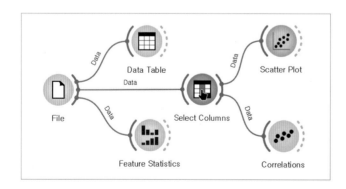

[Correlations] 위젯을 더블클릭하여 광고비와 매출액의 상관계수를 보면 +0.847로 두 변수 간의 강한 양의 상관계수를 확인할 수 있으며, x와 y의 관계를 설명하는 좋은 선형 회귀 모델을 만들 수 있을 것으로 기대됩니다.

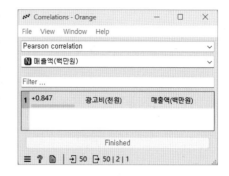

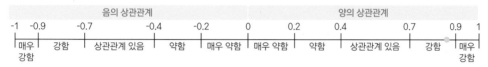

지도 학습에서는 모델을 학습하고 학습된 모델의 성능을 테스트할 때 전체 데이터를 학습용 70%와 테스트용 30%로 나눠서 사용한다고 했습니다. 우리가 시험에서 좋은 점수를 받으려고 문제를 많이 풀어 보는 것이 학습이고, 학습이 잘 이루어졌는지 평가하는 모의고사에 응시하는 것이 테스트라고 이해하면 됩니다. 모델이 잘 학습되었는지 테스트하는 과정 없이 새로운 값을 예측하는 데 학습용 데이터를 모두 사용하면 모델이 잘 학습됐는지 알 수 없고, 이로 인해 잘못된 결과가 나올 수 있으므로 주의해야 합니다.

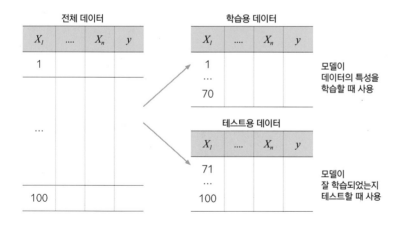

전체 데이터를 학습용 데이터와 테스트용 데이터로 분리하기 위해 [Select Columns] 위젯에 Transform 카테고리의 [Data Sampler] 위젯을 연결합니다.

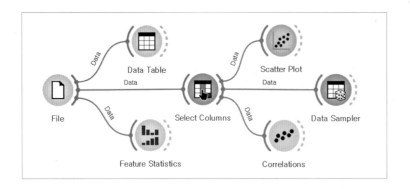

[Data Sampler] 위젯을 더블클릭하면 나타나는 설정 창의 ❶ Fixed proportion of data에서 전체 데이터 대비 학습용 데이터의 비율을 정할 수 있는데, 70%로 설정하면 나머지 30%는 테스트용 데이터로 자동 할당됩니다. 그 밑의 ❷ Fixed sample size를 선택하면 학습 데이터로 사용할 행의 수를 직접 계산해서 입력해야 하기 때문에 보통은 ❶에서 비율로 설정하는 것이 더 편리합니다.

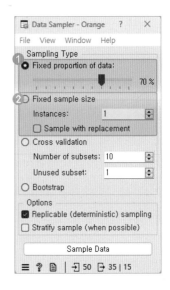

❹ 데이터 분석

이제 본격적으로 모델을 학습시켜 보겠습니다. 선형 회귀 모델을 학습시키기 위해 [Data Sampler] 위젯에 Model 카테고리의 [Linear Regression] 위젯을 연결합니다. 연결선에 Data Sample → Data라고 표시되어야 학습용 데이터 부분이 모델로 입력되는 것이니 꼭 확인하기 바랍니다.

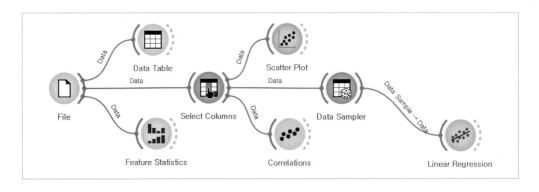

또는 [Data Sampler] 위젯과 [Linear Regression] 위젯 사이의 연결선을 더블클릭해서 확인할 수도 있습니다.

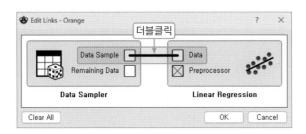

[Linear Regression] 위젯을 더블클릭하면 ❶ Name 에서 회귀 모델의 이름을 설정할 수 있습니다. 다양한 옵션별로 선형 회귀 위젯을 여러 개 사용할 경우 모델을 구분하기 위해 서로 다른 이름을 설정할 수 있습니다.

❷ Parameters에는 Fit intercept가 기본값으로 체크되어 있는데, 이를 선택 해제하면 $f(x) = b_0 + b_1 x$ 에서 y절편인 b_0를 0으로 고정한 상태에서 직선을 찾습니다. 일반적으로 가장 좋은 직선을 찾기 위해서는 y절편을 고려하는 것이 좋기 때문에 여기에서는 체크한 상태를 유지한 채 넘어가겠습니다.

❸ Regularization은 독립변수(x)가 여러 개일 때 설정하는 옵션입니다. 이번 실습에서는 독립변수(x)가 광고비 1개이므로 No regularization을 선택합니다.

(?) 질문 있어요   **[Linear Regression] 위젯 창 아래에 나와있는 숫자는 무엇을 뜻하나요?**

[Linear Regression] 위젯의 설정 창 맨 아래에는 숫자 35와 2가 있습니다. 함께 표시된 기호에서 화살표는 데이터의 입력과 출력 방향을, 직사각형은 위젯을 뜻합니다. 즉, 이 위젯으로 정보가 35개 입력되었고, 위젯의 작업 결과로 정보 2개가 출력된다는 뜻입니다. 입력 데이터는 전체 데이터 50개 행 중에서 70%인 학습용 데이터 35개 행을 의미하며, 2개의 출력 데이터는 선형 회귀 학습을 통해 만들어진 직선의 회귀계수 b_0와 b_1을 뜻합니다.

⤓ 35 | - ⤒ 2

이제 [Linear Regression] 위젯 창을 닫으면 모델 학습이 자동으로 진행됩니다. 모델이 잘 학습됐는지 성능을 평가하기 위해 Evaluate 카테고리의 [Predictions] 위젯을 다음과 같이 연결합니다. 위젯 연결선을 확인해 보면 [Data Sampler] 위젯과 [Linear Regression] 위젯은 70%의 학습용 데이터인 Data Sample → Data로 연결되고, [Data Sampler] 위젯에 남은 30%의 테스트용 데이터는 Remaining Sample → Data로 연결되는 것을 확인할 수 있습니다.

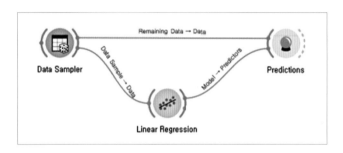

또는 [Data Sampler] 위젯과 [Predictions] 위젯 사이의 연결선을 더블클릭해서 확인할 수도 있습니다.

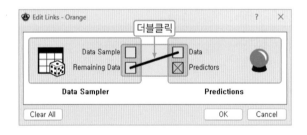

마지막으로 [Linear Regression] 위젯에 [Data Table] 위젯을 연결하면 학습된 모델인 최적의 직선의 회귀계수 값을 확인할 수 있습니다. [Data Table] 위젯을 더블클릭하면 회귀계수 정보가 보이는데 intercept는 y절편, 광고비 회귀계수(천 원 단위)는 0.0175891인 것을 확인할 수 있습니다. 즉, 학습된 모델인 최적의 직선은 $y = 185,856 + 0.0175891x$입니다. 이렇게 모델 학습이 완료되었습니다.

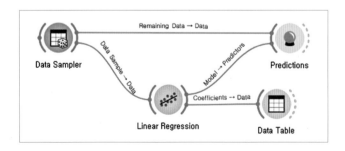

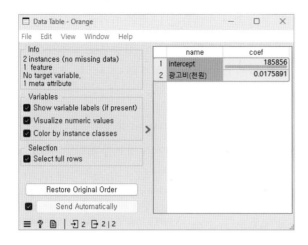

⑤ 결과 해석

학습된 모델의 성능을 확인하려면 테스트용 데이터의 독립변수(x)를 학습된 모델에 입력해 새로운 y값을 예측한 뒤, 예측한 y값과 실제 y값의 차이인 잔차들의 평균을 확인하면 됩니다. 이 값이 작을수록 잘 만들어진 모델이라고 평가할 수 있습니다. 잔차들의 평균은 [Predictions] 위젯에서 확인할 수 있습니다.

[Predictions] 위젯을 더블클릭하면 칼럼이 4개 있는데, ❶ 오른쪽의 매출액 (백만 원)과 광고비(천 원) 칼럼은 [Data Sampler] 위젯에서 가져온 30%의 테스트용 데이터입니다.

그리고 ❷ 분석 결과 부분의 Linear Regression 칼럼은 학습된 모델에 독립 변수(x)인 광고비의 값을 대입해서 얻은 예측된 y값입니다. 두 번째 칼럼인 error는 예측된 y값과 실제 y값인 매출 액(백만 원)의 차이인 잔차를 뜻합니다.

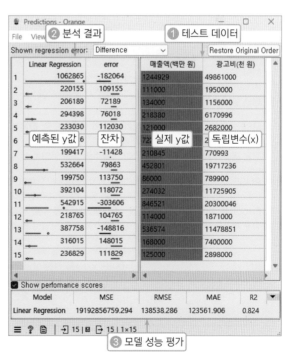

그런데 여기서 의문이 하나 생길 수 있습니다. 분석 결과인 예측값 15개와 잔차를 보고 어떻게 이 모델이 잘 학습됐는지 알 수 있을까요? 15개나 되는 예측값을 보면 어떻게 판단해야 할지 막막하기도 합니다. [Predictions] 위젯은 이를 위해 다양한 방식의 잔차 평균값을 제공해 모델의 성능을 평가할 수 있도록 합니다.

[Predictions] 결과 창의 맨 아래 ❸ 모델 성능 평가 부분을 보면 Linear Regression 모델에 MSE, RMSE, MAE, R^2 등으로 예측분석 모델의 성능을 평가하는 여러 지표를 확인할 수 있습니다. 내부분의 지표는 실제값과 예측값의 차이인 잔차에 절댓값을 취하거나 제곱을 구해서 평균값을 계산하는 형태입니다. 그 이유는 잔차들을 그대로 더해서 평균을 계산할 경우 양수인 잔차와 음수인 잔차가 상쇄되면 성능 평가 결과가 왜곡될 가능성이 있기 때문입니다(126쪽 참고).

> 💡 예측분석 성능 평가 지표를 계산하는 수식에서 등장하는 $\hat{y}_i$은 모델을 통해 예측된 i번째 예측값을 의미하며 y hat(햇)이라고 읽습니다. 그리고 i번째 관측치의 잔차는 $y_i - \hat{y}_i$로 표기한다는 점도 알아 두세요.

(?) 질문 있어요 | **MSE, RMSE, MAE, R^2가 다 뭔가요?**

오렌지3에서 제공하는 예측분석 모델의 성능 평가 지표에는 MSE, RMSE, MAE, R^2 등이 있습니다. 일반적으로는 RMSE와 R^2을 많이 사용합니다. 그 특징과 공식은 다음과 같습니다.

구분	설명	수식
MAE (Mean Absolute Error, 평균 절대 오차)	• 잔차 절댓값의 평균값 • 값이 작을수록 좋은 모델로 볼 수 있음	$\dfrac{1}{n}\sum_{i=1}^{n}\|y_i - \hat{y}_i\|$
MSE (Mean Squared Error, 평균 제곱 오차)	• 잔차 제곱의 평균값으로, 잔차를 제곱하여 잔차와 단위가 다름 • 값이 작을수록 좋은 모델로 볼 수 있음	$\dfrac{1}{n}\sum_{i=1}^{n}\left(y_i - \hat{y}_i\right)^2$
RMSE (Root Mean Squared Error, 평균 제곱근 오차)	• MSE는 계산 과정에서 잔차의 제곱을 활용하므로 제곱하기 전과 동일한 단위로 만들어 주기 위해 MSE에 제곱근을 취한 RMSE를 주로 사용함 • 값이 작을수록 좋은 모델로 볼 수 있음	$\sqrt{\dfrac{1}{n}\sum_{i=1}^{n}\left(y_i - \hat{y}_i\right)^2}$
R^2 (R-squared, 결정 계수)	• 선형 모델의 데이터 설명력을 0~1 사이의 숫자로 표현 R^2=0이면 x가 y를 전혀 설명하지 못한다는 의미 R^2=1이면 x가 y를 100% 설명할 수 있다는 의미 • 값이 클수록 설명력이 높은 좋은 모델로 볼 수 있음	$1 - \dfrac{\sum_{i=1}^{n}\left(y_i - \hat{y}_i\right)^2}{\sum_{i=1}^{n}\left(y_i - \bar{y}_i\right)^2}$

다시 [Predictions] 위젯 창으로 돌아와서 하단의 값을 살펴보면 잔차 제곱의 평균인 MSE는 19,192,856,759로 실제 매출액보다 제곱이 된 단위를 나타냅니다. 제곱근을 통해 원래 데이터 단위로 맞춰준 RMSE가 138,538.286이면 모델로 예측한 매출액이 실제값과 비교했을 때 평균 138,538(백만 원) 정도 차이가 있다는 의미입니다. 만약 잔차 절댓값의 평균인 MAE 방식으로 평가했을 때는 모델로 예측한 매출액이 실제값과 비교했을 때 평균 123,561(백만 원) 정도 차이가 있다고 해석할 수 있습니다. 이러한 평가 지표들은 단일 모델의 성능을 평가하기보다는 여러 개의 모델을 만들었을 때 잔차가 작은 모델일수록 성능이 더 좋다고 평가하는 용도로 사용할 수 있습니다.

마지막으로 R^2 값이 0.824라는 것은 광고비(x)를 활용해서 매출액(y)을 82.4% 정도 설명할 수 있다는 뜻입니다. 이 정도 수치면 현실에서는 훌륭한 수준의 예측 모델이라고 볼 수 있습니다.

지금까지 독립변수(x)가 1개인 단순 선형 회귀를 알아봤습니다. 앞으로 배울 분석도 모델의 종류만 다를 뿐, 데이터를 수집하고 전처리해서 모델에 적용한 다음 결과를 해석하는 과정은 동일하므로 전체 흐름을 이해하는 것이 중요합니다. 이제 독립변수(x)가 여러 개인 다중 선형 회귀에 대해 알아보겠습니다.

07-3 | 다중 선형 회귀

사실 독립변수(x) 1개로 원하는 결과(y)를 예측하는 것은 쉽지 않고 정보도 부족합니다. 이번에는 독립변수(x) 여러 개를 조합해서 종속변수(y)를 예측하는 다중 선형 회귀를 알아보겠습니다.

Do it! 실습 개인 특성에 따른 보험료 예측분석하기

많은 사람들이 갑작스러운 질병에 대비하기 위해 보험에 가입합니다. 사람마다 보험료에 차이가 있는데, 그 이유는 가입자의 성별, 연령, BMI(체질량 지수), 가족 구성, 거주 지역 등 개인의 특성에 따라 보험료 지급 사유 발생 가능성에 차이가 있다고 보기 때문입니다. 보험사는 손해가 발생하지 않도록 보험금을 수령할 가능성이 높은 가입자에게는 더 높은 보험료를 책정합니다. 이번 실습에서는 개인 특성별 보험료 데이터를 활용해 보험료를 예측하는 다중 선형 회귀 실습을 진행해 보겠습니다.

① 분석 개요

전체 분석 과정을 워크플로를 이용해 살펴보겠습니다. 먼저 [File] 위젯으로 실습 파일을 오렌지3로 불러온 다음 [Data Table] 위젯과 [Feature Statistics] 위젯을 연결해 데이터 구조와 기초 통계를 확인합니다. 데이터를 파악한 후에는 [Select Columns] 위젯을 통해 우리에게 필요한 칼럼을 선택하고 독립변수(x)와 종속변수(y)의 역할까지 설정하면 분석을 위한 데이터 준비가 마무리됩니다.

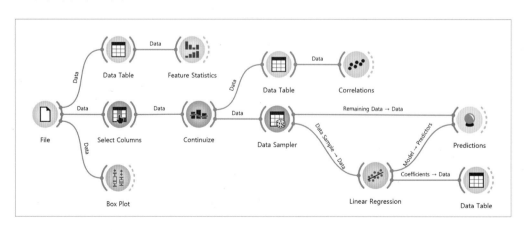

앞의 단순 선형 회귀 예측분석에서는 데이터가 단순하여 특별한 전처리 과정이 없었지만, 이번 다중 선형 회귀 분석에서는 텍스트값으로 입력된 범주형 칼럼을 모델이 이해할 수 있는 숫자형으로 변환하는 [Continuize] 위젯을 사용합니다. 이렇게 분석을 위한 전처리가 끝난 데이터에 [Data Table] 위젯을 연결해 데이터를 확인한 후 [Correlations] 위젯을 이용해 칼럼 간의 상관관계도 살펴볼 예정입니다.

이어서 본격적으로 모델을 학습시키기 위해 [Data Sampler] 위젯을 사용해 전체 데이터를 학습용 데이터 70%와 테스트용 데이터 30%로 분할합니다. 그리고 학습용 데이터를 [Linear Regression] 위젯에 연결해서 모델을 학습시킨 후, 학습이 완료된 모델과 나머지 30%의 테스트 데이터를 [Predictions] 위젯으로 연결하면 학습된 모델의 성능을 테스트할 수 있습니다.

데이터 전처리 부분이 추가된 것을 제외하면 단순 선형 회귀와 비슷한 순서로 계속 진행되므로 큰 흐름을 이해하면서 실습하는 것이 중요합니다. 이제 본격적으로 데이터를 불러와서 위젯을 연결해 보겠습니다.

❷ 데이터 수집 및 확인

실습에 사용하는 데이터는 캐글에서 제공하는 'Medical Cost Personal Datasets'입니다. 이는 개인의 특성에 따른 보험료를 예측할 수 있는 머신러닝 데이터로 잘 알려져 캐글에서 직접 내려받을 필요 없이 실습 데이터 폴더에 준비된 데이터를 사용하면 됩니다.

- **실습 데이터 출처:** https://www.kaggle.com/datasets/mirichoi0218/insurance
- **실습 데이터:** 오렌지3_실습파일/7장. 예측분석/07-3. 다중 선형 회귀.csv

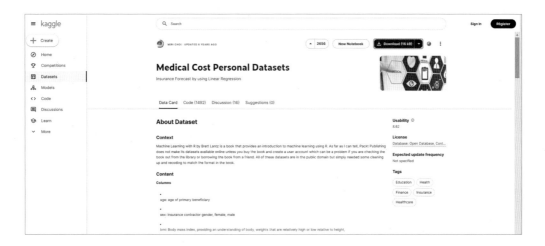

수집한 데이터의 각 칼럼의 역할 및 세부 정보는 다음과 같습니다. 예측 대상인 가입자별 보험료와 가입자의 나이, 성별, 체질량 지수, 자녀 수, 흡연 여부, 거주 지역 등의 피처를 포함하고 있습니다.

역할	칼럼명	칼럼 유형	칼럼 정보
타깃(y)	charges	Numeric	가입자별 보험료
피처(x)	age	Numeric	보험 가입자의 나이
	sex	Categorical	보험 가입자의 성별(female, male)
	bmi	Numeric	보험 가입자의 체질량 지수 (몸무게(kg)를 키의 제곱(㎡)으로 나눈 값으로, 값이 클수록 비만도가 높은 것으로 판단)
	children	Numeric	보험에서 보장받는 자녀의 수
	smoker	Categorical	보험 가입자의 흡연 여부(yes, no)
	region	Categorical	보험 가입자의 거주 지역 (southwest, northwest, southeast, northeast)

[File] 위젯으로 실습 데이터를 불러온 후 [Data Table] 위젯을 연결하고 더블클릭합니다. 설정 창의 Info를 확인해 보면 데이터는 1,338개의 행과 7개의 피처를 포함하며 아직 역할을 설정하지 않아 타깃이 없다고 표시되어 있습니다. 데이터를 살펴보니 sex(성별), smoker(흡연 여부), region(거주 지역) 칼럼은 텍스트값이어서 모델이 이해할 수 있는 숫자값 형태로 바꿔 주는 전처리를 해야 합니다.

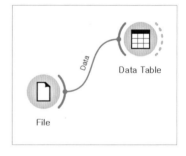

	charges	age	sex	bmi	children	smoker	region
1	16884.920	19	female	27.900	0	yes	southwest
2	1725.552	18	male	33.770	1	no	southeast
3	4449.462	28	male	33.000	3	no	southeast
4	21984.470	33	male	22.705	0	no	northwest
5	3866.855	32	male	28.880	0	no	northwest
6	3756.622	31	female	25.740	0	no	southeast
7	8240.590	46	female	33.440	1	no	southeast
8	7281.506	37	female	27.740	3	no	northwest
9	6406.411	37	male	29.830	2	no	northeast
10	28923.140	60	female	25.840	0	no	northwest
11	2721.321	25	male	26.220	0	no	northeast
12	27808.730	62	female	26.290	0	yes	southeast
13	1826.843	23	male	34.400	0	no	southwest
14	11090.720	56	female	39.820	0	no	southeast
15	39611.760	27	male	42.130	0	yes	southeast

Info
1338 instances (no missing data)
7 features
No target variable.
No meta attributes.

Variables
☑ Show variable labels (if present)
☐ Visualize numeric values
☑ Color by instance classes

Selection
☑ Select full rows

Restore Original Order
Send Automatically

1338 1338 | 1338

[Data Table] 위젯에 Data 카테고리의 [Feature Statistics] 위젯을 연결하면 데이터의 분포, 통곗값, 결측치 등을 확인할 수 있습니다.

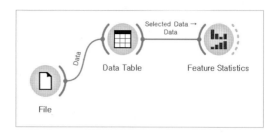

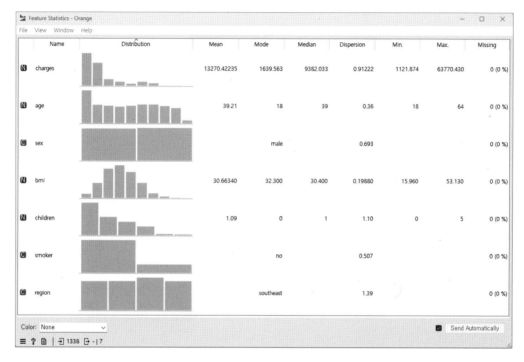

이번 분석에서는 Visualize 카테고리의 [Box Plot] 위젯을 사용해서 범주별로 데이터의 특성을 확인하겠습니다. [File] 위젯에 [Box Plot] 위젯을 연결한 후 더블클릭하면 설정 창이 나타나는데, 왼쪽 Variable에 범주별로 비교해 보고 싶은 숫자형 칼럼을 선택하고, Subgroups에 비교 기준이 될 범주형 칼럼을 선택하면 됩니다. 흡연 여부별 보험료 차이를 살펴보기 위해 ❶ Variable에는 charges(보험료)를, ❷ Subgroups에는 smoker(흡연 여부)를 선택하겠습니다. 오른쪽의 박스 플롯 그래프만 봐도 흡연 여부에 따라 보험료에 차이가 있을 것으로 추측할 수 있습니다.

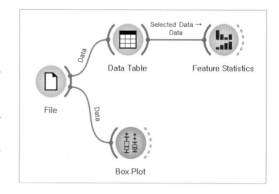

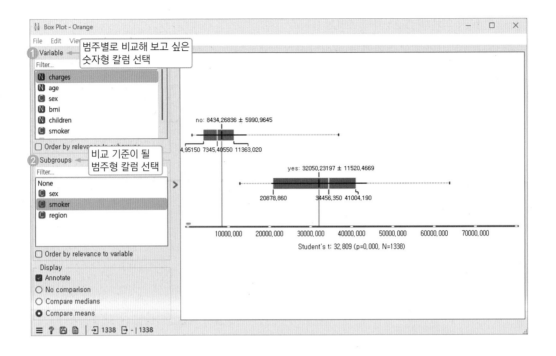

하지만 통계적으로 더 정확하게 확인할 수 있는 방법이 있습니다. 박스 플롯 아래에 있는 공식인 Student's t: 32.809(p=0.000, N=1338)을 해석하는 것입니다. yes/no처럼 범줏값이 2개이면 Student's t값을 사용하고 3개 이상이면 ANOVA를 사용하는데, 둘 다 p값이 0.05 미만일 경우 비교 그룹 간의 평균의 차이가 없다고 보기 어렵다고 해석합니다. 즉, 이번 예시의 p값은 0.000이므로 0.05보다 작아 그룹 간의 차이가 없다고 보기 어렵고, 흡연 여부별로 보험료에 차이가 있다고 해석할 수 있습니다.

💡 ANOVA(Analysis of Variance)란 우리말로 분산분석이라고 합니다.

흡연 여부가 yes일 때의 박스 플롯을 살펴봅시다. 다음 이미지를 참고해서 박스 플롯을 해석하는 방법에 익숙해지면 박스 플롯만 보고도 범주별 데이터의 특성을 쉽게 파악할 수 있습니다.

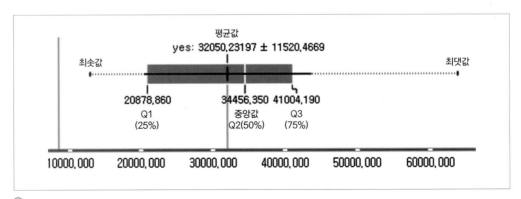

💡 박스 플롯 해석 방법은 113쪽을 참고하세요.

❸ 데이터 전처리

이번 분석에서는 07-2에서 실습한 칼럼 역할 설정과 데이터 분할을 동일하게 진행하고, 텍스트값으로 입력된 범주형 칼럼을 숫자값의 범주형 칼럼으로 바꾸는 방법을 알아보겠습니다.

[File] 위젯에 [Select Columns] 위젯을 연결한 후 더블클릭해서 설정 창을 실행합니다. 데이터의 모든 칼럼을 이용할 것이므로 Ignored와 Metas는 비워 두고 우리가 예측할 보험료 칼럼인 charges만 Target으로 이동해서 역할을 설정해 주겠습니다. × 버튼을 클릭해서 [Select Columns] 설정 창을 닫으면 역할 설정이 자동으로 저장됩니다.

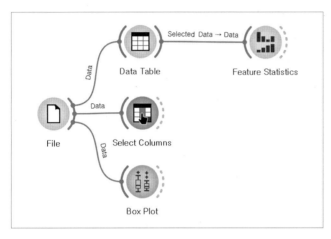

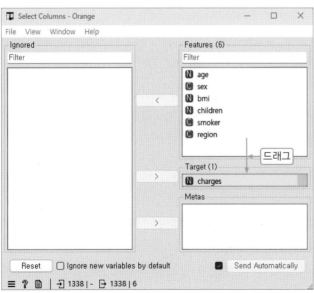

텍스트값으로 입력된 범주형 칼럼을 숫자값의 범주형 칼럼으로 바꿀 때는 일반적으로 레이블 인코딩label encoding과 원-핫 인코딩one-hot encoding 방식을 많이 사용합니다. 다음 예시를 보면 인코딩을 하기 전에는 거주지 칼럼이 서울, 경기, 부산이라는 텍스트값으로 표기되어 모델이 해당 정보를 활용할 수 없습니다. 따라서 두 가지 인코딩 방식을 각각 적용해 보겠습니다.

인코딩 전

가입자	거주지
A	서울
B	경기
C	서울
D	부산
E	경기

레이블 인코딩

가입자	거주지
A	0
B	1
C	0
D	2
E	1

원-핫 인코딩

가입자	서울	경기	부산
A	1	0	0
B	0	1	0
C	1	0	0
D	0	0	1
E	0	1	0

레이블 인코딩 방식은 칼럼의 텍스트값을 숫자값으로 단순 변환시킵니다. 예를 들어 서울은 0, 경기는 1, 부산은 2로 변환하는데, 모델은 칼럼의 의미가 아닌 숫자의 크기만 이해할 수 있으므로 거주지를 변환한 숫자의 크기에 의미를 부여할 수도 있습니다. 성별이나 yes/no처럼 범줏값이 2개인 경우 0과 1로만 변환하면 되므로 레이블 인코딩을 적용해도 되지만, 범줏값이 3개 이상이면 원-핫 인코딩을 사용하는 경우가 많습니다.

원-핫 인코딩 방식은 범줏값별로 칼럼을 생성하고 해당하는 경우에는 1, 해당하지 않는 경우에는 0을 입력하는 방식입니다. 예를 들어 가입자 A와 C의 거주지가 서울일 때 서울 칼럼은 1로 표기하고 나머지 경기와 부산 칼럼은 0으로 표기하는 방식입니다. 단, 범줏값의 개수가 너무 많으면 그만큼 칼럼 개수가 증가하므로 데이터의 의미와 범줏값의 개수 등을 고려해 적절한 인코딩 방법을 선택하는 것이 중요합니다.

다시 실습 데이터를 살펴보면 sex, smoker, region 칼럼의 값이 텍스트로 입력되어 있는 것을 확인할 수 있습니다. sex는 female/male, 그리고 smoker는 yes/no로 범줏값이 각각 2개이며, region은 4개를 포함하고 있습니다. sex와 smoker는 범줏값이 2개이므로 레이블 인코딩을, 거주 지역은 범줏값이 4개이므로 원-핫 인코딩 방식을 적용해 보겠습니다. 정해진 답은 없으니 다양한 방법을 적용해서 모델 성능이 가장 좋은 방식을 선택하는 것이 바람직합니다.

칼럼명	칼럼 유형	칼럼 정보
sex	Categorical	보험 가입자의 성별(female, male)
smoker	Categorical	보험 가입자의 흡연 여부(yes, no)
region	Categorical	보험 가입자의 거주 지역(southwest, northwest, southeast, northeast)

오렌지3에서 실습해 보겠습니다. [Select Columns] 위젯에 Transform 카테고리의 [Continuize] 위젯을 연결합니다. [Continuize] 위젯을 더블클릭해서 설정 창을 열면 Categorical Variables 왼쪽에는 전처리할 범주형 칼럼을, 오른쪽에는 어떤 형태의 인코딩을 적용할지 선택하면 됩니다. 원-핫 인코딩 방식이라면 One-hot encoding을, 레이블 인코딩 방식이라면 Treat as ordinal을 선택합니다. 일반적으로 이 두 옵션을 많이 사용합니다. 여기서는 ❶ sex와 smoker 칼럼에 Treat as ordinal을 선택하고, ❷ region 칼럼에 One-hot encoding을 선택한 후 창을 닫은 뒤 [Data Table] 위젯을 연결하겠습니다.

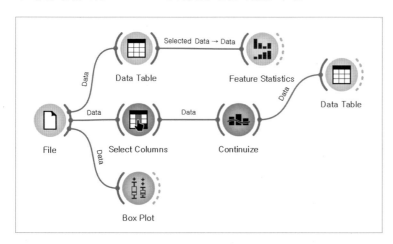

💡 다른 옵션이 궁금하다면 [Continuize] 위젯에서 마우스 오른쪽 버튼을 클릭한 후 Help를 선택해 확인하기 바랍니다.

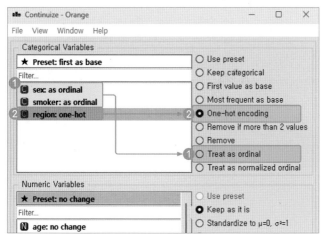

이제 창을 닫고 실제 데이터가 어떻게 변화됐는지 확인해 보겠습니다. [File] 위젯에 연결된 [Data Table]과 [Continuize] 위젯에 연결된 [Data Table]의 설정 창을 함께 열어 비교해 보겠습니다.

원본 데이터와 비교해 보면 레이블 인코딩을 적용한 sex 칼럼에서 female은 0, male은 1로 변환된 것을 볼 수 있습니다. 원-핫 인코딩을 적용한 region 칼럼에서는 4개의 범줏값이 각각 칼럼으로 생성되었고, 첫 번째 행을 보면 원본에서 region 칼럼의 값인 southwest가 인코딩한 후에는 region=southwest 칼럼만 1이고, 그 외 칼럼은 0으로 변환된 것을 확인할 수 있습니다.

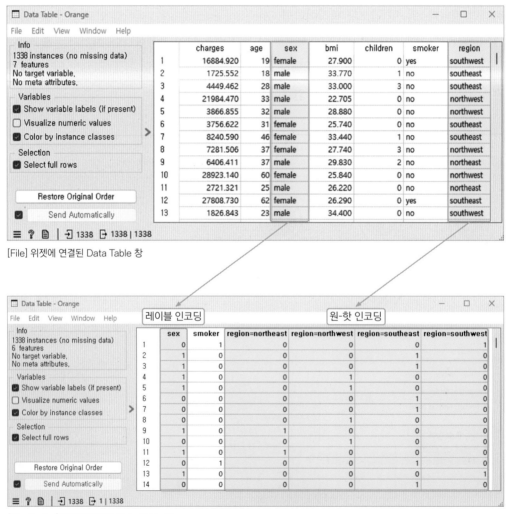

[File] 위젯에 연결된 Data Table 창

[Continuize] 위젯에 연결된 Data Table 창

전처리가 완료된 데이터를 학습용 데이터와 테스트용 데이터로 분리하기 위해 [Continuize] 위젯에 Transform 카테고리의 [Data Sampler] 위젯을 연결합니다.

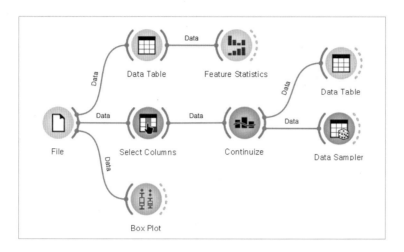

[Data Sampler] 위젯을 더블클릭한 후 이전 실습과 마찬가지로 첫 번째 옵션인 Fixed proportion of data를 선택하고 값을 70%로 설정하여 전체 데이터를 학습용 데이터 70%, 테스트용 데이터 30%로 구분합니다. 이제 전처리가 끝났으니 실제 분석을 시작해보겠습니다.

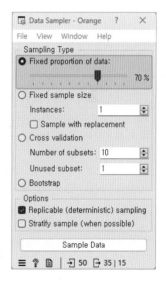

❹ 데이터 분석

Model 카테고리의 [Linear Regression] 위젯을 [Data Sampler] 위젯에 연결합니다. 연결선 위에 Data Sample → Data가 표시되면 학습용 데이터가 잘 연결된 것입니다. 그리고 기본 형태의 다중 선형 회귀 모델을 만들기 위해 [Linear Regression] 위젯을 더블클릭해서 설정창을 열고 Regularization에서 No regularization을 선택합니다.

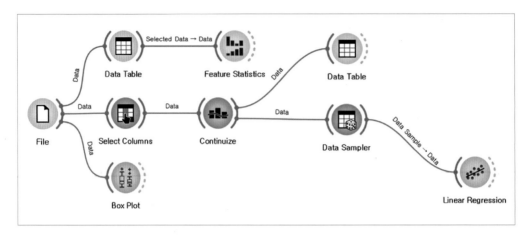

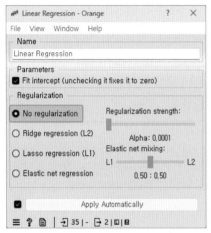

[Linear Regression] 위젯 창을 닫으면 모델 학습이 자동으로 진행됩니다. 모델이 잘 학습됐는지 평가하기 위해 Evaluate 카테고리의 [Predictions] 위젯을 가져와 [Linear Regression] 위젯에 연결하고, [Data Sampler] 위젯의 테스트용 데이터인 Remaining Data도 함께 연결합니다.

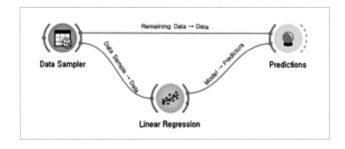

마지막으로 [Linear Regression] 위젯에 [Data Table] 위젯을 연결한 후 단순 회귀분석에서 배운 방법으로 회귀계수 값과 선형 회귀 모델을 직접 확인해 보기 바랍니다.

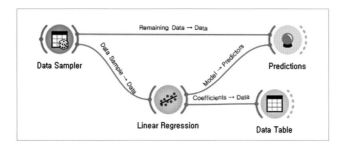

❺ 결과 해석

138쪽에서 배운 예측분석 모델 성능 평가 지표를 활용해 모델의 성능을 확인해 보겠습니다. [Predictions] 위젯을 더블클릭해 위젯 창을 확인하면 아래에 ❶ RMSE값은 6,315.565로, 다중 선형 회귀 모델로 예측한 보험료와 실제 보험료가 평균 6,315만큼 차이가 있다고 해석할 수 있습니다. 그리고 ❷ R^2값은 0.717로 데이터의 설명력이 71.7%로 나오는데, 새로운 전처리 작업을 추가하거나 기존의 피처를 활용해서 새로운 피처를 추가하는 피처 엔지니어링을 시도하면 설명력을 더 향상시킬 수 있습니다. 이를 위해서는 데이터에 대한 정확한 이해와 다양한 각도에서의 EDA 과정이 선행되어야 합니다.

	Linear Regression	error	charges	age	sex	bmi	children
1	10812.745	1186.825	9625.920	52	0	31.200	0
2	13420.071	-15766.409	29186.480	53	0	32.300	2
3	32072.126	10973.576	21098.550	45	1	22.895	2
4	5706.581	1462.991	4243.590	31	1	28.595	1
5	25055.322	10483.432	14571.890	24	0	20.520	0
6	30694.175	10729.425	19964.750	42	0	23.370	0
7	13765.606	2408.946	11356.660	57	1	34.010	0
8	8149.933	996.379	7153.554	41	0	28.310	1
9	945.853	-1062.092	2007.945	21	0	25.800	0
10	13046.694	-411.266	13457.960	62	0	29.920	0

Show performance scores

Model	MSE	RMSE	MAE	R2
Linear Regression	39886362.443	6315.565	4078.581	0.717

다중 선형 회귀 모델의 설명력을 높이기 위해 변수를 계속 추가하면 어떻게 될까요? 보험료와 조금이라도 관련 있는 데이터를 계속 추가해서 사용하면 설명력이 조금은 높아지지 않을까요? 하지만 피처가 많아질수록 더 많은 데이터 관측치가 필요하고, 독립변수(x) 간의 강한 상관관계가 발생하여 회귀계수가 불안정해지는 문제가 발생합니다. 이런 문제를 해결하기 위해 Linear Regression 위젯의 Regularization에서 라쏘^Lasso 또는 릿지^Ridge 등의 방법을 사용해 볼 수 있습니다. 그러나 이 방법을 제대로 활용하려면 복잡한 수식과 이론을 이해해야 하므로 여기에시는 이런 방법이 있다는 것만 알고 넘어가겠습니다.

✅ **퀴즈로 복습하자!**

1. [선   ]는 예측하려는 값 'y'와 'y와 관련 있는 x'의 관계를 가장 잘 설명하는 직선을 찾고, 그 직선을 이용해서 새로운 y값을 예측하는 방식입니다.

2. 종속변수(y)를 설명하는 독립변수(x)가 1개이면 [단   ] 선형 회귀, 2개 이상이면 [다   ] 선형 회귀로 구분합니다.

3. 예측 모델의 성능을 평가하기 위해서는 [M   ]와 제곱근을 씌운 [R   ] 등을 사용합니다.

정답: 1. 선형 회귀   2. 단순, 다중   3. MSE, RMSE

08장

분류분석하기

07장에서 숫자형 값을 예측하는 분석 방법을 배웠다면, 08장에서는 범주형 값을 예측하는 분류분석에 대해 알아보겠습니다. 여기에는 분류분석이 진행되는 과정을 나무가 성장하는 형태로 표현하는 방법과 데이터 간의 거리를 이용해서 분류하는 방법 등이 있습니다.

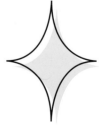

08-1 | 분류분석 시작하기

분류분석이 뭔가요?

분류분석은 지도 학습의 대표적인 방법으로, 모델에게 데이터를 학습시켜서 yes/no와 같이 정해진 범주형 값을 분류 예측하는 분석 방법입니다.

분류분석 이해하기

분류분석classification이란 독립변수(x)와 범주형 종속변수(y)로 모델을 학습시킨 뒤 새로운 범줏 값을 분류 예측하는 분석 방법을 의미합니다. 예를 들면 이메일을 '스팸메일' 또는 '정상메일'로 분류하거나 고객의 신용등급을 '정상', '불량'으로 분류하는 작업입니다. 대표적인 분류분석 방법으로는 의사 결정 나무에 기반한 모델과 거리에 기반한 모델이 있습니다.

의사 결정 나무에 기반한 모델은 특정 피처를 분류 기준으로 하여 각 관측치를 범주별로 분류합니다. 예를 들어 고객의 나이, 연소득, 부채, 자산 등의 피처를 기준으로 신용 등급을 분류한다고 합시다. 연소득이 1천만 원 미만인 경우, 자산이 3천만 원 미만인 경우, 부채가 1억 원 이상인 경우 등의 순서로 분류 경로를 만든 다음 새로운 데이터가 들어왔을 때 기준에 모두 해당하면 신용 등급을 '불량'의 범줏값으로 분류하는 방식입니다. 대표적으로 의사 결정 나무 decision tree가 있으며, 여러 개의 트리를 합친 랜덤 포레스트random forest와 부스팅 계열의 모델 등이 있습니다.

거리에 기반한 모델은 데이터 관측치 간의 거리를 계산해서 가까운 데이터를 같은 범주로 분류하는 방식입니다. 대표적으로 kNNk-Nearest Neighbors이 있습니다.

어떤 방법이 더 좋다고 할 수는 없습니다. 데이터의 크기, 결과의 해석 가능성, 계산 복잡성 등을 고려하여 해결할 문제와 데이터의 특징에 가장 적합한 방법을 선택하는 것이 바람직합니다. 실습과 함께 분류분석의 대표적인 세 가지 방법을 자세히 알아보겠습니다.

08-2 │ 의사 결정 나무

의사 결정 나무가 뭔가요?

의사 결정 나무란 데이터에서 찾아낸 분류 규칙을 이용해 데이터를 나무 형태로 분류해 나가는 방법을 말합니다. 나무가 뿌리부터 시작해 기둥과 가지가 자라고 잎이 나듯이 전체 데이터 관측치를 세분화하여 나뭇가지처럼 점점 뻗어 나가는 형태여서 의사 결정 나무라는 이름이 붙었습니다.

의사 결정 나무 이해하기

의사 결정 나무는 전체 데이터를 가장 잘 분류할 수 있는 질문을 찾아서 데이터를 분류해 나가는 방식입니다. 다음 그림은 모양과 색깔이라는 피처로 오렌지, 당근, 수박이라는 품종을 분류하는 과정입니다. '모양이 원형인가요?'라는 첫 번째 질문을 통해 오렌지와 수박이 한 그룹으로, 원형이 아닌 당근이 다른 한 그룹으로 분류되었습니다. 아직 오렌지와 수박은 분류되지 않았으므로 다시 한번 질문합니다. '색깔이 주황색인가요?'라는 질문으로 오렌지와 수박이 나뉘어 각각 다른 그룹으로 분류되었습니다. 이와 같은 방식으로 계속해서 질문해 나가면 됩니다.

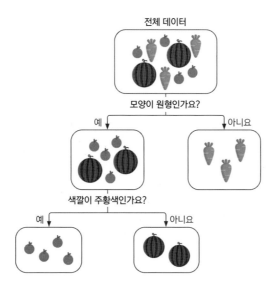

불순도 낮추기

그럼 어떤 기준으로 질문을 해야 할까요? 생수나 화장품이 다른 성분과 섞이지 않고 원래 고유한 성분만 들어 있을 때 순수하다는 표현을 사용합니다. 즉, 순수도가 높은 것입니다. 반대로 여러 성분이 섞이면 순수도가 낮고 불순도가 높다고 표현합니다. 이처럼 의사 결정 나무에서는 데이터의 불순도를 낮추고 순수도를 높게 만드는 방향으로 질문을 던지는 것이 중요합니다.

155쪽 의사 결정 나무의 첫 단계는 오렌지, 당근, 수박이 섞여 있어서 순수도가 낮고 불순도가 높은 상태입니다. 하지만 질문에 따라 점차 분류되면서 마지막 단계에서는 품종별로 잘 분류되어 순수도가 높고 불순도가 낮은 상태가 됩니다. 그렇다면 불순도를 낮추는 질문은 어떻게 찾아야 할까요? 오렌지3는 수많은 질문 목록에서 불순도를 가장 크게 낮출 수 있는 질문을 자동으로 찾아 주므로 걱정하지 않아도 됩니다.

의사 결정 나무 읽는 방법

의사 결정 나무에서 데이터가 분류되는 과정을 시각화하면 뿌리부터 가지까지 뻗어 나가는 나무를 뒤집어 놓은 형태와 비슷합니다. 단, 생성된 가지가 너무 많으면 학습 데이터에만 최적화된 모델이 되어 새로운 데이터를 넣었을 때 성능이 좋지 않을 수 있으므로 가지치기로 나무를 정리하기도 합니다. 이는 마치 실제 나무를 키우는 과정과도 매우 흡사합니다.

앞에서 만든 의사 결정 나무를 실제 나무를 뒤집은 형태와 비교해 봅시다. 첫 단계인 전체 데이터는 뿌리마디root node, 더 이상 분할되지 않는 가장 마지막 단계는 끝마디terminal node라고 합니다. 그리고 뿌리마디부터 끝마디까지의 마디 층의 개수를 깊이depth라 하고, 뿌리마디와 끝마디를 제외한 마디는 중간마디라고 표현합니다. 또한 특정 마디를 기준으로 바로 위에 있는 마디는 부모마디, 아래에 있는 마디는 자식마디라고 표현한다는 것도 함께 알아 두기 바랍니다.

💡 오렌지3에서 옵션을 설정하다 보면 노드(node)라는 표현이 나오는데, 이 역시 마디와 같은 뜻입니다.

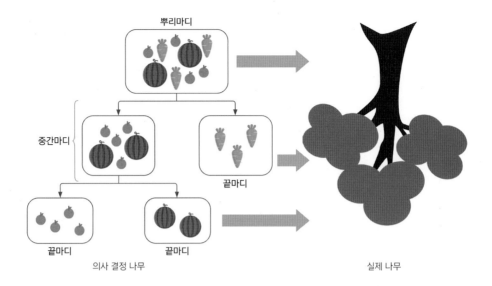

뿌리마디

중간마디

끝마디

끝마디   끝마디

의사 결정 나무   실제 나무

Do it! 실습 iris 품종 분류하기

78쪽에서 다룬 iris 데이터를 다시 활용하여 의사 결정 나무를 이용한 분류분석을 실습해 보겠습니다.

❶ 분석 개요

전체 분석 과정을 워크플로로 살펴보겠습니다. 우선 [Datasets] 위젯으로 iris 데이터를 불러온 후 [Feature Statistics], [Data Table], [Violin Plot] 위젯으로 데이터를 확인하고 탐색합니다. 07장 실습에서는 [Data Sampler] 위젯으로 학습용 데이터와 테스트용 데이터를 분할했지만 이번에는 [Test and Score] 위젯을 사용해 데이터 분할과 학습된 모델의 성능 평가를 동시에 진행할 것입니다. 그러려면 우선 [Data Table] 위젯에 의사 결정 나무인 [Tree] 위젯과 [Test and Score] 위젯을 연결해야 합니다.

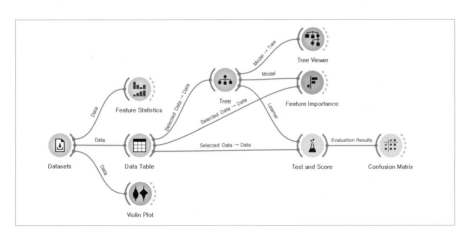

[Tree] 위젯에 연결된 [Tree Viewer] 위젯은 학습된 의사 결정 나무를 시각화해서 보여주며, [Feature Importance] 위젯은 의사 결정 나무를 만들 때 영향을 준 피처들의 중요도를 비교해서 보여줍니다. 또한 [Test and Score] 위젯에 마지막으로 연결된 [Confusion Matrix] 위젯은 분류분석 결과를 행렬 형태로 보여줍니다. 따라서 마지막으로는 [Confusion Matrix] 위젯을 활용해서 분류모델의 분류 결과 현황을 살펴보겠습니다.

❷ 데이터 수집 및 확인

[Datasets] 위젯으로 iris 데이터를 불러옵니다. 오렌지3에 내장되어 있는 iris 데이터는 타깃과 피처 역할이 자동으로 설정되어 있으므로 이번 분석에서는 [Select Columns] 위젯을 활용한 역할 설정은 생략하겠습니다. iris 데이터는 별도의 전처리를 하지 않아도 좋은 결과를 얻을 수 있는 실습용 데이터이므로 모델 학습 과정을 바로 진행하겠습니다.

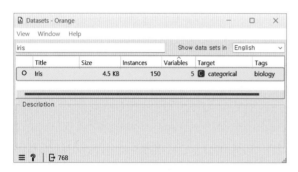

역할	칼럼명	칼럼 유형	칼럼 정보
타깃(y)	iris	Categorical	붓꽃의 품종(versicolor, setosa, virginica)
피처(x)	sepal length	Numeric	붓꽃의 꽃받침 길이(cm)
	sepal width	Numeric	붓꽃의 꽃받침 너비(cm)
	petal length	Numeric	붓꽃의 꽃잎 길이(cm)
	petal width	Numeric	붓꽃의 꽃잎 너비(cm)

💡 iris 데이터가 기억나지 않는다면 78쪽을 다시 참고하세요.

[Datasets] 위젯에 [Data Table] 위젯을 연결하고 더블클릭한 뒤 Info를 확인하면 데이터는 150개 행과 4개 피처를 포함하고 있습니다. 그리고 iris 칼럼이 타깃으로 자동 설정되어 3개의 범줏값을 포함한 것으로 확인됩니다.

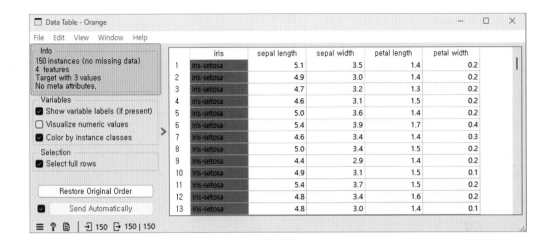

[Datasets] 위젯에 [Feature Statistics] 위젯을 연결해서 주요 특성을 살펴보겠습니다. petal length와 petal width 칼럼의 분포가 좀 특이한데, 데이터가 낮은 값 쪽으로 몰려 있어서 sepal length와 sepal width 대비 평균값과 중앙값이 차이가 큰 것을 확인할 수 있습니다. 결측치를 나타내는 Missing은 모두 0%인 것을 보니 빠진 정보 없이 잘 들어온 것을 확인할 수 있습니다.

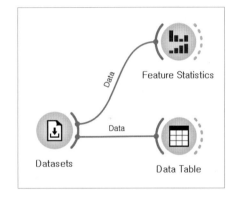

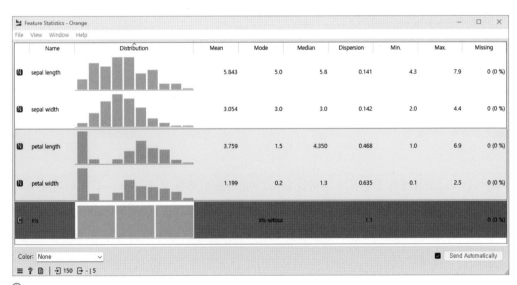

💡 결측치가 있으면 모델이 제대로 작동하지 않거나 왜곡이 발생할 수 있으므로 항상 확인하는 습관이 중요합니다.

[Feature Statistics] 위젯만 봐서는 이해하기 어려우니 [Datasets] 위젯에 Visualization 카테고리의 [Violin Plot] 위젯을 연결해서 더 자세히 살펴보겠습니다. [Violin Plot] 위젯을 더블클릭하여 ❶ Variable에는 비교할 숫자형 칼럼으로 꽃잎 너비인 petal width를, ❷ Subgroups에는 비교 기준이 될 범주형 칼럼 iris를 선택합니다. ❸ Display에는 Box plot과 Density dots 앞에 체크한 후 ❹ Orientation을 Horizontal로 설정합니다. 그럼 각 품종의 범위를 구분할 수 있으며, setosa의 경우에는 완벽하게 분류가 가능합니다.

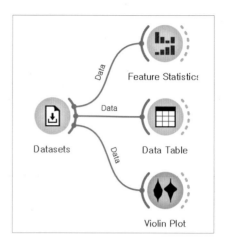

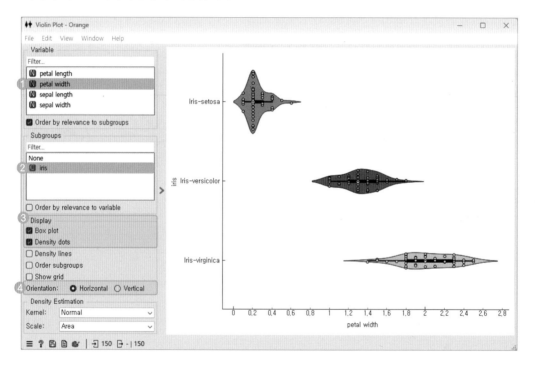

이번에는 Variable에서 꽃받침의 너비인 sepal width를 선택해 보겠습니다. 꽃잎 너비와 달리 꽃받침 너비로는 setosa 품종 구분이 명확하지 않습니다. 또한 versicolor와 virginica가 매우 유사한 범위와 분포를 보이고 있어 해당 칼럼으로는 품종을 구분하기 어려워 보입니다. [Feature Statistics] 위젯에서 petal length와 petal width의 분포가 좀 특이해 보였는데, 역시 품종의 영향을 받은 것을 확인할 수 있습니다.

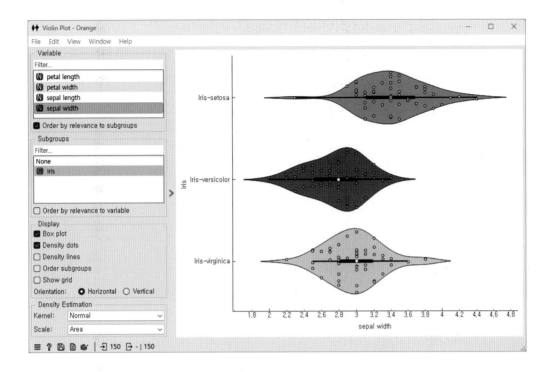

지금까지 간단한 시각화를 통해 iris 품종을 분류할 때 영향을 주는 변수가 무엇인지 탐색해 봤습니다. iris 데이터는 칼럼 개수도 적고 데이터가 간단하기 때문에 머신러닝을 실습하기에 좋습니다. 하지만 실제 분류분석에서는 칼럼 수가 많고 전처리가 필요할 수 있으니 데이터를 탐색하는 과정을 반드시 선행해야 합니다.

❸ 데이터 분석

의사 결정 나무 모델인 [Tree] 위젯을 Model 카테고리에서 가져와 [Data Table]에 연결하고 더블클릭하여 설정 창을 엽니다. ❶ Parameters의 Induce binary tree는 데이터를 2개의 가지로 분할해 이진 트리를 만들도록 유도하는 옵션입니다. 나머지 옵션은 데이터의 특성에 따라 다양한 조합을 시도해 보면서 가장 좋은 성능을 찾으면 되는데, iris 데이터는 특별한 옵션이 없어도 좋은 성능을 낼 수 있으므로 이번에는 설정하지 않고 넘어가겠습니다. 세부 기능을 설명하면 다음과 같습니다.

❷ Min. number of instances in leaves: 끝마디의 인스턴스(행) 개수가 설정한 값 이상이 되도록 합니다.

❸ Do not split subsets smaller than: 인스턴스(행) 개수가 설정한 값보다 적을 때 더 이상 분할하지 않고 멈추도록 합니다.

❹ Limit the maximal tree depth to: 나무의 깊이를 제한합니다.

마지막으로 ❺ Classification의 Stop when majority reaches [%]는 데이터를 계속 분할하다가 특정 마디에서 한 범주의 비율이 일정 퍼센트(%) 이상 되면 분할을 멈추고 끝마디로 확정하는 옵션으로, 여기서는 80으로 설정합니다. 이 수치가 너무 높으면 마디별로 한 범주의 값만 남을 때까지 계속 분할되어 학습용 데이터에서만 성능이 좋게 나타나는 과적합이 발생할 수 있으므로 주의합니다.

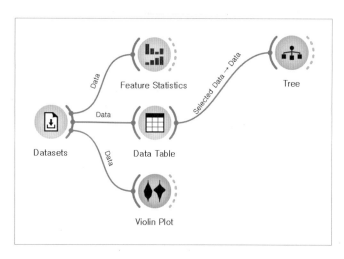

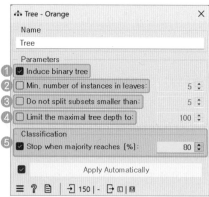

모델을 학습시켰으니 이제 모델의 성능을 확인할 차례입니다. 그 전에 먼저 교차검증^{cross validation}이라는 개념을 먼저 알아보겠습니다.

이전 실습에서는 [Data Sampler] 위젯으로 전체 데이터를 학습용과 테스트용으로 랜덤하게 나눠서 학습용 데이터는 모델 학습에 사용하고 테스트용 데이터는 학습시킨 모델의 성능을 테스트할 때 사용했습니다. 문제는 모델 학습과 테스트를 각각 1번씩만 하기 때문에 데이터 분할 결과에 따라 성능이 좋거나 나빠질 수 있다는 점입니다. 또한 모델이 학습용 데이터에서만 좋은 성능을 보이는 과적합 상태가 되어 새로운 데이터에서 좋은 성능을 나타내지 못할 수도 있습니다. 이런 문제를 방지하기 위해 사용하는 개념이 바로 교차검증입니다. 그 중에서도 k-fold(k-겹) 교차검증을 널리 사용합니다.

k-fold 교차검증은 데이터를 k개의 덩어리로 나눈 다음 k-1개를 학습용 데이터로, 나머지 1개를 테스트용 데이터로 사용하여 모델 학습과 테스트를 k번 반복하는 것입니다. 여기서 fold(폴드)는 겹, 즉 여러 층이 삼겹살, 오겹살처럼 포개진 상태를 말합니다. 예를 들어 5-fold 교차 검증은 전체 데이터를 1~5번까지 fold 5개로 분할한 뒤, 첫 번째 단계에서는 1~4번 fold 데이터로 모델을 학습시키고 5번 fold 데이터로 모델을 테스트합니다. 두 번째 단계에서는 4번 fold를 제외한 나머지 데이터로 모델을 학습한 뒤 4번 fold 데이터로 모델을 테스트합니다. 이와 같은 방식으로 다섯 번째 단계까지 반복한 후 1번부터 5번까지의 평균 성능을 확인하면 학습과 평가를 한 번만 했을 때 성능이 우연히 높거나 낮아 발생하는 문제점을 보완할 수 있습니다.

실제로 k-fold 교차검증을 적용하기 위해 Evaluate 카테고리에서 [Test and Score] 위젯을 가져와 [Tree] 위젯과 [Data Table] 위젯에 연결합니다. [Test and Score] 위젯을 더블클릭하여 설정 창을 살펴보면 ❶ Cross validation의 Number of folds는 앞에서 말한 fold의 개수, 곧 k를 의미합니다. 데이터 크기에 따라 계산 시간의 차이가 발생하므로 정답은 없지만 일반적으로 k=5를 많이 사용합니다. ❷ Stratified는 데이터를 분할할 때 타깃 칼럼의 범줏값 구성 비율을 유지할지를 선택하는 옵션입니다. 예를 들어 iris 데이터에서 3개의 품종은 각각 50개씩 1:1:1의 비율로 구성되는데, 나눠진 데이터들도 품종 비율이 1:1:1로 유지되어야 데이터의 특성을 잘 학습할 수 있으므로 Stratified를 선택하는 것이 좋습니다.

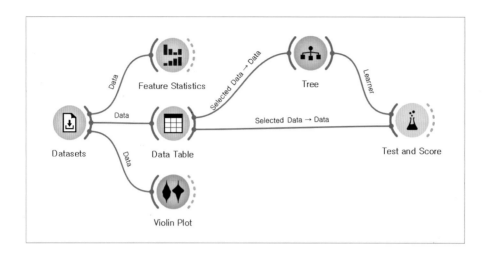

이렇게 설정하면 ❸ Evaluation results for target에서 분류 모델의 성능을 평가하는 지푯값을 확인할 수 있습니다. ❹ Compare models by는 위젯에 모델을 여러 개 연결할 경우 서로 비교할 수 있는 기능을 제공합니다.

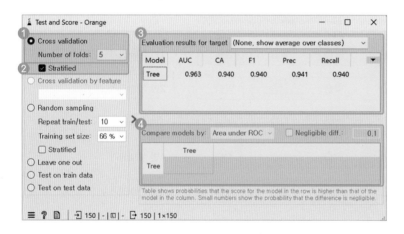

❹ 결과 해석

[Test and Score] 위젯에서 Evaluation results for target 부분의 AUC, CA, F1, Prec, Recall은 분류모델의 성능 평가 지표입니다. 이번 실습에서는 가장 많이 활용하는 지표인 CA로 모델의 성능을 확인할 예정이며, 나머지 다른 지표는 다음 08-3 실습에서 자세히 알아보겠습니다. 참고로 분류모델의 성능 평가 지표는 분류분석 결과를 행렬 형태로 보여 주는 혼동행렬confusion matrix을 기반으로 계산한 수치입니다.

혼동행렬을 확인하기 위해 Evaluate 카테고리의 [Confusion Matrix] 위젯을 [Test and Score] 위젯에 연결하고 더블클릭하여 설정 창을 엽니다. ❶ Actual은 실제 범줏값을, ❷ Predicted는 예측된 범줏값을 의미합니다. 즉, 첫 번째 행의 첫 번째 열에 있는 숫자 50은 실제^{Actual} 품종이 setosa이며, 모델을 통해 분류 예측된^{Predicted} 품종도 setosa인 관측치의 수를 의미합니다. 같은 방식으로 대각선의 파란색 셀인 50, 47, 44는 모델이 실제값을 정확하게 예측 분류한 데이터의 수를 의미하는데, 이는 전체 관측치 150개 중 총 141개로 계산하면 141/150 = 0.94가 되고, 전체 관측치 중 정확하게 분류한 비율이 94%라는 의미입니다. 이 값이 바로 [Test and Score] 위젯에서 분류모델 성능 평가 지표인 CA^{Classification Accuracy}(분류 정확도)입니다. 예측값 중 94%를 맞춘 모델이라면 성능이 매우 좋다고 볼 수 있습니다. 그리고 하단의 ❸을 클릭하면 별도로 [Data Table] 위젯을 추가하지 않아도 관측치별 분류 결과 데이터를 조회할 수 있습니다.

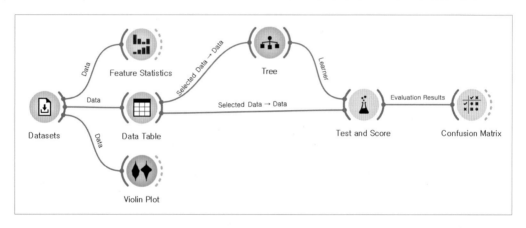

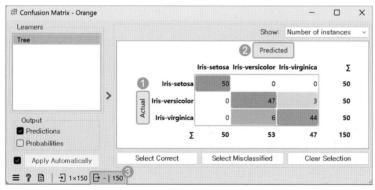

사실 iris 데이터는 예제 데이터이기 때문에 별다른 작업 없이도 좋은 성능을 나타내는 것이고, 실제 데이터로 분류 모델을 만들어 보면 이렇게 높은 성능을 보이기 쉽지 않습니다. 그러므로 분석 전에 데이터를 잘 이해하고 다양한 전처리와 학습 방법을 적용해 보는 것이 중요합니다.

의사 결정 나무 모델의 장점은 데이터를 분류하는 과정을 시각적으로 살펴볼 수 있어 이해하기 좋다는 점과 피처들이 모델에 끼치는 영향에 따라 변수의 중요도를 비교해 볼 수 있다는 점입니다. 오렌지3에서도 이런 장점들을 위젯으로 제공하고 있습니다. [Tree] 위젯에 Visualization 카테고리의 [Tree Viewer] 위젯과 Explain 카테고리의 [Feature Importance] 위젯을 연결합니다. 그리고 [Data Table]을 새로 생성한 [Feature Importance] 위젯과 연결합니다.

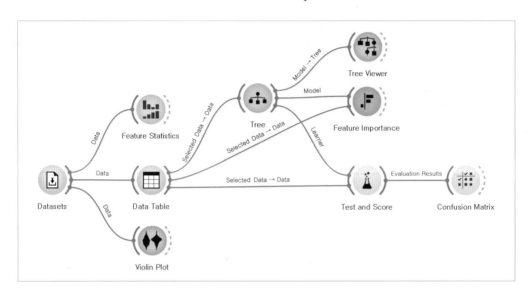

먼저 [Tree Viewer] 위젯을 더블클릭하면 의사 결정 나무가 어떻게 가지를 나누면서 성장했는지 분할 경로를 시각적으로 볼 수 있습니다. 마디마다 가장 많이 포함된 범주의 종류와 비율, 개수를 표현하고 있습니다.

❶ Show details in non-leaves에 체크하면 마디별로 자세한 내용을 볼 수 있습니다. 뿌리마디를 보면 상단에 ❷ setosa 범주로 표시되어 있는데, 전체 150개 데이터에 3개의 품종이 각 50개씩 동일하게 포함되어 있어 가장 많은 범줏값을 특정하지 못했기 때문입니다. 각 범주별 개수가 다른 경우에는 가장 비중이 높은 범줏값이 표시됩니다. 그리고 아래에 33.3%, 50/150은 setosa가 전체 데이터 중에서 33.3%를 차지하고 50/150은 전체 관측치 150개 중에서 50개에 해당한다는 의미입니다. 뿌리마디 하단에 있는 petal length는 전체 데이터를 다음 마디로 분할하기 위해 petal length 칼럼을 기준으로 사용하겠다는 뜻입니다.

❸ 첫 번째 분할에서 왼쪽 가지를 살펴보면 petal length를 기준으로 1.9 이하(≤1.9)에 해당하는 데이터 50개가 분류되었고, 이 데이터들은 100% setosa로 더 이상 분류할 것이 없어 최종 끝마디로 결정된 것을 확인할 수 있습니다. ❹ 오른쪽 가지는 petal length칼럼을 기준으로

1.9초과(>1.9)에 해당하는 데이터가 100개 분류되었고, 이 데이터들은 다시 petal width칼럼을 기준으로 분류된 것을 확인할 수 있습니다. ❺ 두 번째 분할에서는 versicolor, virginica로 분류되었으나 구성 비율이 100%가 아닌데, 이는 잘못 분류된 데이터가 존재하는 것을 의미합니다. 분류 결과 데이터를 확인해 보면 분류 기준인 petal width>1.7에 근접한 일부 데이터들이 잘못 분류된 것으로 보입니다.

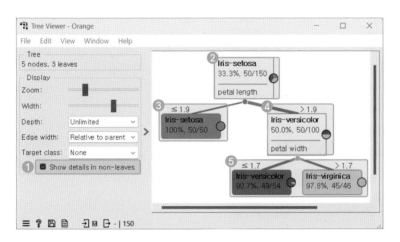

160쪽에서 [Violin Plot] 위젯으로 살펴본 내용을 기억해 보면 petal length와 petal width 칼럼에서 setosa 품종이 잘 구분되었는데, 실제로도 petal length를 기준으로 setosa를 잘 분류하는 것을 확인할 수 있습니다. 이렇게 EDA 과정이나 [Tree Viewer] 위젯으로 모델에 중요한 영향을 주는 변수를 직접 찾아볼 수도 있지만, [Feature Importance] 위젯을 사용하면 피처의 중요도를 간편하게 비교해 볼 수 있습니다. 다만 중요도의 값은 상대적인 수치이므로 피처의 중요도를 비교하는 용도로만 사용하는 것이 좋습니다.

[Feature Importance] 위젯은 원본 데이터로 모델을 학습시킨 후 각 피처가 모델에 얼마나 기여하는지 확인하기 위해 각 피처의 관측치(행) 순서를 무작위로 섞어서 예측한 결과를 원본 데이터로 예측한 결과와 비교합니다. 예를 들어 petal length의 Feature Importance를 구하려면 iris 데이터에서 다른 값들은 그대로 두고 petal length의 행 순서를 무작위로 섞은 후 해당 데이터로 예측 결과를 확인합니다. 원본 데이터에서의 정확도와 petal length의 순서를 섞은 데이터에서의 정확도를 비교해서 정확도가 떨어질수록 petal length가 예측 결과에 더 중요한 영향을 끼치는 것으로 해석합니다.

Parameters의 ❶ Score는 분류 모델의 성능 평가 기준인 CA, F1, Prec, Recall 등을 선택할 수 있는데, 일반적으로 많이 사용되는 CA(분류 정확도)를 사용하겠습니다. ❷ Permutations는 피처의 값을 섞어서 비교하는 과정을 몇 번 반복할 것인지 설정하는 옵션입니다. 여러 번 반복할수록 더 안정적인 결과를 얻을 수 있지만 그만큼 시간이 더 걸리기 때문에 데이터 크기나 피처의 개수에 따라 적절한 값을 선택하는 것이 좋습니다. 여기서는 3을 선택하겠습니다. ❸ Display의 Top features는 피처의 개수가 매우 많은 경우 상위 n개만 선택해서 보여주는 옵션으로, 피처가 매우 많은 경우 적절하게 설정하면 됩니다. 피처 중요도 결과를 보면 앞에서 예상했듯이 petal length와 petal width 칼럼의 중요도가 높은 것으로 확인됩니다.

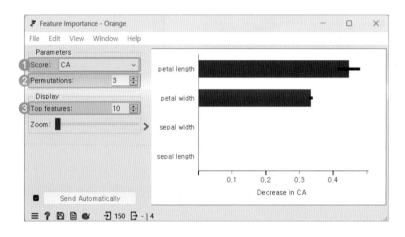

이렇게 해서 의사 결정 나무를 이용한 분류분석 전체 과정을 알아봤습니다. 의사 결정 나무 모델은 쉽게 분류분석을 시도해볼 수 있는 좋은 방법입니다. 하지만 편향이나 과적합의 위험도 있습니다. 이런 단점은 어떻게 보완할 수 있는지 알아보겠습니다.

08-3 | 랜덤 포레스트

랜덤 포레스트가 뭔가요?

의사 결정 나무에 이어서 랜덤 포레스트라고 하니 다양한 나무들이 모여 있는 숲이 떠오릅니다. 말 그대로 의사 결정 나무를 여러 그루 합쳐서 더 정확하고 안정된 분류 분석을 해보겠습니다.

랜덤 포레스트 이해하기

랜덤 포레스트는 여러 그루의 의사 결정 나무를 활용하는 분석 방법입니다. 전체 데이터에서 서로 다른 칼럼으로 구성된 샘플 데이터를 여러 개 만들어 각각 의사 결정 나무 모델을 생성한 후, 각 모델의 결과를 다수결 등의 방식으로 종합해서 최종 결과를 도출하는 방식입니다. 모델을 1개 사용할 때보다 여러 개 사용하면 학습 데이터에 대한 과적합을 방지하고 보다 정확하고 안정적인 결과를 얻을 수 있습니다. 실습 내용은 의사 결정 나무를 사용하는 방법과 거의 유사합니다.

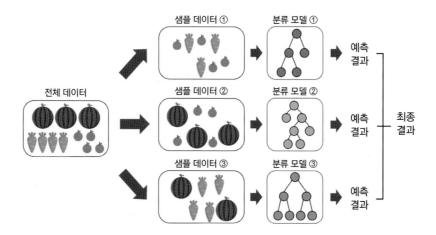

앙상블

랜덤 포레스트가 의사 결정 나무 여러 개를 합쳐서 더 나은 결과를 얻는 방법이라고 했는데, 이런 방식을 앙상블^{ensemble}이라고 합니다. 앙상블은 여러 개의 모델을 생성하고 그 결과를 결합해서 단일 모델을 사용할 때보다 예측력을 향상할 수 있고 과적합을 줄여 새로운 데이터에서도 좋은 성능을 기대할 수 있습니다. 앙상블 방식은 다양하지만 그 중에서도 배깅^{bagging}과 부스팅^{boosting} 방식을 많이 사용합니다. 배깅과 부스팅은 여러 모델의 결과를 결합해서 더 좋은 성능을 낸다는 공통점이 있지만 학습 방식에 차이가 있는데, 다음 그림의 화살표 방향을 보면 쉽게 이해할 수 있습니다.

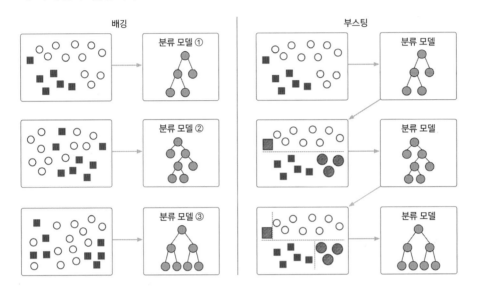

배깅은 샘플 데이터를 여러 개 구성하고 각각 독립된 모델을 만들어 결과를 종합하는 방식입니다. 반면 부스팅 방식은 첫 단계에서 모델을 만들고 잘못 예측한 데이터에 가중치를 적용해 다음 단계 모델 학습에 반영합니다. 화살표 방향을 보면 모든 단계의 데이터와 모델이 순차로 연결되어 있고, 데이터 중에서도 잘못 예측된 값은 가중치가 적용되어 크기가 크게 표현되는 것을 확인할 수 있습니다.

배깅에는 랜덤 포레스트 방식이 대표적이며 부스팅에는 AdaBoost, Gradient Boosting, XGBoost 방식이 대표적입니다. 이번 실습에서는 랜덤 포레스트를 자세히 알아보고 다른 모델과 성능을 비교해 보겠습니다.

Do it! 실습　은행 고객 이탈 분류분석하기

은행은 고객이 돈을 맡기면 예금 이자를 지급하고 대신 맡아 둔 돈을 필요한 곳에 대출해 주면서 더 많은 이자를 받는 방식으로 수익을 냅니다. 그래서 고객이 은행 계좌를 해지하지 않고 돈을 계속 입금하거나 대출받는 것이 중요합니다. 은행 입장에서는 계좌를 해지할 것으로 예상되는 고객을 미리 예측하고 그에 대응할 수 있다면 도움이 될 것입니다. 지금부터 은행 고객 데이터를 활용해서 유지 고객과 이탈 고객을 분류하는 실습을 진행해 보겠습니다.

❶ 분석 개요

전체 분석 과정을 워크플로를 이용해서 살펴보겠습니다. 우선 [File] 위젯으로 실습 파일을 오렌지3로 불러온 후 [Select Columns] 위젯을 연결해서 행 번호, 고유 ID, 고객명 등 불필요한 칼럼을 제외합니다. 그 후에 [Data Table], [Feature Statistics] 위젯으로 데이터를 파악하면서 모델을 학습시키기 전에 전처리할 요소가 있는지 탐색해 봅니다. 분류 모델로는 의사 결정 나무([Tree] 위젯), 랜덤 포레스트([Random Forest] 위젯), 그래디언트 부스팅([Gradient Boosting] 위젯)을 사용하고, [Test and Score] 위젯을 사용해서 데이터 분할과 모델 성능 평가를 동시에 진행하겠습니다. 마지막으로 분류 결과를 요약해서 혼동행렬로 보여 주는 [Confusion matrix] 위젯도 확인해 보겠습니다.

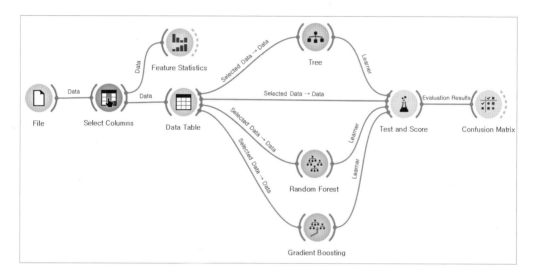

❷ 데이터 수집 및 확인

실습에는 캐글에서 제공하는 'Churn Modelling' 데이터를 사용합니다. 은행 고객의 개인 정보와 계좌 폐쇄 여부 정보를 포함하고 있습니다. 고객 이탈 정보는 없지만 계좌를 폐쇄한 고객을 이탈 고객으로 해석해서 고객의 개인 정보를 활용한 고객 이탈 여부를 분류해 보겠습니다.

- **실습 데이터 내려받기:** https://www.kaggle.com/datasets/shrutimechlearn/churn-modelling
- **실습 데이터:** 오렌지3_실습파일/8장. 분류분석/08-3. 랜덤 포레스트.csv

수집한 데이터 각 칼럼의 역할 및 세부 정보는 다음과 같습니다. 고객의 신용 점수, 거주 국가, 연령, 은행 잔고, 예상 급여 등의 정보를 활용해 계좌 해지 여부를 판단하고 이탈 고객 정보를 확보할 수 있습니다.

역할	칼럼명	칼럼 유형	칼럼 정보
타깃(y)	Exited	Categorical	고객의 은행 계좌 폐쇄 여부(유지 0, 폐쇄 1)
피처(x)	RowNumber	Numeric	행 번호(1~10000)
	CustomerId	Numeric	고객 식별을 위한 고유 ID
	CreditScore	Numeric	고객의 신용 점수
	Geography	Categorical	고객의 거주 국가
	Gender	Categorical	고객의 성별(Male, Female)
	Age	Numeric	고객의 연령
	Tenure	Numeric	고객의 은행 이용 기간
	Balance	Numeric	고객의 은행 잔고
	NumOfProducts	Numeric	고객이 사용하는 은행 상품 수
	HasCrCard	Categorical	고객의 은행 신용카드 보유 여부(0, 1)
	IsActiveMember	Categorical	고객이 이용 중인 회원인지 여부(0, 1)
	EstimatedSalary	Numeric	고객의 예상 급여(달러)
	Surname	Text	고객의 이름

❸ 데이터 전처리

[File] 위젯으로 실습 데이터를 불러온 후 [Select Columns] 위젯을 연결하고 더블클릭해서 설정 창을 확인합니다. 분석에 불필요한 칼럼은 제외하기 위해 CustomerId(고객 ID), RowNumber(행 번호), Surname(고객명) 칼럼을 Ignored 칸으로 드래그해서 옮깁니다. 그리고 우리가 분류할 타깃(y)인 Exited(계좌 해지 여부)는 Target 칸으로 옮기고 설정 창을 닫습니다.

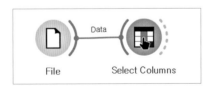

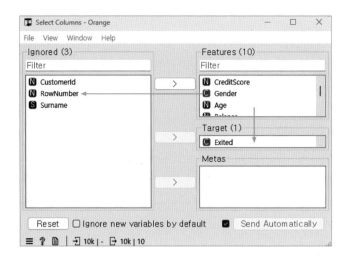

[Select Columns] 위젯에 [Data Table] 위젯을 연결하고 더블클릭해서 위젯 창을 엽니다. 위젯 창의 Info를 보면 데이터는 행 10,000개, 피처 10개를 포함하고 타깃 칼럼은 계좌 해지 여부인 범줏값 2개(0, 1)를 포함한다는 것을 확인할 수 있습니다.

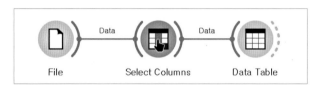

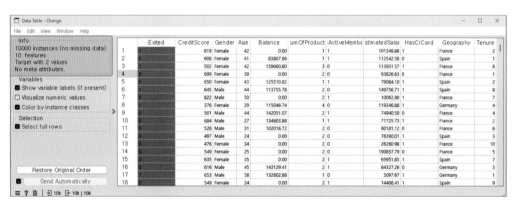

[Select Columns] 위젯에 [Feature Statistics] 위젯을 연결하고 더블클릭하면 Age와 Balance 칼럼은 앞쪽으로 치우친 분포인 것을 확인할 수 있습니다. 보유한 상품의 개수인 NumOf Products 칼럼을 보면 고객은 상품을 평균 1.53개 보유하고 있고, 은행 이용 여부를 나타내는 IsActiveMember 칼럼을 보면 거의 유사한 비율을 보이고 있습니다.

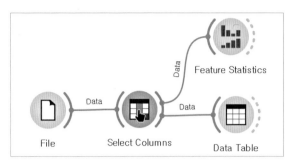

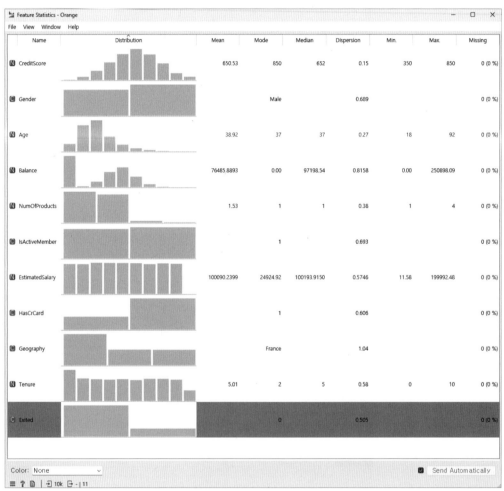

Name	Distribution	Mean	Mode	Median	Dispersion	Min.	Max.	Missing
N CreditScore		650.53	850	652	0.15	350	850	0 (0 %)
C Gender			Male		0.689			0 (0 %)
N Age		38.92	37	37	0.27	18	92	0 (0 %)
N Balance		76485.8893	0.00	97198.54	0.8158	0.00	250898.09	0 (0 %)
N NumOfProducts		1.53	1	1	0.38	1	4	0 (0 %)
C IsActiveMember			1		0.693			0 (0 %)
N EstimatedSalary		100090.2399	24924.92	100193.9150	0.5746	11.58	199992.48	0 (0 %)
C HasCrCard			1		0.606			0 (0 %)
C Geography			France		1.04			0 (0 %)
N Tenure		5.01	2	5	0.58	0	10	0 (0 %)
C Exited			0		0.505			0 (0 %)

Color: None

Send Automatically

≡ ？ ▤ │ ⇥ 10k ⇤ · | 11

예측 대상인 타깃 칼럼 Exited의 구성 비율을 보면 차이가 큰 것을 확인할 수 있는데, 이렇게 타깃 칼럼의 불균형이 있는 경우 좋은 모델을 만들기 어려울 수 있습니다. 이러한 경우 타깃 칼럼의 구성 비율 불균형을 해결하는 전처리를 적용하는 것이 좋지만, 오렌지3에서는 아직 관련 위젯을 제공하지 않으므로 원본 데이터 그대로 진행해 보겠습니다.

❹ 데이터 분석

Model 카테고리의 [Tree] 위젯, [Random Forest] 위젯, [Gradient Boosting] 위젯을
[Data Table] 위젯에 연결하고 모델을 학습해 보겠습니다.

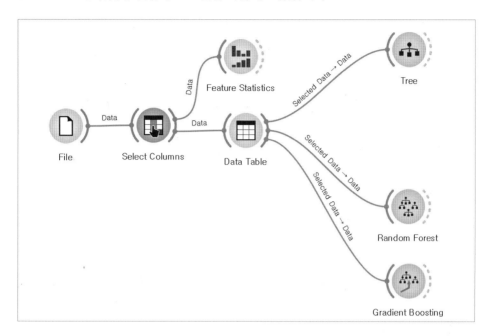

파라미터는 모델에서 설정할 수 있는 옵션값을 의미합니다. [Tree] 위젯의 Parameters를 하
나씩 살펴보면서 값을 설정해 보겠습니다.

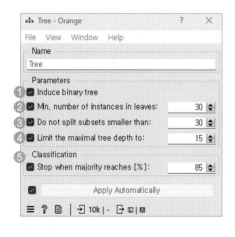

❶ Induce binary tree: 데이터를 2개의 마디로 분할해 나가
는 이진 트리를 유도하도록 설정합니다.

❷ Min. number of instances in leaves: 끝마디의 인스턴
스(행) 개수가 설정한 값 이상이 되도록 합니다. 끝마디에 최
소 30개의 행이 오도록 [30]으로 설정합니다.

❸ Do not split subsets smaller than: 인스턴스(행) 개수
가 설정한 값보다 적을 때 더 이상 분할하지 않고 멈추도록
합니다. 마디 안에 인스턴스(행)가 30개 미만이면 분할을 멈
추도록 [30]으로 설정합니다.

❹ Limit the maximal tree depth to: 나무의 깊이를 제한
합니다. 뿌리마디부터 끝마디까지 최대 15개 마디만 성장
하도록 [15]로 설정합니다.

❺ Classification의 Stop when majority reaches [%]:
데이터를 계속 분할하다가 특정 마디에서 한 범줏값의 비율
이 일정 비율(%) 이상 되면 분할을 멈추고 끝마디로 확정하
는 옵션으로, 여기서는 85로 설정합니다.

[Random Forest] 위젯은 여러 개의 나무를 조합해서 활용하기 때문에 Basic Properties에는 나무의 개수를 설정할 수 있는 Number of trees 옵션이 있습니다. 여기서는 나무의 개수를 10으로 설정하겠습니다. 이어서 세 번째 Growth Control의 옵션을 설정해 보겠습니다.

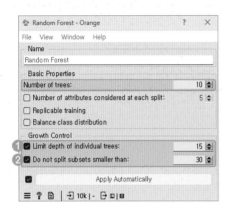

❶ Limit depth of individual trees: 랜덤 포레스트에 속하는 독립적인 나무들의 깊이를 제한합니다. 학습용 데이터의 과적합을 방지하기 위해 설정하는데, 여기서는 [tree] 위젯과 동일하게 15로 설정합니다.

❷ Do not split subsets smaller than: 인스턴스(행) 개수가 설정한 값보다 적을 때 더 이상 분할하지 않고 멈추도록 합니다. [tree] 위젯과 동일하게 30으로 설정합니다.

마지막으로 [Gradient Boosting] 위젯의 옵션을 설정해 보겠습니다.

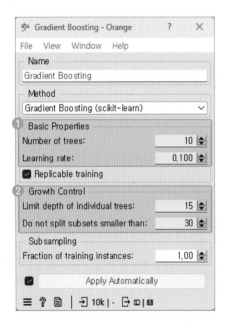

❶ Basic Properties에서 Number of trees 옵션으로 나무를 몇 개 사용할지 설정할 수 있습니다. 여기서는 [Random Forest] 위젯과 동일하게 10개로 설정하겠습니다. Learning rate는 모델을 학습하는 과정에서 과적합이 발생하지 않도록 조정해 주는 계수로 0~1 사이의 값을 설정합니다. 부스팅 계열 모델은 데이터 분석을 처음 공부하는 입문자는 쉽게 이해하기 힘드므로 우선 0.1로 설정해서 사용해 보겠습니다.

❷ Growth Control 옵션은 [Random Forest] 위젯과 동일하므로 Limit depth of individual trees는 15로, Do not split subsets smaller than은 30으로 설정합니다. 나머지 옵션은 모두 기본값으로 설정합니다.

이렇게 [Tree] 위젯, [Random Forest] 위젯, [Gradient Boosting] 위젯에서 옵션을 설정한 뒤 창을 닫으면 모델별로 학습이 진행됩니다.

❺ 결과 해석

앞서 만든 3개의 모델을 [Test and Score] 위젯으로 비교해 보겠습니다. Evaluate 카테고리에서 [Test and Score] 위젯을 가져와 3개의 모델과 [Date Table] 위젯에 연결합니다. [Test and Score] 위젯을 더블클릭한 뒤 위젯 설정 창의 ❶ Cross validation에서 Number of folds의 값을 5로 설정해 5-Fold Cross validation으로 교차검증합니다. 오른쪽 Evaluation results for target에서 모델의 성능을 비교해 볼 수 있는데, 모델별로 큰 차이는 없지만 ❷ 랜덤 포레스트의 CA(분류 정확도)가 0.859로 가장 높은 것을 확인할 수 있습니다.

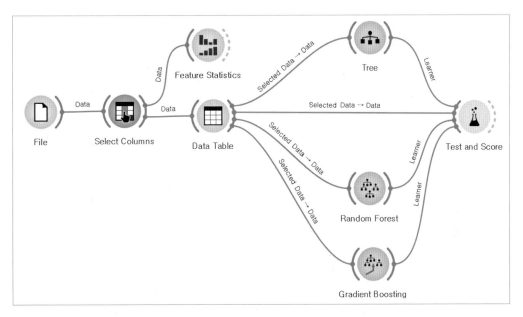

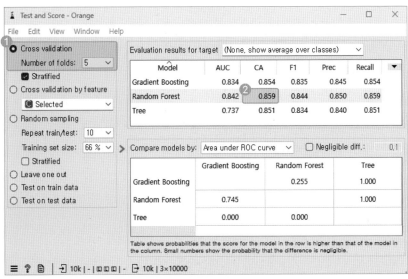

💡 랜덤 포레스트 위젯은 전체 데이터에서 랜덤으로 샘플 데이터를 추출해 여러 그루의 의사 결정 나무를 만들고 이를 종합해서 결과를 내므로, 실습 파일을 열 때마다 위젯이 새로 작동하여 결과 수치가 책과 미세하게 달라질 수 있습니다(169쪽 참고).

그럼 CA만 봐도 될 텐데 직관적이지도 않고 익숙하지 않은 지표인 AUC, F1, Prec, Recall을 함께 보여 주는 이유는 무엇일까요? 만약 1,000개의 이메일 중 일반 메일이 950개, 스팸 메일이 50개일 때 스팸 메일을 분류한다고 합시다. 특별한 학습 없이 모든 메일을 일반 메일이라고 분류하면 어떻게 될까요? 표면적으로는 분류 정확도가 95%여서 나쁘지 않아 보이지만 이는 새로운 데이터가 들어와도 무조건 일반 메일로 분류해서 스팸 메일을 제대로 걸러 내지 못하는 쓸모없는 모델이라고 볼 수 있습니다.

그러므로 단순히 분류 정확도만 생각할 것이 아니라 다양한 지표를 종합해서 봐야 하는데, 그 지표들의 기준이 되는 것이 바로 혼동행렬입니다. 혼동행렬을 확인하기 위해 Evaluate 카테고리의 [Confusion Matrix] 위젯을 [Test and Score] 위젯에 연결하고 더블클릭하여 위젯 창을 엽니다. Learners에서는 어떤 모델의 혼동행렬을 살펴볼 것인지 선택할 수 있는데, 여기서는 분류 정확도인 CA값이 가장 높았던 랜덤 포레스트의 혼동행렬을 살펴보겠습니다.

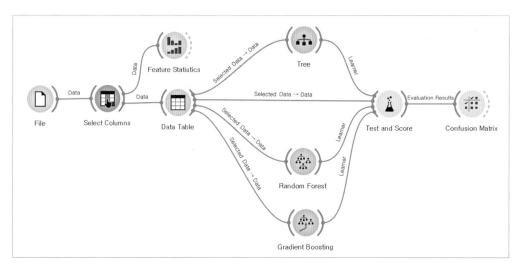

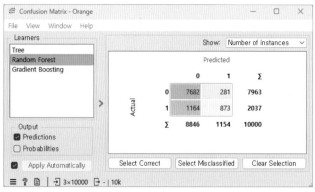

혼동행렬에서 Actual은 실제 범줏값을, Predicted는 예측된 범줏값을 의미합니다. 그리고 0 과 1로 구분되어 있는데 일반적으로 1이 우리가 주목하는 경우를 의미합니다. 이번 분석은 계 좌 해지 여부를 판단하는 것이므로 1이면 해지, 0이면 유지라고 볼 수 있습니다. 스팸 메일 필 터링의 경우 스팸 메일이면 1, 일반 메일이면 0이라고 이해하면 됩니다. 따라서 Actual이 0(계 좌 유지)이고 Predicted도 0(계좌 유지)이면 실제값을 잘 예측했다고 볼 수 있습니다. 만일 Actual이 0(계좌 유지)인데 Predicted가 1(계좌 해지)이면 잘못 분류한 것입니다. 하지만 행 렬 형태의 숫자만 봐서는 종합적인 해석이나 모델들의 성능을 비교하는 것은 어렵기 때문에 이 행렬을 요약해서 제공하는 지푯값이 바로 F1, Prec, Recall이라고 볼 수 있습니다.

혼동행렬을 보면서 CA, Prec, Recall, F1을 알아보겠습니다. 이 4가지 지표를 이해하려면 우 선 TN, TP, FN, FP의 의미를 알아야 합니다. Positive는 계좌 해지, 스팸 메일처럼 분류해 내 고 싶은 관심 대상 관측치이고, Negative는 계좌 유지나 정상 메일처럼 관심 대상 외의 관측 치입니다. 그리고 실제값과 동일하게 예측했다면 True, 다르게 예측하면 False로 표시합니다.

구분		Predicted(예측값)	
		0(negative)	1(positive)
Actual (실제값)	0 (negative)	TN (True Negative, 정답)	FP (False Positive, 오답)
	1 (positive)	FN (False Negative, 오답)	TP (True Positive, 정답)

표를 읽어보면 TN은 예측값이 negative인데 실제값도 negative인 경우로 True Negative 입니다. FP는 예측값이 positive인데 실제값은 negative로 잘못 예측한 경우로 False Positive입니다. 이제 이 값들을 조합해서 CA, Prec, Recall, F1 지표를 알아보겠습니다.

CA(분류 정확도)는 전체 관측치 가운데 실제값을 정확히 예측한 관측치의 비율로, 다음 수식 으로 표현할 수 있습니다.

$$CA = \frac{TN+TP}{TN+FP+FN+TP}$$

정밀도를 의미하는 Prec[Precision]은 positive로 예측한 관측치 가운데 실제 positive인 관측치 의 비율로, 다음 수식으로 표현할 수 있습니다.

$$Prec = \frac{TP}{TP+FP}$$

Prec 값이 높다는 것은 positive로 예측한 값 중에 실제 positive인 값의 비율이 높다는 것을 의미합니다. 만약 스팸으로 예측한 메일(*TP+FP*) 중에서 스팸으로 잘못 분류된 정상 메일(*FP*)의 비율이 낮고, 스팸 메일로 잘 예측된 메일(*TP*)의 비율이 높다면 중요한 업무 메일을 놓치지 않고 스팸 메일만 잘 걸러진다는 의미가 됩니다. 분류분석의 특성으로 볼 때 positive로 예측된 관측치 중에 실제 positive인 관측치의 비율이 중요하다면 Prec 값을 살펴봐야 하고, 모델의 성능을 개선할 때도 이 값을 잘 확인해야 합니다.

재현율을 의미하는 Recall은 실제 positive인 관측치 가운데 positive로 예측된 관측치의 비율로, 다음 수식으로 표현할 수 있습니다.

$$Recall = \frac{TP}{TP+FN}$$

Recall 값이 높다는 것은 실제 positive인 관측치 중에 positive로 예측된 관측치의 비율이 높다는 것을 의미합니다. 예를 들어 실제 병에 걸린 사람(*TP+FN*) 가운데 병을 진단받은 사람 (*TP*)의 비율이 높아야 치료 시기를 놓치는 불행을 줄일 수 있을 것입니다. 만약 실제 병에 걸렸는데 병에 걸리지 않았다고 진단받는다면 골든 타임을 놓치는 최악의 상황이 발생할 수도 있습니다. 분류분석의 특성으로 볼 때 실제 positive인 관측치가 positive로 제대로 예측되는 것이 중요한 경우라면 Recall 값을 살펴봐야 하고 모델을 개선할 때도 이 값을 잘 확인해야 합니다. 좋은 모델을 만들기 위해서는 Prec와 Recall 모두 고려해야 하기 때문에 두 수치의 조화평균인 F1–*score*를 많이 사용합니다.

$$F1 - score = 2 \times \frac{Precision \times Recall}{Precision + Recall}$$

다시 177쪽으로 돌아가서 모델명 오른쪽에 있는 AUC는 분석 정확도를 시각적으로 나타내기 위해 사용하는 ROC 곡선^{Receiver Operating Characteristic Curve}의 아랫 부분 면적으로, 분류 모델의 성능을 확률로 나타냅니다.

💡 AUC는 Area Under the Curve의 줄임말입니다.

지금까지 분류 모델의 성능을 평가하는 데 유용한 CA, Prec, Recall, F1, AUC 지표를 알아봤습니다. CA, Prec, Recall, F1은 0~1사이의 값을, 그리고 AUC는 일반적인 경우 0.5~1 사이의 값을 가지는데, 모두 1에 가까울수록 좋은 성능을 보이는 모델입니다. 평가 지표 하나로만 모델을 판단하면 놓치는 부분이 발생할 수 있으므로, 분석의 목적이나 데이터의 특징에 따라 여러 지표의 수치를 조합해서 정확하게 판단하는 것이 바람직합니다.

이제 다시 [Test and Score] 위젯의 Evaluation results for target에서 모델의 성능을 확인해 보겠습니다. 모델을 1개만 이용하는 의사 결정 나무보다는 여러 개를 함께 사용하는 앙상블 계열인 랜덤 포레스트나 그래디언트 부스팅의 성능이 더 좋은 편이며, 실습에서도 역시 랜덤 포레스트가 전반적으로 더 좋은 성능을 보였습니다.

Model	AUC	CA	F1	Prec	Recall
Gradient Boosting	0.834	0.854	0.835	0.845	0.854
Random Forest	0.842	0.859	0.844	0.850	0.859
Tree	0.737	0.851	0.834	0.840	0.851

실제 데이터 분석 업무나 캐글 등의 공모전에서 좋은 결과를 얻기 위해서는 단일 모델보다는 여러 모델을 합친 앙상블 계열의 모델을 많이 사용합니다. 여러 가지 모델을 자유자재로 사용하려면 머신러닝 이론을 깊이 있게 학습하는 것이 좋습니다.

08-4 | kNN

kNN이 뭔가요?

지금까지는 의사 결정 나무에 기반한 분류분석이었다면, 이제부터는 데이터 간의 거리를 활용해서 데이터를 분류하겠습니다. kNN은 k-nearest neighbors의 줄임말로 k-최근접 이웃을 뜻합니다. 어떤 방식인지 자세히 알아보겠습니다.

kNN 이해하기

kNN은 k개의 가장 근접한 이웃 데이터 관측치를 기준으로 새로운 데이터를 분류하는 방식입니다. 거리가 가까울수록 서로 유사한 특성을 가지고 있을 가능성이 높고, 멀수록 그렇지 않을 가능성이 높습니다. 따라서 데이터 관측치 간의 거리가 가까울수록 유사도가 높고, 거리가 멀수록 유사도가 낮다고 판단합니다.

이해하기 쉽도록 가상의 데이터로 예를 들어 보겠습니다. 오렌지, 당근, 수박을 색깔과 모양을 기준으로 다음과 같이 평면에 표시합니다. 물음표로 표시한 새로운 데이터가 들어오면 주변의 가장 가까운 k개의 관측치를 참고해서 가장 많은 비율을 차지하는 범줏값과 동일한 범주로 분류합니다.

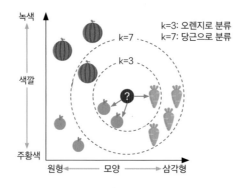

그림을 보면 우리가 분류하고 싶은 데이터인 물음표를 기준으로 k가 3일 때는 오렌지 2개와 당근 1개가 가장 근접해 있으므로 다수의 범줏값인 오렌지로 분류합니다. 반면 k가 7일 때는 당근 4개, 오렌지 2개, 수박 1개가 가장 근접해 있으므로 가장 다수의 범줏값인 당근으로 분류합니다. 이것이 바로 kNN이 작동하는 방식입니다.

앞서 배운 모델들이 학습용 데이터로 학습한 모델에 새로운 데이터를 입력해서 예측 또는 분류를 진행했다면, kNN은 새로운 값이 입력될 때마다 전체 데이터를 활용해 거리를 계산해서 분류하는 방식을 사용합니다. 그래서 kNN은 모델이라고 하기보다 문제를 해결하는 절차인 알고리즘으로 표현하기도 합니다.

데이터의 거리를 예시와 같이 2차원 평면에 표시해 눈으로 거리를 짐작할 수도 있지만, 실제 우리가 다루는 데이터는 변수가 많을 가능성이 높아 평면에 표시하기가 어렵습니다. 그러므로 거리distance를 구하는 방식을 별도로 설정해 줘야 합니다.

거리 이해하기

[kNN] 위젯에서 제공하는 거리 계산 방식에는 유클리디안Euclidean, 맨해튼Manhattan, 체비쇼프Chebyshev, 마할라노비스Mahalanobis 4가지가 있습니다. 이 중 이해하기 쉽고 많이 사용하는 유클리디안과 맨해튼 방식을 살펴보겠습니다.

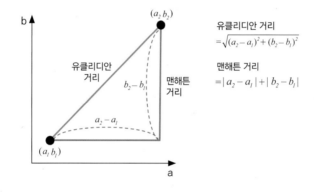

유클리디안 거리 방식은 두 지점의 최단 거리인 직선 거리를 구할 때 널리 사용합니다. 맨해튼 거리는 미국 뉴욕 맨해튼 지역의 높은 건물과 잘 정리된 거리를 상상해 보면 의미를 알 수 있습니다. 맨해튼에서 차로 이동할 때는 직각 형태로 된 건물과 도로 사이사이를 지나고 모퉁이를 돌아야 목적지에 도착할 수 있는 것처럼 직각 형태 경로의 거리를 구할 때 사용합니다.

kNN에서 어떤 거리 측정 방식을 사용할지는 데이터의 특성이나 계산 효율성 등을 고려해야 합니다. 가장 좋은 방법은 가능한 한 다양한 방식을 테스트해 보고 성능이 가장 좋은 방식을 선택하는 것입니다.

? 질문 있어요	거리를 계산할 때 변수의 측정 단위가 다르면 어떻게 하나요?

분류분석에서 거리를 활용할 때 변수의 측정 단위나 범위가 다르면 거리 계산에 영향을 줄 수 있습니다. 예를 들어 은행 고객의 이탈 여부를 거리에 기반해서 분류할 때 고객의 은행 이용 기간은 0~10년, 예상 소득은 0~200,000달러로 측정되었다고 가정해 보겠습니다. 이 두 변수로 거리를 계산해 보면 은행 이용 기간보다 예상 소득의 값이 훨씬 커서 거리를 계산할 때 더 큰 영향을 미칩니다. 이때는 측정 전에 먼저 스케일링을 진행하는 것이 바람직합니다. 스케일링 방법은 187쪽에서 자세히 알아보겠습니다.

Do it! 실습) 오렌지와 자몽 분류분석하기

오렌지와 자몽은 모양과 색깔이 거의 비슷해서 얼핏 보면 구분하기 쉽지 않습니다. kNN을 활용하면 잘 구분할 수 있을까요? 오렌지와 자몽의 지름, 높이 데이터를 활용해서 실습을 진행해 보겠습니다.

❶ 분석 개요

전체 분석 과정을 워크플로를 이용해서 살펴보겠습니다. [File] 위젯에 실습 파일을 불러온 후 [Select Columns] 위젯으로 분석할 때 사용할 diameter, weight, name 칼럼만 남겨 놓습니다. 여기에 [Data Table] 위젯과 [Feature Statistics] 위젯을 연결하여 데이터를 파악하고 전처리할 요소가 있는지 살펴봅니다.

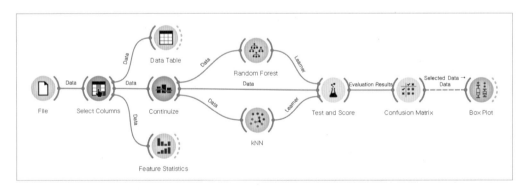

kNN은 거리를 활용하므로 전처리 단계에서 변수 간의 범위를 동일하게 조정해 주는 스케일링을 진행해야 합니다. [Continuize] 위젯으로 스케일링을 완료한 뒤 [Random Forest] 위젯과 [kNN] 위젯을 연결하여 각각 옵션을 설정한 다음, 전처리를 완료한 데이터가 담긴 [Continuize] 위젯과 함께 [Test and Score] 위젯으로 연결해서 데이터 분할과 모델의 성능 평가를 동시에 진행합니다. 추가로 분석 결과를 쉽게 이해하기 위해 분류 결과를 요약해서 혼동행렬로 보여 주는 [Confusion Matrix] 위젯을 확인하고, 잘못 분류된 값은 원인을 파악하기 위해 [Box Plot] 위젯을 연결해서 탐색해 보겠습니다.

❷ 데이터 수집 및 확인

실습에는 캐글에서 제공하는 'Oranges vs. Grapefruit' 데이터를 사용합니다. 여기에는 자몽과 오렌지의 지름, 무게, 과일의 껍질을 스캔하여 얻은 RGB(Red,Green,Blue) 값이 담겨 있습니다.

- **실습 데이터 내려받기:** https://www.kaggle.com/datasets/joshmcadams/oranges-vs-grapefruit
- **실습 데이터:** 오렌지3_실습파일/8장. 분류분석/08-4. kNN.csv

수집한 데이터의 각 칼럼과 역할 및 세부 정보는 다음과 같습니다. 2차원 데이터를 활용하기 위해 RGB 스캔값인 red, green, blue 칼럼은 제외하고 지름인 diameter와 무게인 weight로 해당 과일이 오렌지인지 자몽인지 분류해 보겠습니다.

역할	칼럼명	칼럼 유형	칼럼 정보
타깃(y)	name	Categorical	과일명(오렌지, 자몽)
피처(x)	diameter	Numeric	과일의 지름(cm)
	weight	Numeric	과일의 무게(g)
	red	Numeric	RGB 스캔값 중 빨간색의 평균값(0~255)
	green	Numeric	RGB 스캔값 중 초록색의 평균값(0~255)
	blue	Numeric	RGB 스캔값 중 파란색의 평균값(0~255)

❸ 데이터 전처리

[File] 위젯에 실습 데이터를 불러온 후 [Select Columns] 위젯을 연결하고 더블클릭해 설정

창을 엽니다. 분석에서 제외할 red, blue, green 칼럼은 Ignored 칸으로 드래그해서 옮깁니다. 그리고 우리가 분류할 타깃(y)인 name(과일명)은 Target 칸으로, 피처(x)로 사용할 diameter, weight는 Features 칸으로 옮기고 창을 닫습니다.

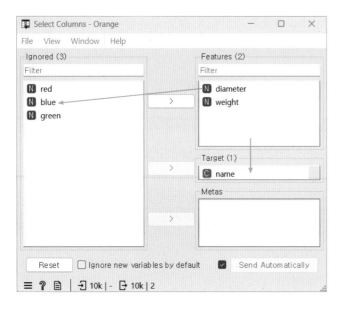

[Select Columns] 위젯에 [Data Table] 위젯을 연결하고 더블클릭해 위젯 창을 엽니다. Info를 확인해 보면 데이터는 10,000개의 행과 2개의 피처를 포함하고 있습니다. 그리고 타깃 칼럼은 범줏값이 orange와 grapefruit 2개라는 것을 확인할 수 있습니다.

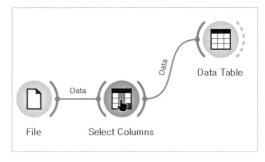

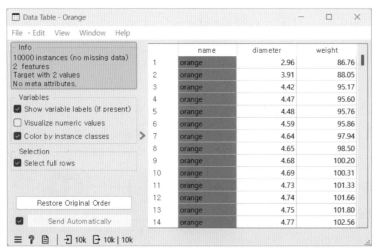

[Select Columns] 위젯에 [Feature Statistics] 위젯을 연결해서 피처의 특징을 살펴보겠습니다. 지름인 diameter는 센티미터^{cm} 단위이고 무게인 weight는 그램^g 단위로 측정되어 단위가 다르고 최솟값과 최댓값 범위에 차이가 있습니다. 이럴 경우 kNN에서 거리를 측정할 때 칼럼에 따라 영향력의 차이가 발생하므로 범위를 맞춰 주기 위해 스케일링을 적용하겠습니다.

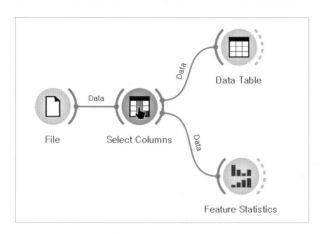

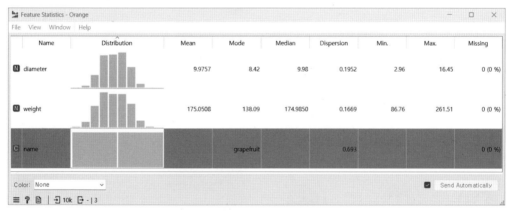

스케일링은 숫자형 칼럼의 크기를 특정한 기준이나 범위로 조정해 주는 작업으로 표준화 standardization와 min-max 정규화$^{min-max\ normalization}$가 대표적이며, 이상치나 특이값이 있는 경우에는 전처리 과정을 통해 보완한 후 스케일링을 적용하는 것이 바람직합니다.

먼저 표준화는 대상 칼럼의 평균을 0, 표준편차를 1로 변환하는 방식으로 수식은 다음과 같습니다. 변환할 칼럼 x의 각 관측치 x_i에서 해당 칼럼의 평균값을 뺀 후 해당 칼럼의 표준편차로 나눠 주면 평균이 0이고 표준편차가 1인 칼럼으로 변환됩니다.

$$new\ x_i = \frac{x_i - mean(x)}{sd(x)}$$

다른 방식은 min-max 정규화입니다. 대상 칼럼의 값을 0~1 사이로 변환하는 방식입니다. 수식은 다음과 같습니다. 변환할 변수 x의 각 관측치 x_i에서 해당 변수의 최솟값을 뺀 후 해당 변수의 최댓값과 최솟값의 차이로 나눠 주면 0~1 사이의 값을 가지는 변수로 변환됩니다.

$$new\ x_i = \frac{x_i - min(x)}{max(x) - min(x)}$$

스케일링 작업을 진행하기 위해 데이터를 담고 있는 [Select Columns] 위젯 뒤로 Transform 카테고리의 [Continuize] 위젯을 연결합니다. 더블클릭하면 나타나는 설정 창에서 ❶ Numeric Variables를 보면 숫자형 칼럼이 정렬되어 있습니다.

세 번째 선택 사항인 Standardize to $\mu = 0$, $\sigma^2 = 1$이 표준화 방식이고, 일곱 번째의 Normalize to interval [0, 1]은 0에서 1 사이의 값으로 변환해 주는 min-max 정규화 방식입니다. 여기서는 왼쪽 칼럼 목록에서 diameter와 weight에 각각 Normalize to interval [0, 1]을 선택해서 0~1 사이의 값으로 변환하겠습니다.

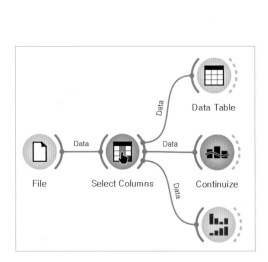

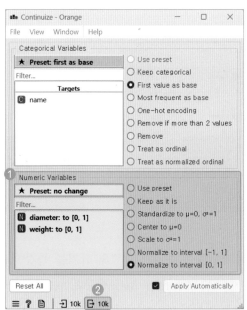

설정 창 맨 아래에 위젯 밖으로 향하는 화살표와 함께 10k라고 써 있는 부분은 해당 위젯에서 데이터가 10,000개 출력된다는 것을 의미합니다. ❷ 10k 부분을 클릭하면 [Data Table] 위젯을 별도로 추가하지 않아도 작업 결과를 간단히 조회할 수 있습니다. 결과를 보면 diameter와 weight 변수 모두 0~1 사이의 값으로 변환된 것을 확인할 수 있습니다.

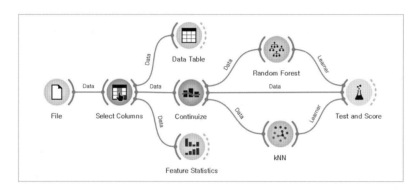

Data: 08-4. KNN(오렌지와 자몽 분류): 10000 instances, 3 variables
Features: 2 numeric (no missing values)
Target: categorical

	name	diameter	weight
1	orange	0	0
2	orange	0.0704225	0.00738197
3	orange	0.108228	0.0481259
4	orange	0.111935	0.0505866
5	orange	0.112676	0.0515021

❹ 데이터 분석

트리 계열 모델과 비교해 보기 위해 Model 카테고리에서 [Random Forest] 위젯과 [kNN]
위젯을 가져오고, 데이터 입력을 위해 두 모델의 앞부분은 [Continuize] 위젯과 연결합니다.
그리고 3개의 위젯 모두 Evaluate 카테고리의 [Test and Score] 위젯에 연결하면 분석을 위
한 준비가 완료됩니다.

[Random Forest] 위젯을 더블클릭한 뒤 설정 창
의 Basic Properties에서 나무의 개수를 설정하
는 ❶ Number of trees는 10으로 입력합니다. 그
리고 Growth Control에서 ❷ Limit depth of
individual trees와 Do not split subsets smaller
than 모두 20으로 설정합니다. 이렇게 하면 나무가
과도하게 성장해서 생기는 과적합을 방지할 수 있습
니다.

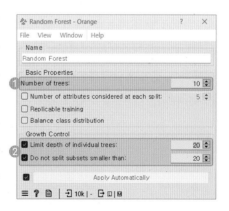

💡 Limit depth of individual trees는 개별 나무들의 깊이를 제한하고,
Do not split subsets smaller than은 부모 마디의 인스턴스(행) 개수가
옵션으로 설정한 값 미만이면 더 이상 분할하지 않고 멈추도록 합니다.

이어서 [kNN] 위젯을 더블클릭하여 설정 창을 엽니다.

❶ Neighbors의 Number of neighbors에서 데이터를 분류할 때 고려할 이웃 데이터 관측치 개수 k를 설정할 수 있습니다. 만약 k를 짝수로 설정하면 다수 범줏값이 절반씩 동일하게 집계될 경우 특정 범주로 분류하기 어려울 수 있습니다. 예를 들어 k=4로 했는데 가장 가까운 품종이 당근 2개, 오렌지 2개이면 특정 품종으로 분류하기 곤란해지는 것입니다. 그러므로 일반적으로 k는 대부분 3, 5, 7처럼 홀수를 사용합니다.

❷ Metric은 거리를 계산하는 방식으로, 기본값인 Euclidean(유클리디안)을 선택합니다. ❸ Weight는 가까운 데이터의 범주에 가중치를 주는 옵션입니다. 예를 들어 k=7일 때 가장 가까운 3개가 오렌지이고 나머지 4개가 수박인 경우 수박으로 분류하는 게 맞지만, 더 가까이 있어 유사도가 높은 오렌지에 가중치를 둬서 더 유사한 범줏값을 고려할 수 있도록 할 때 사용합니다. 여기에는 k개의 이웃에게 동일한 가중치를 적용하는 Uniform 방식과 거리가 가까울수록 큰 가중치를 부여하는 By Distance 방식이 있는데, 이번 분석에서는 기본 옵션인 Uniform으로 설정하겠습니다.

❺ 결과 해석

결과 해석을 위해 [Test and Score] 위젯의 설정 창을 열어 ❶ Cross validation에서 Number of folds의 값을 5로 설정하여 5-Fold로 교차검증을 진행합니다. 오른쪽에 있는 ❷ Evaluation results for target에서 모델의 성능을 비교해 볼 수 있는데, 단순히 CA(분류 정확도)만 놓고 봤을 때 kNN은 0.995이고 랜덤 포레스트가 0.989이므로 kNN이 더 좋은 성능을 보입니다. 다른 지표들 역시 kNN의 성능이 더 우수하다는 것을 확인할 수 있으므로 kNN을 선택하는 것이 바람직해 보입니다. 단, 이번 실습에 사용한 데이터는 칼럼이 2개만 있는 단순한 데이터이기 때문에 이렇게 높은 성능을 보인다는 것을 고려하시기 바랍니다.

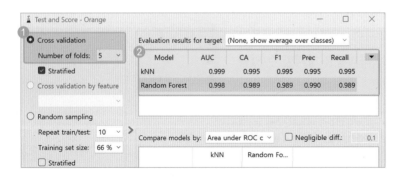

그럼 이제 kNN이 잘못 분류한 데이터의 특징을 살펴보겠습니다. Evaluate 카테고리의 [Confusion Matrix] 위젯을 [Test and Socre] 위젯에 연결하고, 여기에 다시 Visualize 카테고리의 [Box Plot] 위젯을 연결합니다.

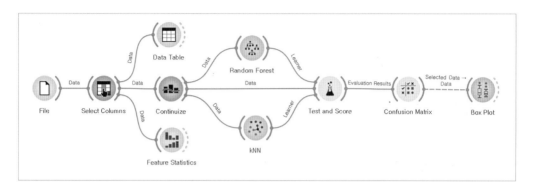

[Confusion Matrix] 위젯을 더블클릭하면 오렌지와 자몽이 각각 5,000개씩이고, 실제 자몽인데 오렌지로 예측한 경우는 5건, 실제 오렌지인데 자몽으로 예측한 관측치가 46건으로 확인됩니다. 실제값인 Actual이 orange인 경우를 선택하기 위해 ❶ orange 부분을 클릭하고 다음 위젯인 [Box Plot] 위젯을 더블클릭하면 선택한 부분에 해당하는 데이터만 [Box Plot] 위젯에서 확인할 수 있습니다. 만약 [Box Plot] 위젯에서 선택한 데이터가 아닌 전체 데이터가 보인다면 [Confusion Matrix] 위젯과 [Box Plot] 위젯의 연결선이 Selected Data → Data로 잘 연결되었는지 확인하기 바랍니다.

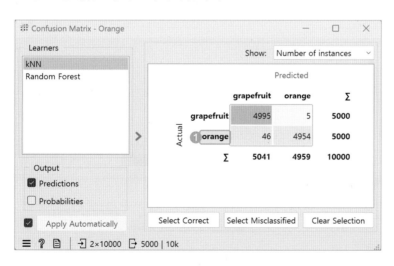

[Box Plot] 위젯의 ❶ Variable에서는 비교할 값인 diameter와 weight를 차례대로 확인할 것입니다. 그리고 바로 아래 ❷ Subgroups에서 비교 기준으로 kNN의 예측값 칼럼인 name(kNN)을 선택합니다. 그럼 오렌지 데이터 5,000개 중에서 kNN이 오렌지로 분류한 관측치와 자몽으로 분류한 관측치 두 그룹으로 나눠서 박스 플롯을 확인할 수 있습니다. kNN이 오렌지를 자몽으로 잘못 분류한 케이스의 특징을 살펴보면, 오렌지를 오렌지로 정상 분류한 경우보다 지름이 더 크고 무게가 더 많이 나가기 때문인 것으로 추정할 수 있습니다.

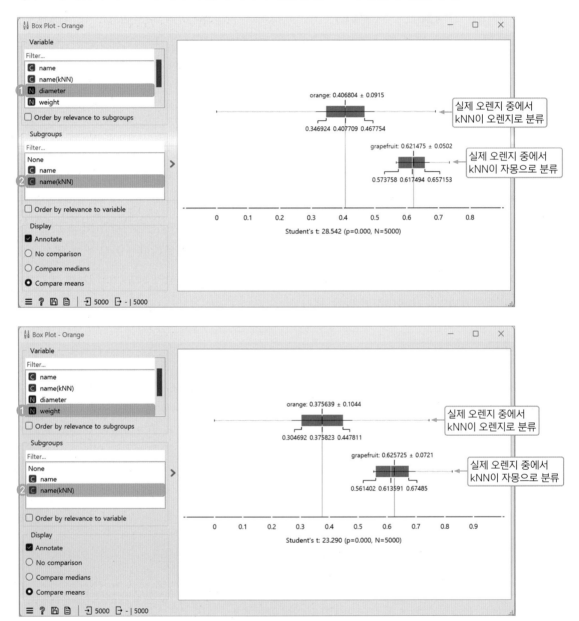

지금까지 거리에 기반한 분류분석 방법인 kNN까지 모두 알아봤습니다. kNN이 작동하는 원리는 직관적이고 간단하지만 데이터의 양이 많아질 경우 수행 시간이나 성능에 영향을 미칠 수 있기 때문에 분석 데이터에 특징에 맞는 분류분석 방법을 선택하시기 바랍니다. 다음 장에서는 데이터 안의 특징을 활용해 새로운 정보를 제공해 주는 비지도 학습을 배워 보겠습니다.

✅ 퀴즈로 복습하자!

1. [의   ]는 데이터에서 찾아낸 분류 규칙을 이용해 데이터를 나무가 성장하는 형태로 분류해 나가는 방법입니다.

2. 여러 그루의 의사 결정 나무를 모아서 더욱 안정적인 분류 결과를 도출하는 방법을 [랜   ]라고 합니다.

3. 분류 모델의 성능을 평가하려면 분류 결과를 [혼   ]로 정리한 다음 이를 바탕으로 CA, Recall, Prec, F1-score 등을 계산하여 해석합니다.

정답: 1. 의사 결정 나무 2. 랜덤 포레스트 3. 혼동행렬

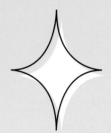

09장

군집분석하기

07~08장이 특징으로 모델을 학습시켜 정답을 예측하는 지도 학습이었다면, 이번에 배울 군집분석은 대표적인 비지도 학습입니다. 비지도 학습이란 정답을 예측하는 것이 아니라 데이터 안의 숨겨진 패턴을 파악해 비슷한 관측치를 그룹으로 묶어서 보여 주는 분석 방법입니다. 군집분석에는 데이터를 단계적으로 군집화해 나가는 계층적 군집분석과 거리에 기반해서 군집화하는 k-means 군집분석이 있습니다.

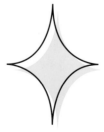

09-1 | 군집분석 시작하기

군집분석이 뭔가요?

군집분석clustering이란 데이터 속에 숨어 있는 패턴을 파악해서 유사한 관측치끼리 군집을 형성하고 그 군집의 특성을 이해하는 분석 방법을 의미합니다. 지금부터 군집분석이 무엇인지, 어떤 종류가 있는지 알아보겠습니다.

군집분석 이해하기

군집분석은 비지도 학습의 가장 대표적인 방법으로, 전체 데이터를 유사한 특징을 가지는 군집으로 나누고 그 특성을 해석하는 분석입니다. 군집 결과를 직접 해석해야 하기 때문에 데이터에 대한 이해와 관련 도메인 지식이 큰 도움이 됩니다.

같은 군집에 속한 데이터 관측치 간의 유사도는 최대화하고, 서로 다른 군집 간의 유사도는 최소화하는 방식으로 진행합니다. 다음과 같이 수박, 오렌지, 당근의 특징을 색깔과 모양으로 비교하면 수박은 녹색의 원형, 오렌지는 주황색의 원형, 그리고 당근은 주황색의 역삼각형이라는 유사한 특징을 찾아낼 수 있습니다. 이 세 종류의 군집을 만들고 각 군집끼리 비교해 보면 군집 내에서는 서로 유사하지만 각 군집 간에는 유사도가 낮은 것을 확인할 수 있습니다.

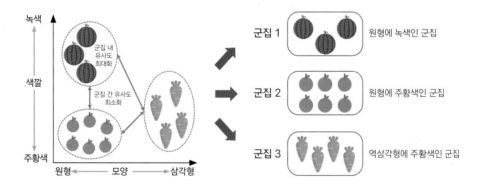

그런데 동일한 군집에 속한 데이터 관측치가 유사하다는 것을 어떻게 알 수 있을까요? 바로 거리 개념을 이용하면 됩니다. kNN에서 살펴봤듯이 관측치 간에 거리가 가까울수록 유사도가 높고, 반대로 거리가 멀수록 유사도가 낮다고 볼 수 있습니다.

08-4에서 배운 kNN 방식은 거리를 기반으로 범주를 분류한 후 잘 분류했는지 정확도를 확인하는 지도 학습 방식이었습니다. 그러나 군집분석은 칼럼 역할을 피처나 타깃으로 구분해서 정답을 맞히는 것이 아니라, 전체 데이터를 대상으로 패턴을 확인해서 유사한 관측치끼리 군집을 만들어 주는 비지도 학습 방식이라는 차이점이 있습니다.

새로운 값을 예측하거나 분류하는 것도 아닌데 왜 데이터를 굳이 여러 군집으로 나누는 분석이 필요할까요? 그 이유는 바로 대상을 세분화할 수 있기 때문입니다. 예를 들어 고객이 상품을 구매할 때는 전체 중에 가장 많이 판매되는 상품을 추천할 수도 있지만, 고객이 관심 있어 하는 분야의 상품을 구분해서 추천하면 고객의 만족도를 향상시켜 매출을 끌어올릴 수도 있습니다.

다음 그림을 봅시다. 온라인 쇼핑몰 고객이 남긴 구매 데이터를 활용하면 식료품을 주로 구매하는 고객, 생활용품을 주로 구매하는 고객, 아기 용품을 주로 구매하는 고객 등으로 유사한 고객을 군집화하여 맞춤형 서비스를 제공할 수 있습니다.

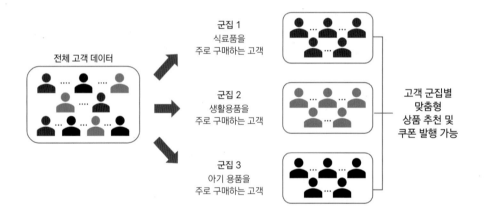

군집분석의 종류

군집분석의 대표적인 방법으로는 계층적 군집분석과 k-means 군집분석이 있습니다. 두 방법 모두 거리를 활용해 군집을 형성한다는 공통점이 있지만, 군집을 이루는 방식에서 차이가 있습니다.

계층적 군집분석은 데이터를 유사한 것끼리 점차 묶어 가는 방식으로 진행합니다. 처음에는 각데이터 관측치를 하나의 개별적인 군집으로 간주합니다. 예를 들어 데이터에 관측치가 총 30개 있다면 첫 단계에서는 관측치가 1개인 30개의 군집으로 시작해 각 군집 간의 거리를 계산하여 가장 가까운 두 군집을 합치는 과정을 반복합니다. 전체 군집이 하나로 합쳐질 때까지 이 과정을 반복하여 군집 간의 거리 정보를 행렬 형태로 만들고, 그 결과를 활용해서 트리 형태의 덴드로그램dendrogram을 그린 후 몇 개의 군집으로 나눌 것인지를 결정합니다.

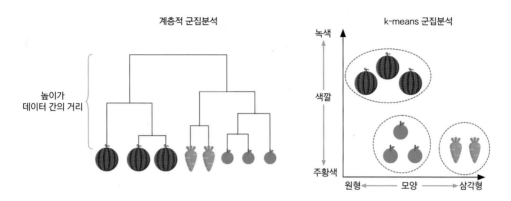

k-means 군집분석은 전체 데이터를 나눌 군집의 수 k개를 미리 정한 후 군집화를 진행합니다. 그리고 k개의 군집 중심점을 임의로 찍은 후 각 관측치를 가장 가까운 중심점의 군집으로 할당합니다. 할당된 군집을 기준으로 다시 중심점을 계산한 뒤 각 관측치를 가장 가까운 중심점의 군집으로 재할당하는 과정을 반복합니다. 군집의 중심점이 더 이상 이동하지 않거나 군집 내 관측치들이 더 이상 변하지 않으면 최종 군집을 확정합니다. 이어서 실제 데이터로 계층적 군집분석과 k-means 군집분석을 실습하면서 이해해 보도록 하겠습니다.

09-2 | 계층적 군집분석

계층적 군집분석이 뭔가요?

계층적 군집분석hierarchy clustering이란 유사한 관측치끼리 데이터를 점차 묶어 가는 방식입니다. 유사한 관측치를 찾아내고 이를 점차 묶어 가는 방법에 대해 자세히 알아보겠습니다.

계층적 군집분석 이해하기

계층적 군집분석은 각 데이터 관측치를 하나의 개별된 군집으로 설정하고 시작합니다. 관측치가 총 30개인 데이터로 군집분석을 진행한다면 첫 단계는 관측치가 1개인 30개의 군집으로 시작하는 것입니다. 30개 군집 간의 거리를 모두 계산하는 데는 최단 거리, 최장 거리, 평균 거리 등의 다양한 방법을 사용할 수 있습니다.

이렇게 계산한 결과를 바탕으로 가장 가까운 거리에 있는 두 군집을 하나로 합칩니다. 예를 들어 군집 A와 군집 B가 가장 가까우면 이 두 군집을 합쳐 새로운 군집 AB를 형성합니다. 그럼 군집의 총 개수는 29개가 되고, 최종 군집이 하나로 합쳐질 때까지 이 과정을 반복합니다. 이렇게 만든 전체 거리 정보를 행렬 형태로 만들고, 그 결과를 시각화한 트리 형태의 덴드로그램을 그린 후 몇 개의 군집으로 나눌 것인지를 시각적으로 판단합니다.

군집 수를 결정할 때는 덴드로그램을 활용하는데, 군집 간의 거리이자 유사도를 나타내는 가지의 길이를 보면서 가장 적절해 보이는 기준으로 군집을 나눌 수 있습니다. 왼쪽 그림에서는 2개의 군집으로 결정하여 수박이 하나의 군집이 되고, 주황색이라는 유사성이 있는 당근과 오렌지가 또 하나의 군집으로 만들어졌습니다. 오른쪽 그림에서는 더 낮은 높이에서 군집의 개수를 결정하여 보다 세분화한 결과를 얻을 수 있습니다. 당근과 오렌지가 모양을 기준으로 한 번 더 군집화되면서 군집 내부적으로는 유사성이 높아지고 군집 간에는 차이가 더 뚜렷해진 것을 확인할 수 있습니다.

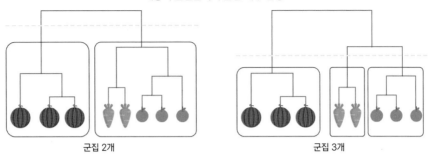

계층적 군집분석의 군집 개수 설정

군집 2개   군집 3개

계층적 군집분석은 복잡한 데이터 구조를 보기 쉽게 시각화할 수 있고, 정보가 없는 상태에서 군집 개수를 결정하지 않아도 되는 장점이 있습니다. 다만 모든 군집의 거리를 계산해야 하므로 관측치가 많을수록 계산 시간과 메모리 사용량이 급격히 증가합니다. 또한 계층 구조의 특성이 존재하지 않거나 이상치가 포함된 데이터에서는 이해하기 어려운 결과가 도출될 수 있습니다. 그러므로 계층적 군집분석을 적용하기 위해서는 데이터의 특성을 사전에 파악해야 합니다.

여기에서 중요한 것은, 군집분석은 군집을 나누기만 하는 것이 아니라 형성된 군집을 분석하여 각 군집이 어떤 특성이 있는지 이해하고 결과를 해석해야 한다는 것입니다. 이제부터 실제 데이터를 활용해서 계층적 군집분석을 실습해 보겠습니다.

Do it! 실습 **카페 음료의 영양 정보를 활용해 군집분석하기**

카페에서는 커피, 에이드, 차 등 다양한 음료를 판매합니다. 다른 사람에게 음료를 추천하거나 새로운 메뉴를 선택할 때 비슷한 종류를 알면 도움이 될 것입니다. 그럼 지금부터 음료의 영양 정보인 칼로리, 당류, 카페인 등을 활용해서 특성이 비슷한 음료의 군집을 알아보겠습니다.

❶ 분석 개요

전체 분석 과정을 워크플로를 이용해서 살펴보겠습니다. [File] 위젯으로 실습 파일을 불러온 후 [Data Table] 위젯으로 데이터 유형과 결측치 여부 등을 확인합니다.

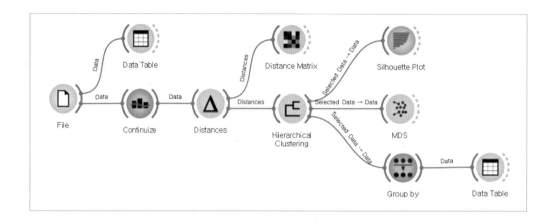

계층적 군집분석은 거리를 활용하므로 [Continuize] 위젯을 사용해 전처리 단계에서 변수 간의 범위를 동일하게 조정합니다. 그리고 스케일링을 완료한 데이터에 [Distances] 위젯을 연결해서 데이터 관측치 간의 거리 정보를 담은 거리 행렬을 계산한 후 계층적 군집분석을 수행하는 [Hierarchical Clustering] 위젯을 연결해서 덴드로그램을 만들고 살펴보겠습니다.

결과는 3가지 방법으로 확인합니다. 먼저 군집분석이 잘 되었는지 보기 위해 [Silhouette Plot] 위젯을 확인하고, 이어서 군집분석의 결과를 2차원으로 표현해 주는 [MDS] 위젯으로 시각화를 진행하겠습니다. 마지막으로 [Group by] 위젯으로 군집별 통계적 특성을 비교해 보겠습니다.

❷ 데이터 수집 및 확인
이번 실습에서는 카페에서 판매하는 음료의 영양 정보를 포함한 데이터를 사용하겠습니다.

> • **실습 데이터**: 오렌지3_실습파일/9장. 군집분석/09-2. 계층적 군집분석.csv

수집한 데이터의 각 칼럼별 역할 및 세부 정보는 다음과 같습니다. 음료마다 칼로리, 당류, 단백질, 나트륨, 포화 지방, 카페인 정보가 들어 있습니다.

역할	칼럼명	칼럼 유형	칼럼 정보
역할 구분 없음	메뉴	Text	음료명
	칼로리(kcal)	Numeric	해당 음료 1잔의 칼로리(kcal)
	당류(g)	Numeric	해당 음료 1잔에 포함된 당류(g)
	단백질(g)	Numeric	해당 음료 1잔에 포함된 단백질(g)
	나트륨(mg)	Numeric	해당 음료 1잔에 포함된 나트륨(mg)
	포화지방(g)	Numeric	해당 음료 1잔에 포함된 포화 지방(g)
	카페인(mg)	Numeric	해당 음료 1잔에 포함된 카페인(mg)

먼저 [File] 실습 데이터를 불러온 후 [Data Table] 위젯을 연결해서 데이터를 확인합니다.
[Data Table] 위젯을 더블클릭한 뒤 위젯 창의 Info를 보면 관측치 100개와 피처 6개로 이루

어져 있는 것을 확인할 수 있습니다. 그리고 데이터 분
석에 사용할 수 없는 메타 정보가 하나 있는데, 바로 텍
스트값으로 입력된 메뉴 칼럼입니다. 계층적 군집분석
은 관측치 간의 거리를 활용하므로 스케일링을 해주는
것이 바람직합니다. 이어서 데이터값을 동일한 범위로
조정해 주는 스케일링부터 진행해 보겠습니다.

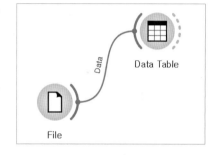

❸ 데이터 전처리

스케일링을 하기 위해 [File] 위젯에 Transform 카테고리의 [Continuize] 위젯을 연결하고 더블클릭합니다. 설정 창에서 ❶ Numeric Variables의 왼쪽에는 숫자형 칼럼이 정렬되어 있는데, 원하는 칼럼을 선택해서 스케일링 옵션을 설정하면 됩니다. 여기서는 전체 칼럼을 드래그해 선택한 후 마지막 옵션인 ❷ Normalize to interval [0, 1]을 선택해 데이터를 0~1사이의 값으로 변환하겠습니다. [Data Table] 위젯을 별도로 추가하지 않아도 설정 창 맨 아래에 ❸ 🔁 10k 부분을 클릭하면 위젯 실행 결과를 조회할 수 있습니다. 데이터가 0~1 사이의 값으로 잘 변환되었고 각 칼럼의 범위도 동일해진 것을 확인했습니다.

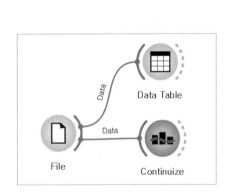

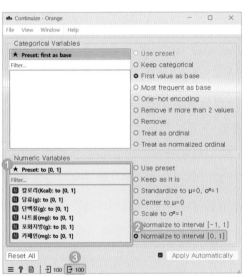

Data: 스타벅스 음료: 100 instances, 7 variables
Features: 6 numeric (no missing values)
Metas: string

	메뉴	칼로리(Kcal)	당류(g)	단백질(g)	나트륨(mg)	포화지방(g)	카페인(mg)
1	민트 블렌드 티	0	0	0	0	0	0
2	아이스 민트 ...	0	0	0	0	0	0
3	아이스 캐모마...	0	0	0	0	0	0
4	아이스 ...	0	0	0	0	0	0
5	캐모마일 블렌...	0	0	0	0	0	0
6	히비스커스 ...	0	0	0	0	0	0
7	아이스 제주 ...	0	0	0	0	0	0.0615385
8	제주 유기농 ...	0	0	0	0	0	0.0615385
9	아이스 유스베...	0	0	0	0	0	0.0769231
10	유스베리 티	0	0	0	0	0	0.0769231
11	아이스 잉글리...	0	0	0	0	0	0.153846
12	아이스 얼 그레...	0	0	0	0	0	0.192308
13	얼 그레이 티	0	0	0	0	0	0.269231

❹ 데이터 분석

앞서 살펴본 값으로 데이터 관측치 간의 거리 정보가 담긴 거리 행렬을 만들기 위해 [Continuize]
위젯에 Unsupervised 카테고리의 [Distances] 위젯을 연결하고, 여기에 다시 [Distance Matrix]
위젯을 연결합니다.

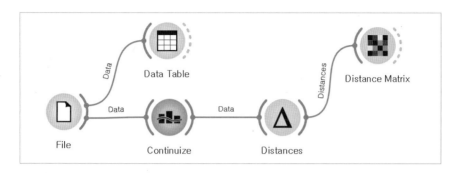

[Distances] 위젯을 더블클릭하면 Compare에서 Rows와 Columns를 선택할 수 있습니다.
우리는 관측치 간의 거리를 비교할 것이므로 ❶ Rows를 선택하겠습니다. Distance Mteric에
서는 거리를 계산하는 방식을 설정할 수 있는데, 여기서는 ❷ 기본값인 Euclidean 방식을 그
대로 사용하겠습니다.

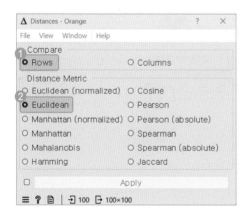

창을 닫으면 전체 데이터 간의 거리가 계산되고 거리 행렬이 만들어집니다. [Distance Matrix]
위젯을 더블클릭한 뒤 위젯 창을 보면 각 행과 열이 만나는 셀에서 두 데이터 간의 거리를 확인
할 수 있습니다. 첫 번째 행과 열이 만나는 민트 블렌드 티의 셀이 비어 있는데, 이는 같은 데이
터 관측치여서 거리를 구할 수 없기 때문입니다. 두 번째 행인 아이스 민트 블렌드 티와 첫 번째
열인 민트 블렌드 티가 만나는 셀은 음료의 온도만 다르고 영양 정보가 동일하므로 매우 유사
하여 거리가 0으로 계산된 것으로 보입니다.

Distance Matrix - Orange

	민트 블랜드 티	아이스 민트 블랜드 티	아이스 캐모마일 블랜드 티	아이스 히비스커스 블랜드 티	캐모마일 블랜드 티
민트 블랜드 티		0.000	0.000	0.000	0.000
아이스 민트 블랜드 티	0.000		0.000	0.000	0.000
아이스 캐모마일 블랜드 티	0.000	0.000		0.000	0.000
아이스 히비스커스 블랜드 티	0.000	0.000	0.000		0.000
캐모마일 블랜드 티	0.000	0.000	0.000	0.000	
히비스커스 블랜드 티	0.000	0.000	0.000	0.000	0.000
아이스 제주 유기농 녹차로 만든 티	0.062	0.062	0.062	0.062	0.062
제주 유기농 녹차로 만든 티	0.062	0.062	0.062	0.062	0.062
아이스 유스베리 티	0.077	0.077	0.077	0.077	0.077
유스베리 티	0.077	0.077	0.077	0.077	0.077
아이스 잉글리쉬 브랙퍼스트 티	0.154	0.154	0.154	0.154	0.154
아이스 얼 그레이 티	0.192	0.192	0.192	0.192	0.192
얼 그레이 티	0.269	0.269	0.269	0.269	0.269
잉글리쉬 브랙퍼스트 티	0.269	0.269	0.269	0.269	0.269
에스프레소	0.289	0.289	0.289	0.289	0.289
리저브 나이트로	0.731	0.731	0.731	0.731	0.731
리저브 콜드 브루	0.731	0.731	0.731	0.731	0.731

Labels: 메뉴   Send Automatically

100×100

이제 거리가 계산된 [Distances] 위젯에 Unsupervised 카테고리의 [Hierarchical Clustering] 위젯을 연결하여 계층적 군집분석을 수행하겠습니다. [Hierarchical Clustering] 위젯을 더블클릭하면 위젯 창에서 군집분석의 결과를 덴드로그램으로 표현해 주는데, 여러 옵션을 설정하며 다양한 결과를 확인할 수 있습니다. 하나씩 자세히 알아보겠습니다.

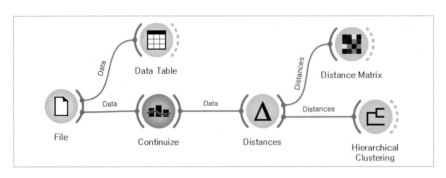

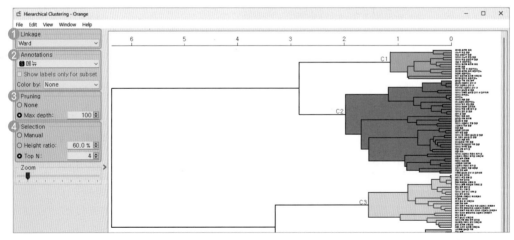

❶ Linkage는 군집 간의 거리를 계산할 때 기준을 정하는 방식으로, 오렌지3에서는 4가지 옵션을 제공합니다. 다양한 방식을 시도하면서 가장 좋은 군집 형태를 보여 주는 연결 방법을 선택하는 것이 바람직합니다. 이번 실습에서는 Ward 방식을 사용하겠습니다.

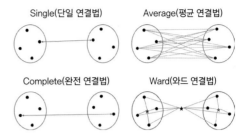

- **Single**: 단일 연결법으로, 각 군집에서 가장 가까운 데이터 관측치 간의 거리를 활용해서 군집을 형성합니다.
- **Average**: 평균 연결법으로, 모든 관측치의 거리를 구한 후 평균값을 활용해서 군집을 형성합니다.
- **Complete**: 완전 연결법으로, 각 군집에서 가장 멀리 떨어져 있는 데이터 관측치 간의 거리를 활용해서 군집을 형성합니다.
- **Ward**: 와드 연결법으로, 전체 데이터 구조를 잘 반영하면서 군집 내 정보 손실을 최소화하는 방향으로 군집을 형성합니다.

❷ Annotations는 각 데이터 관측치에 어떤 칼럼으로 주석을 표시할 것인지를 선택합니다. 가장 보기 좋은 방법은 메뉴명이지만 칼로리, 카페인 등 다른 칼럼을 선택해서 군집별로 특징을 살펴볼 수도 있습니다.

❸ Pruning은 보여지는 가지의 깊이(depth)를 선택하는 옵션으로 기본값 그대로 유지하겠습니다.

❹ Selection에서는 덴드로그램에서 군집 개수를 결정하는 방식을 다음 3가지 중 선택할 수 있습니다. 실습에서는 Top N의 값을 4로 설정해서 군집을 4개로 할당하겠습니다.

- **Manual**: 덴드로그램을 직접 클릭해서 군집을 설정합니다.
- **Height ratio**: 상단과 하단에 그어진 가로 축을 클릭해 군집의 개수를 택합니다.
- **Top N**: 가장 많이 사용하는 방식으로, 직접 군집의 개수를 입력해 군집을 설정합니다.

❺ 결과 해석

첫 번째 군집 결과를 보면 달콤하고 시원한 특징이 있는 음료로 구성되어 있습니다. 하지만 이렇게 눈으로만 봐서는 유사한 데이터끼리 군집을 잘 이루었는지 알아보기 어려우므로, 실루엣 계수를 이용해 군집이 효율적으로 할당되었는지 판단해 보겠습니다.

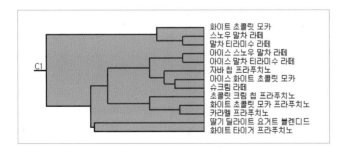

[Hierarchical Clustering] 위젯에 Model 카테고리의 [Silhouette Plot] 위젯을 연결하면 각 관측치별 실루엣 계수를 시각화한 실루엣 플롯과 각 군집별 평균 실루엣 계수도 알 수 있습니다. 실루엣 계수란 각 데이터 관측치에 대해 군집 간의 거리와 군집 내의 거리를 동시에 고려

한 척도로 −1~1사이의 값으로 표현되며, 1에 가까울수록 군집화가 잘 된 것으로 해석할 수 있습니다.

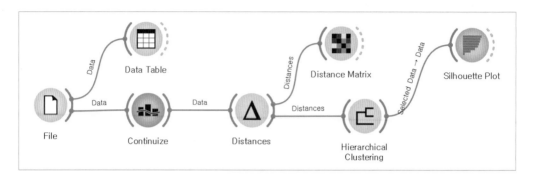

[Silhouette Plot] 위젯을 더블클릭한 후 위젯 창을 보면 Distance에서 군집 간의 거리를 계산하는 방식을 설정할 수 있습니다. 여기서는 기본값인 Euclidean을 선택합니다. 다른 옵션들은 보여지는 방식을 설정하는 것이므로 다양한 방식을 적용해 본 후 선택하면 됩니다.

실루엣 플롯을 보면 첫 번째 군집 C1부터 마지막 네 번째 군집 C4까지 군집별로 실루엣 계수가 큰 데이터 관측치부터 내림차순으로 나열되어 있습니다. 왼쪽 군집명 옆에 군집별 평균 실루엣 계숫값도 확인할 수 있는데, C4의 실루엣 계수의 평균값이 0.554로 군집화가 가장 잘 이뤄진 것으로 판단됩니다. 그리고 C2, C3의 특정 관측치의 실루엣 계수는 음수로 계산되어 막대그래프가 뒤로 빠지는 형태여서 좋은 군집화 결과로 보기 어렵습니다.

세 번째 연두색 군집 C3에 할당된 음료의 특징을 보면 당류는 높고 카페인은 낮은데, 왼쪽으로 튀어나온 스파클링 시트러스 에스프레소는 C3 군집 내 다른 음료와 비교했을 때 당류는 낮고 카페인은 높은 것을 확인할 수 있습니다. 전체 데이터를 봤을 때는 C3 군집으로 할당되었지만 군집 내 유사성이 다소 낮은 것으로 추정할 수 있으므로 실루엣 계수를 참고해서 군집을 조정해 보는 것이 바람직합니다.

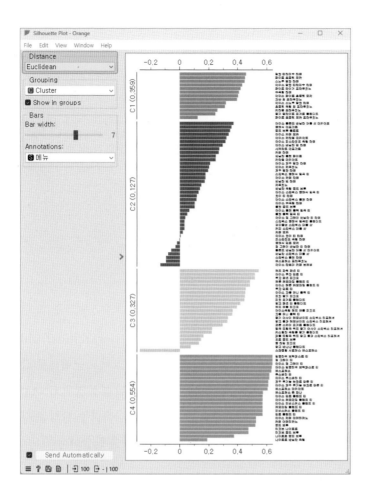

이제 군집 결과를 기준으로 데이터를 보다 직관적으로 이해할 수 있도록 시각화해 보겠습니다. [Hierarchical Clustering] 위젯에 Unsupervised 카테고리의 [MDS] 위젯을 연결하면 다차원 데이터를 2차원 평면에 시각화한 결과를 확인할 수 있습니다. [MDS] 위젯을 더블클릭하면 나오는 설정 창에서 Attributes의 Color는 군집별로 구별될 수 있도록 Cluster를 선택하고, Label은 메뉴로 설정합니다. 그럼 오른쪽 창에 마치 지도 같은 이미지가 나타나는데, 군집별로 어떤 데이터가 포함되어 있는지 그리고 데이터 간의 상대적 거리를 눈으로 확인할 수 있습니다.

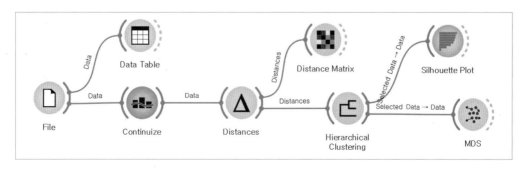

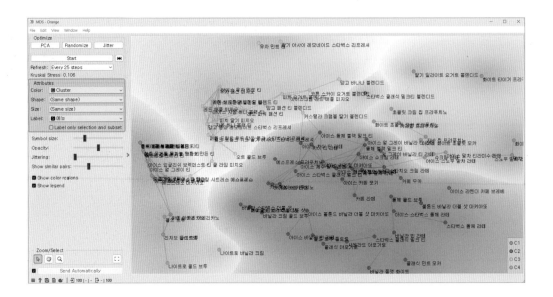

마지막으로 군집별로 통곗값을 요약해서 특징을 비교해 보겠습니다. [Hierarchical Clustering] 위젯에 Transform 카테고리의 [Group by] 위젯을 연결합니다. 그리고 군집별로 칼로리, 당류 등의 평균값을 비교해 보기 위해 [Group by] 위젯을 더블클릭한 뒤 설정 창의 Group by에서 군집 정보인 ❶ Cluster 칼럼을 선택합니다. 그리고 오른쪽 창에 나타나는 칼럼을 각각 선택한 후 Aggregations에서 평균에 해당하는 ❷ Mean을 선택하고 창을 닫습니다.

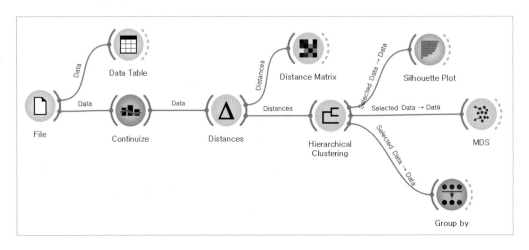

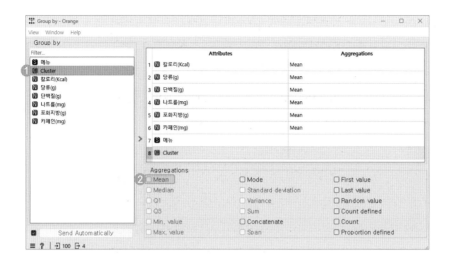

마지막으로 [Group by] 위젯에 [Data Table] 위젯을 연결한 후 더블클릭합니다.

C1 군집은 칼로리·당류·단백질·나트륨 등 대부분의 값이 높은 특성을 보입니다. 실제로 말차 티라미수 라떼, 슈크림 라떼, 자바칩 프라푸치노 등 달콤한 부재료가 포함된 프라푸치노/라떼 메뉴가 포함된 것을 확인할 수 있습니다.

C2 군집은 카페인과 단백질이 높은 특성을 보입니다. 실제로 아이스 카푸치노, 카페라떼, 카라멜 마끼아또 등 커피와 우유를 기반으로 하는 메뉴가 포함된 것을 확인할 수 있습니다.

C3 군집은 당류는 높지만 카페인이 매우 낮은 특성을 보입니다. 실제로 유자 민트 티, 쿨라임 피지오 등 달콤하고 시원한 커피 외의 메뉴가 포함된 것을 확인할 수 있습니다.

마지막으로 C4 군집은 칼로리, 당류, 단백질, 나트륨, 포화 지방 모두 가장 낮고 카페인이 높은 특성을 보입니다. 실제로 아이스 아메리카노, 에스프레소, 콜드브루 등 단맛이나 우유가 들어가지 않고 카페인이 들어간 메뉴가 포함된 것을 확인할 수 있습니다.

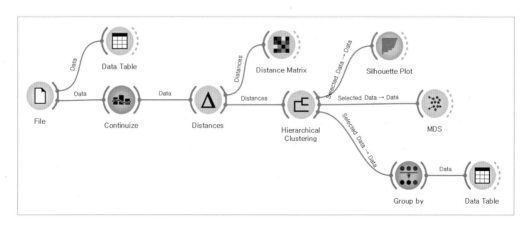

❶ Visualize numeric values를 선택하면 수치 값이 막대그래프가 표시되어 쉽게 비교할 수 있습니다.

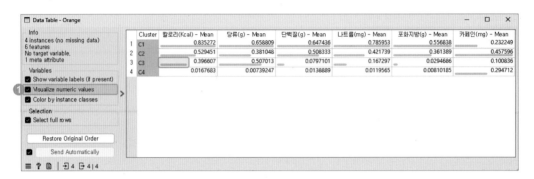

이 결과를 이용하면 고객이 평소에 마시는 음료의 특성과 비슷한 메뉴를 추천하거나 유사한 메뉴를 묶어 메뉴판을 개선하는 방법 등으로 결과를 활용할 수 있습니다. 군집분석에는 정답이 없으니 다양한 시도를 통해 적절한 군집을 만들고 도메인 지식을 바탕으로 결과를 잘 해석해서 활용하는 것이 중요합니다.

09-3 | k-means 군집분석

k-means 군집분석이 뭔가요?

비계층적 군집분석을 대표하는 k-means 군집분석은 군집의 중심점과 관측치들의 거리를 계산해서 군집을 완성해 나가는 방식입니다. 군집의 중심점은 무엇인지, 그리고 군집은 어떻게 만들어 가는지 자세히 알아보겠습니다.

k-means 이해하기

k-means 군집분석은 데이터 관측치를 사전에 정의된 k개의 군집에 할당하는 방법으로, 이 k 값을 잘 결정하는 것이 가장 중요합니다. k가 결정되면 임의의 군집 중심점 k개를 랜덤한 위치에 설정한 후, 각 중심점과 모든 데이터 관측치 사이의 거리를 계산합니다. 그리고 데이터 관측치들을 가장 가까운 중심점의 군집으로 각각 할당하는 것이 첫 번째 단계입니다.

그렇게 임의의 중심점으로 할당된 데이터 관측치로 군집마다 새로운 중심점을 계산합니다. 그리고 첫 번째 단계에서 할당한 군집 정보를 무시하고 전체 관측치를 다시 가장 가까운 중심점의 군집으로 할당합니다. 그러면 관측치가 할당된 군집이 유지되기도 하고 바뀌기도 할 텐데, 이 과정을 계속 반복해서 더 이상 변동이 없으면 군집 정보를 확정합니다.

다음 예시를 보면서 군집3개를 만드는 과정을 알아보겠습니다. ① 첫 번째로 임의의 중심점 3개를 랜덤한 위치에 별 모양으로 표시합니다. ② 두 번째로 각 데이터 관측치들을 가장 거리가 가까운 중심점의 군집에 할당합니다. ③ 마지막으로 할당된 군집별로 다시 중심점을 계산해서 위치를 재조정하고, 다시 전체 데이터 관측치와 거리를 계산하여 가장 가까운 중심점 군집으로 재할당하는 과정을 반복합니다.

실제로 ②단계에서 ③단계로 진행되면서 네모로 표시된 두 개의 데이터 관측치가 다른 군집으로 재할당된 것을 확인할 수 있습니다. 이렇게 새로운 중심점을 업데이트하고 데이터 관측치를 재할당하는 과정을 반복하다가 더 이상 군집의 할당이나 중심점의 위치가 변하지 않으면 군집이 완성되었다고 볼 수 있습니다.

| ① 전체 데이터에 임의의 중심점 k개 설정 | ② 임의의 중심점과 가장 가까운 군집으로 할당 | ③ 중심점 재계산 후 가장 가까운 군집으로 재할당 |

k-means 군집분석은 간단히 구현할 수 있지만, 사전 정보 없이 k값을 결정해야 하고 초기에 랜덤하게 정해지는 임의의 중심값 위치가 최종 결과에 영향을 줄 수도 있다는 점을 고려해야 합니다.

Do it! 실습 음식점 평점 데이터를 활용해 군집분석하기

번화가에 나가면 음식점이 정말 많습니다. 그런데 간판이나 광고성 후기만 봐서는 어디가 맛집인지 알기 힘듭니다. 따라서 맛, 청결, 인테리어, 친절도를 5점 기준으로 평가한 데이터를 활용해 주변 음식점을 비슷한 유형끼리 묶어 음식점 정보를 만들어 보겠습니다.

❶ 분석 개요

전체 분석 과정을 워크플로를 이용해서 살펴보겠습니다. [File] 위젯으로 실습 데이터를 불러온 후 [Data Table] 위젯으로 데이터 유형과 결측치 여부 등을 확인합니다.

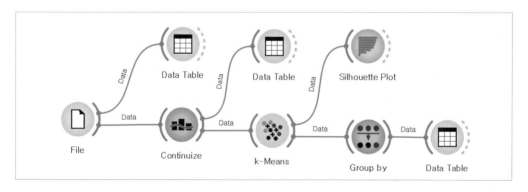

k-means 군집분석은 거리를 활용하기 때문에 [Continuize] 위젯을 사용해 전처리 단계에서 변수 간의 범위를 동일하게 조정해 주는 스케일링을 진행하겠습니다. 사실 이 데이터의 숫자

형 칼럼들은 단위와 범위가 같아서 스케일링을 별도로 하지 않아도 되지만, 스케일링 전처리 작업에 익숙해지기 위해 진행하겠습니다. 그리고 스케일링을 완료한 데이터에 [k-means] 위젯을 연결하고 다양한 옵션을 설정하여 군집 k개를 만들어 보겠습니다. 이어서 군집분석이 잘되었는지 확인하기 위해 [Silhouette Plot] 위젯을 연결하고 [Group by] 위젯으로 군집별 특성을 비교해 보겠습니다.

❷ 데이터 수집 및 확인

실습에서는 음식점을 대상으로 맛, 청결, 인테리어, 친절 수준을 1~5점 사이로 평가한 가상의 데이터를 사용하겠습니다. 5점에 가까울수록 좋은 평가를 받은 것을 의미합니다.

- **실습 데이터**: 오렌지3_실습파일/9장. 군집분석/09-3. k-means 군집분석.csv

수집한 데이터의 각 칼럼별 역할 및 세부 정보는 다음과 같습니다. 음식점마다 맛, 청결, 인테리어, 친절 점수를 활용해 특성이 유사한 음식점을 군집화해 보고, 군집별 특징을 파악해 보겠습니다.

역할	칼럼명	칼럼 유형	칼럼 정보
역할 구분 없음	음식점명	Text	음식점명
	맛	Numeric	해당 음식점에서 판매하는 음식 맛의 점수(1~5점)
	청결	Numeric	해당 음식점의 청결 수준의 점수(1~5점)
	인테리어	Numeric	해당 음식점의 인테리어 수준의 점수(1~5점)
	친절	Numeric	해당 음식점 직원들의 친절도 점수(1~5점)

[File] 위젯으로 실습 데이터를 불러온 후 [Data Table] 위젯을 연결해 데이터를 확인합니다. [Data Table] 설정 창의 Info를 보면 관측치 120개와 피처 4개로 이뤄진 데이터이고, No missing data라는 문구를 통해 결측치가 없음을 확인할 수 있습니다. 그리고 데이터 분석에 사용할 수 없는 메타 정보가 하나 있는데, 바로 텍스트값으로 입력된 음식점명 칼럼입니다. 4개의 피처 칼럼은 단위와 범위가 동일하지만 전처리 작업에 익숙해지기 위해서 스케일링을 진행해 보겠습니다.

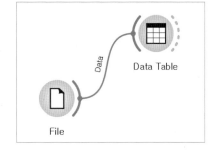

❸ 데이터 전처리

스케일링을 하기 위해 [File] 위젯에 Transform 카테고리의 [Continuize] 위젯을 연결한 후
설정 창의 Numeric Variables에서 옵션을 설정합니다. ❶ 왼쪽에 숫자형 칼럼이 정렬되어 있
는데, 하나씩 선택하거나 여러 개를 드래그해 선택해서 적용할 스케일링 옵션을 설정해 주면
됩니다. 옵션으로는 ❷ Normalize to interval [0, 1]을 선택해 데이터를 0~1의 사잇값으로
변환하겠습니다.

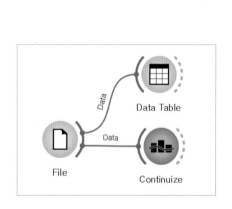

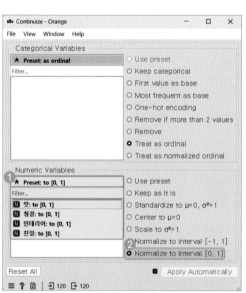

[Continuize] 위젯에 [Data Table] 위젯을 연결하고 더블클릭해서 위젯 창을 확인해 보면 각 칼럼의 값이 0~1 사이로 변환된 것을 확인할 수 있습니다. 이제 이 값을 활용해서 비계층적 군집분석인 k-means 방식으로 군집화를 진행해 보겠습니다.

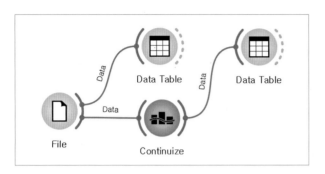

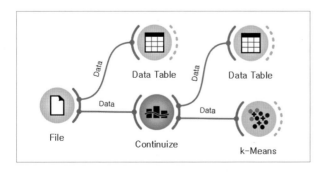

❹ 데이터 분석

Unsupervised 카테고리에서 [k-means] 위젯을 선택한 후 [Continuize] 위젯에 연결하면 스케일링된 데이터로 k-means 군집화를 진행할 수 있습니다.

Number of Clusters에서는 데이터 군집의 수 k를 설정합니다. Fixed를 선택하면 k개에 맞춰 군집화가 진행되고, From ~ to ~를 선택하면 해당 범위 내에서 군집화를 진행한 후 군집 개수별 실루엣 계수를 비교할 수 있습니다. ❶ From ~ to ~ 방식을 선택해 군집 수를 2~12개로 설정하고 실루엣 계수를 비교하니 군집이 4개일 때 실루엣 계수가 0.606으로 가장 높습니다. 이로써 k=4일 때 데이터들이 가장 효율적으로 군집을 이뤘다고 예상해 볼 수 있습니다.

Initialization에서는 초기 중심점을 정하는 방법을 Initialize with KMeans++와 Random Initialization 중에 선택할 수 있습니다. Random Initialization은 초기 중심점을 랜덤한 위치에 찍

고 군집화를 시작하므로 초기 위치가 적절하지 않을 경우 결과에 영향을 줄 수 있습니다. KMeans++ 방식을 사용하면 초기 중심점을 더 신중하게 선택할 수 있습니다. 그러므로 ❷ Initiallize with KMeans++ 방식을 선택하고, 군집화의 재실행 횟수인 Re-runs 및 최대 반복 횟수 Maximum iterations는 기본값 그대로 활용하겠습니다.

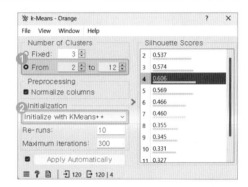

❺ 결과 해석

k-means 결과를 확인하기 위해 [k-means] 위젯에 Visualize 카테고리의 [Silhouette Plot] 위젯을 연결해서 더블클릭합니다. 위젯 창에서 Distance는 군집 간의 거리를 구하는 방식을 선택하면 되는데 기본값인 Euclidean으로 설정합니다. 다른 옵션은 보여지는 방식을 설정하는 것이므로 원하는 방식으로 설정하면 됩니다.

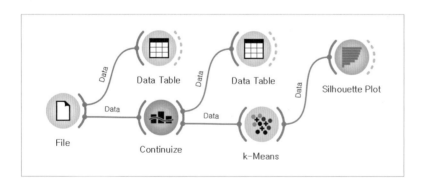

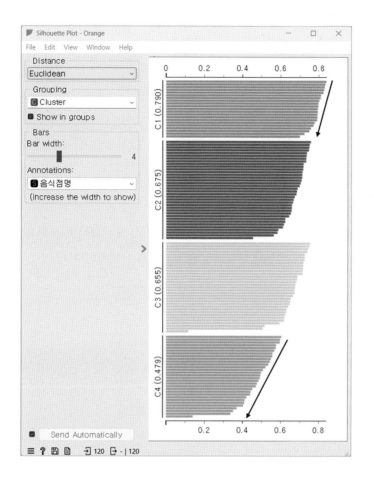

결과 창을 보면 C1 군집부터 마지막 C4 군집까지 실루엣 계수가 큰 데이터 관측치부터 군집 별로 내림차순으로 정렬되어 있습니다. C1 군집의 평균 실루엣 계수는 0.790으로 매우 높은 편이며, 개별 관측치의 실루엣 계수를 표현한 C1의 개별 막대그래프 길이가 아래쪽으로 가도 거의 감소하지 않는 형태를 보입니다.

반면 C4 군집의 평균 실루엣 계수는 0.479로 4개 군집 중에서 가장 낮은 편이며, 개별 관측치의 실루엣 계수를 표현한 C4의 개별 막대그래프 길이가 아래쪽으로 갈수록 가파르게 감소하는 형태를 보입니다. C4 군집처럼 가파르게 감소하는 것보다는 C1 군집처럼 거의 감소하지 않고 개별 관측치들의 실루엣 계수가 모두 높아야 좋은 군집화라고 볼 수 있습니다.

이제 군집별로 통곗값을 요약해서 특징을 비교해 보겠습니다. [k-means] 위젯에 Transform 카테고리의 [Group by] 위젯을 연결한 다음 더블클릭해 군집별로 맛, 청결, 인테리어, 친절 수준의 평균 점수를 비교해 보겠습니다.

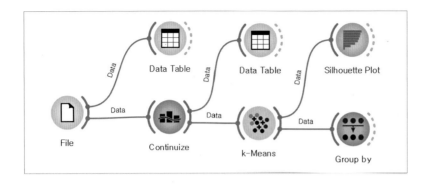

왼쪽의 Group by에서는 ❶ 군집 정보가 담긴 Cluster 칼럼을 선택하고, 오른쪽에서는 각 칼럼을 선택한 후 Aggregations에서 평균값 계산에 해당하는 ❷ Mean을 선택합니다.

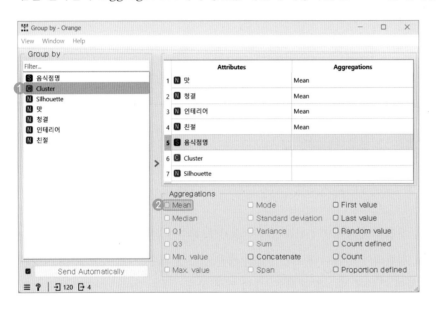

[Group by] 위젯에 [Data Table] 위젯을 연결해서 결과를 확인하겠습니다. ❶ Visualize numeric values를 선택하면 수치 값이 막대그래프로 표시되어 쉽게 비교할 수 있습니다. 1점이 만점이라는 것을 고려해서 군집별 평균값을 해석해 보면 C1 군집은 맛, 청결, 인테리어, 친절 수준 모두 훌륭한 추천 음식점의 군집으로 예상해 볼 수 있습니다. 반대로 C2 군집은 네 가지 척도가 모두 모두 낮은 평가를 받아 피해야 할 음식점의 군집으로 예상할 수 있습니다. C3 군집은 청결, 인테리어, 친절 모두 0.7 이상으로 상위권이지만 맛은 0.1로, 겉보기에는 좋은 음식점 같지만 실제 음식 맛은 별로인 음식점의 군집으로 예상할 수 있습니다. 마지막으로 C4 군집은 맛은 0.795로 높은 편이나 청결, 인테리어, 친절 수준은 낮은 것으로 보아 정말 맛으로만 승부하는 맛집의 군집으로 예상해 볼 수 있습니다.

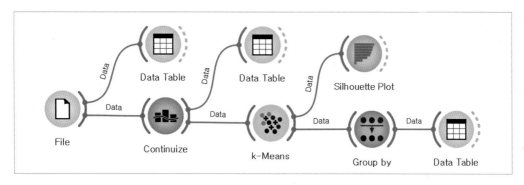

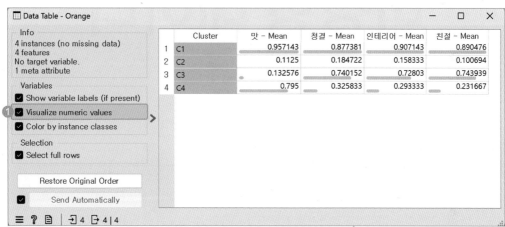

이와 같이 군집분석은 정답이 없는 비지도 학습이어서 결과의 정확성을 평가하기 어렵습니다. 그러므로 사전에 도메인 지식을 갖춰야 적절한 군집 개수를 결정하고 올바른 결과 해석을 할 수 있다는 점을 기억하기 바랍니다.

✅ **퀴즈로 복습하자!**

1. [군　　　]은 비지도 학습의 한 방법으로, 유사한 특성을 가지는 데이터를 군집으로 구성합니다.

2. [계　　] 군집분석은 개별 데이터 관측치를 점진적으로 묶어 하나의 군집으로 만든 후, 군집의 개수를 결정하는 방법이다.

3. [k-　　　] 군집분석은 k개의 중심점을 기준으로 군집화를 진행하는 방법입니다.

정답: 1. 군집분석　2. 계층적　3. k-means

넷째마당

비정형 데이터 분석

넷째마당에서는 비정형 데이터인 이미지와 텍스트로 분석하는 방법을 알아보겠습니다. 중요한 것은 이미지와 텍스트를 컴퓨터가 이해할 수 있도록 특징을 추출해서 새로운 정보를 만드는 것입니다. 여기에 비정형 데이터 분석에서 좋은 성능을 보이는 인공신경망까지 함께 알아보겠습니다.

이미지 분석하기

10장에서는 이미지를 데이터로 활용해서 분석하는 방법을 알아보겠습니다. 이미지를 모델이 이해할 수 있는 형태로 변환해서 앞에서 배운 군집분석과 분류분석 모델에 적용하는 과정까지 하나씩 살펴보겠습니다.

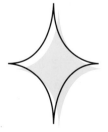

10-1 | 이미지 분석 시작하기

이미지 분석이 뭔가요?

최근 몇 년간 딥러닝 기술은 이미지 분석 분야에 엄청난 발전을 가져왔습니다. 과거에는 복잡하고 다양한 이미지를 정확하게 이해하고 분석하기 어려웠지만, 딥러닝 모델의 등장으로 이젠 어떤 이미지든 빠르고 정확하게 분석할 수 있게 되었습니다. 그렇다면 이미지 분석이 무엇이고 어떤 종류가 있는지 알아보겠습니다.

이미지 분석 이해하기

이미지는 비정형 데이터의 대표적인 종류로, 앞에서 계속 다뤄 왔던 표 형태의 정형 데이터와 달리 사진, 그림, 영상 캡처화면 등 형태가 다양합니다. 이미지 분석은 이미 여러 분야에서 활발히 연구되고 있고 좋은 성과를 보이는 사례도 굉장히 많습니다. 어떻게 가능한 것일까요?

인터넷과 스마트폰의 보급으로 사람들은 언제 어디서나 사진을 찍고 온라인에 업로드할 수 있게 되었습니다. 그 결과 엄청난 양의 이미지 데이터가 생성되었습니다. 여기에 그래픽 처리 기술이 크게 발전하여 대량의 이미지 데이터를 신속하게 처리할 수 있게 되었고, 딥러닝의 발전으로 이미지 속 복잡한 패턴과 특징을 인식하고 분석할 수 있게 되었습니다. 이와 같은 이미지 데이터의 축적과 관련 기술의 발전으로 X-ray 흉부사진을 활용한 질병 진단, 이미지를 업로드하면 유사한 이미지를 찾아주는 검색엔진 등 이미지 분석은 이미 여러 분야에서 우리 생활을 더욱 효율적이고 편리하게 만드는 중요한 기술로 자리 잡았습니다.

이미지 분석 방식은 다양하지만 그 중에서도 이미지 군집분석과 분류분석을 많이 사용하고 있습니다. 군집분석은 유사한 이미지끼리 묶어 주는 방식이고, 분류분석은 이미지를 정해진 범줏값으로 분류해 주는 방식입니다. 그렇다면 오렌지3에서는 이미지 분석을 어떻게 할 수 있는지 구체적으로 알아보겠습니다.

이미지 분석 방법

이미지 데이터가 우리 눈에는 선과 색으로 이루어진 그림 형태로 보이지만, 숫자로 된 정보만 이해할 수 있는 컴퓨터에게는 숫자들의 나열로 보이게 저장되어 있습니다.

그림판에서 이미지를 불러온 후 최대한으로 확대해 보면 다양한 색깔의 작은 타일로 이루어져 더 이상 확대되지 않는 것을 확인할 수 있습니다. 바로 이 타일이 이미지를 구성하는 최소 단위인 픽셀^{pixel}이고, 하나의 픽셀은 하나의 색깔을 표현합니다.

와 같이 작은 오렌지 아이콘을 확대해 보면 오른쪽 그림과 같이 다양한 색깔의 픽셀로 이루어진 것을 확인할 수 있습니다.

그런데 갑자기 픽셀 이야기를 하는 이유는 뭘까요? 컴퓨터가 이미지 데이터를 인식하고 이해할 때 픽셀별 RGB 숫자값을 활용하기 때문입니다.

? 질문 있어요 | RGB가 뭔가요?

RGB란 빨간색(Red), 초록색(Green), 파란색(Blue)을 혼합하여 색상을 표현하는 방식입니다. 각 색상은 0~255 사이의 숫자로 표현하는데, 예를 들어 빨간색은 (빨강, 초록, 파랑) 형태에 맞춰 (255, 0, 0)이 됩니다. 또한 검은색은 (0, 0, 0), 흰색은 (255, 255, 255), 검은색과 흰색을 섞은 회색은 0과 255의 중간 값인 (127, 127, 127)로 표현할 수 있습니다.

위의 오렌지 이미지에서 초록색의 잎, 주황색의 껍질, 흰색의 뒷배경이 만나는 부분을 확대해서 살펴보겠습니다. 컴퓨터는 다음과 같이 이미지를 픽셀로 분할하여 각 픽셀의 RGB 값으로 인식합니다.

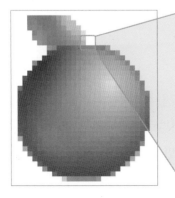

R: 209 G: 234 B: 118	R: 255 G: 255 B: 255	R: 255 G: 255 B: 255
R: 198 G: 229 B: 85	R: 255 G: 255 B: 255	R: 255 G: 255 B: 255
R: 236 G: 152 B: 39	R: 248 G: 172 B: 50	R: 249 G: 196 B: 79

그렇다면 RGB는 컴퓨터가 인식할 수 있는 숫자값이니 그대로 모델에 입력해서 학습시키면 될까요? 그렇지 않습니다. 그전에 먼저 이미지 임베딩^{image embedding}이라는 과정을 거쳐야 합니다. 임베딩^{embedding}이란 이미지에서 주요 특징을 추출해 정형 데이터로 만들어 주는 작업입니다. 이미지뿐만 아니라 텍스트 분석에서도 텍스트의 특징을 추출해 숫자로 된 정형 데이터로 만드는 작업을 텍스트 임베딩^{text embedding}이라고 표현합니다.

여기서 이미지의 주요 특징은 어떻게 알 수 있을까요? 예를 들어 고양이 이미지가 여러 장 있다면 뾰족한 귀와 수염 부분을 해당 이미지의 특징이라 볼 수 있고, 비 내리는 풍경의 이미지가 여러 장 있다면 빗방울이 표면에 튀기는 장면이나 먹구름이 낀 하늘을 해당 이미지의 특징으로 볼 수 있습니다. 사람이라면 이러한 특징을 잘 잡아낼 수 있지만 의료 관련 이미지나 자동차 주행 이미지 등 익숙하지 않은 주제의 이미지라면 사람 눈으로도 특징을 발견하기 어려울 수 있습니다. 하지만 딥러닝 기술이 발전하면서 이러한 이미지를 일일이 눈으로 보면서 특징을 찾아내는 수고를 덜 수 있게 되었습니다.

대량의 이미지로 미리 학습해 둔 임베더^{embedder}를 활용하면 이미지의 특징을 어렵지 않게 추출해서 특징 벡터라고 하는 숫자값으로 된 정형 데이터를 만들 수 있습니다. 임베더는 목적과 구조에 따라 매우 다양한 종류가 있는데, 이번 장에서는 오렌지3에서 제공하는 이미지 분석 위젯과 임베더를 자세히 알아보겠습니다.

이미지 분석 위젯 알아보기

04장에서 Add-ons을 통해 이미지 분석 위젯을 모아 놓은 Image Analytics 카테고리를 추가했습니다. 혹시 해당 카테고리가 보이지 않는다면 상단 메뉴의 [Options]에서 [Add-ons]을 선택하여 추가하고 오렌지3를 재실행하면 됩니다. 이미지 분석을 위해 알아 두면 좋은 위젯은 다음과 같습니다.

이미지 가져오기 — Import Images 위젯

외부에 저장된 이미지 파일을 오렌지3로 가져올 때 사용합니다. 분류분석을 하려면 개별 이미지를 가져오는 것이 아니라 각 범주에 해당하는 이미지를 폴더별로 분류해서 불러와야 합니다. 예를 들어 오렌지와 자몽 이미지를 분류하는 모델을 만들려면 data라는 전체 폴더 안에 오렌지 폴더와 자몽 폴더를 만들고, 각 폴더에 해당 과일의 이미지를 저장한 후 data 폴더 전체를 불러오는 방식입니다. 이때 폴더명은 범줏값으로 사용하므로 정확하게 입력하는 것이 중요합니다.

🖼️ 이미지 뷰어 — Image Viewer 위젯

[Import Images] 위젯으로 가져온 이미지를 직접 확인하는 위젯입니다. [Image Viewer] 위젯을 연결하면 실제 이미지를 볼 수 있습니다.

🖼️ 이미지 임베딩 — Image Embedding 위젯

이미지의 특징을 추출해서 숫자로 된 정형 데이터인 특징 벡터를 만들어 줍니다. 설정 창에서는 특징을 추출할 때 사용하는 이미지 임베더를 직접 선택할 수 있습니다.

🖼️ 이미지 그리드 — Image Grid 위젯

격자 형태로 이미지를 나열하면서 유사한 이미지를 가까운 위치에 표현해 줍니다. 많은 이미지를 한눈에 볼 수 있어 전체 이미지의 특성을 살펴볼 수 있습니다.   💡 Grid는 격자 형태를 의미합니다.

💾 이미지 저장하기 — Save Images 위젯

분석에서 사용한 이미지를 다시 파일 형태로 저장하는 위젯입니다. 이미지 크기와 확장자 (PNG, JPEG 등)를 다양한 형태로 선택해서 저장할 수 있습니다.

임베딩에 대한 개념과 오렌지3에서 활용할 수 있는 이미지 분석 위젯을 알아봤다면, 이제 본격적으로 이미지 파일을 활용해 군집분석과 분류분석을 진행해 보겠습니다.

10-2 │ 이미지 군집분석

이미지 군집분석이 뭔가요?

앞에서 이미지 파일에서 특징을 추출해서 특징 벡터를 만든다고 했습니다. 이제 그 특징 벡터를 활용해서 유사한 이미지끼리 묶어주는 군집분석을 진행해 보겠습니다.

이미지 군집분석 이해하기

이미지 군집분석은 말 그대로 이미지 데이터를 활용해서 군집분석을 진행하는 방식입니다. 그 전에 먼저 해결해야 할 문제 2가지가 있습니다. 첫 번째는 이미지를 모델이 이해할 수 있는 숫자값으로 된 정형 데이터로 만드는 것이고, 두 번째는 군집분석을 진행하는 방식입니다.

첫 번째 문제는 이미지 파일을 오렌지3로 가져온 다음 임베더의 도움을 받아 이미지 임베딩을 진행하면 숫자값으로 된 정형 데이터를 만들 수 있습니다. 두 번째 문제는 09장 군집분석에서 배운 계층적 군집분석 또는 k-means 군집분석을 적용하면 됩니다. 이제 방법을 알았으니 실제 이미지를 불러와서 이미지 군집분석을 해보겠습니다.

	해결할 문제			문제 해결 방법
1	이미지를 어떻게 모델이 이해할 수 있는 숫자값으로 된 정형 데이터로 만들까?	→	1	이미지 파일을 오렌지3로 가져와서 적절한 임베더의 도움을 받아 이미지 임베딩을 진행합니다.
2	군집분석을 어떤 방식으로 진행할까?	→	2	계층적 군집분석 방법 또는 k-means 군집분석 방법을 적용합니다.

Do it! 실습 과일 이미지 군집분석하기

오렌지 이미지, 사과 이미지, 바나나 이미지를 활용해 군집분석을 진행해 보겠습니다.

❶ 분석 개요

전체 분석 과정을 워크플로를 이용해서 살펴보겠습니다. Image Analytics 카테고리의 [Import Images] 위젯에 실습 데이터(폴더)를 불러온 후 [Image Viewer] 위젯과 [Data Table] 위젯으로 이미지가 잘 들어왔는지 확인합니다. 문제가 없으면 [Image Embedding] 위젯을 연결해서 이미지 특징을 추출하고 특징 벡터를 만들겠습니다.

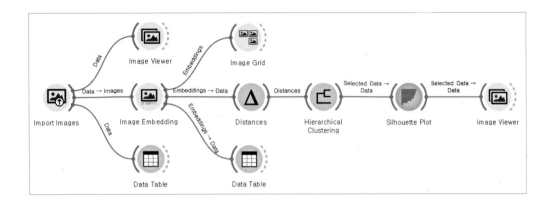

참고로 [Image Embedding] 위젯에 [Data Table] 위젯을 연결하면 특징 벡터를 실제로 확인할 수 있습니다. 또한 특징이 잘 추출되었는지 살펴보기 위해 [Image Grid] 위젯을 연결해서 특성이 유사한 이미지들을 확인해 보겠습니다.

그리고 군집분석을 본격적으로 진행하기 위해 정형 데이터가 저장되어 있는 [Image Embedding] 위젯에 [Distances] 위젯을 연결해서 데이터 관측치 간의 거리를 계산하겠습니다. 여기에 바로 [Hierarchical Clustering] 위젯을 연결해서 계층적 군집분석을 수행하고 덴드로그램을 확인할 것입니다. 마지막으로 군집분석이 잘 진행되었는지 확인하기 위해 [Silhouette Plot] 위젯을 연결해서 실루엣 계수와 차트를 확인해 보고, 군집 형성이 적절히 되지 못한 관측치가 실제 어떤 이미지인지를 [Image Viewer] 위젯으로 살펴보면서 원인을 생각해 보겠습니다.

❷ 데이터 수집 및 확인

실습에는 캐글에서 제공하는 'Fruit Images for Object Detection'이라는 과일 이미지 데이터셋을 사용하겠습니다. 이미지 분석은 PC 성능에 따라 작업 시간 차이가 크므로, 실습에서는 실제 캐글 데이터에서 제공하는 대용량 파일 가운데 일부만 사용해서 진행하겠습니다. 실습 폴더의 데이터를 사용하면 됩니다.

- **실습 데이터 내려받기:** https://www.kaggle.com/datasets/mbkinaci/fruit-images-for-object-detection
- **실습 데이터:** 오렌지3_실습파일/10장. 이미지 분석/10-2. 이미지_군집분석

이제 Image Analytics 카테고리에 있는 [Import Images] 위젯으로 전체 이미지 파일이 들어 있는 '10-2. 이미지_군집분석' 폴더를 선택해 불러오겠습니다. [Import Images] 위젯을 더블

클릭한 후 위젯 창의 Info에 220 images라고 표시되어 있으면 총 220장 이미지가 잘 입력된
것입니다.

[Import Images] 위젯에 [Image Viewer] 위젯을 연결해서 확인해 보면 다음과 같이 불러
온 이미지를 확인할 수 있습니다.

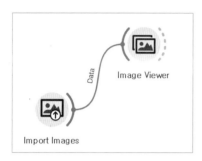

이번에는 [Data Table] 위젯을 연결해 이미지를 표 형태로
확인해 보겠습니다. 각 관측치(행)는 1개의 이미지 파일에 대
한 정보를 의미하며 image name(이미지 이름), 이미지 파
일의 파일명, size(이미지 파일의 크기), width(이미지 너비),
height(이미지 높이) 순의 칼럼으로 이미지 파일 정보를 확인
할 수 있습니다.

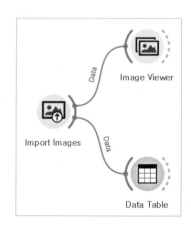

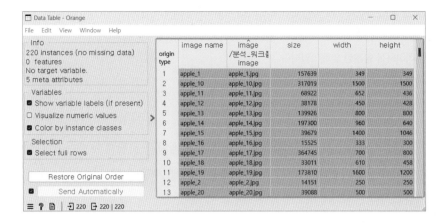

origin type	image name	image /분석_워크플image	size	width	height
1	apple_1	apple_1.jpg	157639	349	349
2	apple_10	apple_10.jpg	317019	1500	1500
3	apple_11	apple_11.jpg	68922	652	436
4	apple_12	apple_12.jpg	38178	450	428
5	apple_13	apple_13.jpg	139926	800	800
6	apple_14	apple_14.jpg	197300	960	640
7	apple_15	apple_15.jpg	39679	1400	1046
8	apple_16	apple_16.jpg	15525	333	300
9	apple_17	apple_17.jpg	364745	700	800
10	apple_18	apple_18.jpg	33011	610	458
11	apple_19	apple_19.jpg	173810	1600	1200
12	apple_2	apple_2.jpg	14151	250	250
13	apple_20	apple_20.jpg	39088	500	500

❸ 데이터 전처리

[Import Images] 위젯에 [Image Embedding] 위젯을 연결해서 이미지 특징 벡터를 만드는 과정을 본격적으로 진행해 보겠습니다. [Image Embedding] 위젯을 더블클릭하고 Settings 에서 Embedder만 설정해 주면 됩니다. 임베더는 제공처나 학습에 활용된 데이터, 임베더의 내부 형태 등에 따라 다양한 종류가 있습니다. 각 임베더의 종류별 특징을 살펴보겠습니다.

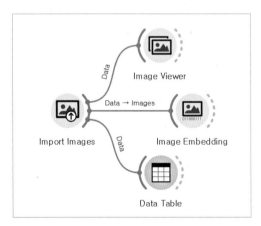

- **Inception v3**: 임베더 중 기본값으로, 복잡한 이미지에서 크기가 다양한 객체를 인식하는 데 탁월한 성능을 보여 줍니다. 'Google's Inception v3 model trained on ImageNet' 이라는 문구에서 알 수 있듯이 구글에서 제공하는 임베더이며, ImageNet(이미지넷) 데이터로 학습했다는 것을 알 수 있습니다. ImageNet은 딥러닝과 컴퓨터 비전 분야의 발전 및 활발한 연구를 지원하기 위한 비영리 프로젝트의 일환으로 대규모 이미지 데이터셋을 제공하고 있습니다.

- **SqueezeNet**: 역시 ImageNet 데이터로 학습한 임베더이며, 다른 임베더에 비해 규모는 작지만 성능이 우수합니다. 또한 다른 임베더는 인터넷이 연결되어야만 임베딩 작업을 할 수 있지만 SqueezeNet은 인터넷이 연결되지 않아도 임베딩할 수 있다는 특징이 있습니다.

- VGG-16, VGG-19: 옥스퍼드 대학교 연구 팀에서 제공하는 임베더로 이미지 인식과 분류 작업에 널리 사용되고 있으며, 16과 19는 내부 구조가 각각 16층과 19층으로 구성되었다는 것을 의미합니다.
- Painters: 미술 작품 데이터를 활용한 임베더입니다.
- DeepLoc: 생물학 관련 이미지 데이터를 활용한 임베더입니다.
- Openface: 얼굴 이미지 데이터를 활용한 임베더입니다.

이번 실습에서는 기본값인 Inception v3를 활용해서 이미지 임베딩을 진행해 보겠습니다. 임베더를 설정하면 진행률이 올라가면서 이미지 특징이 추출되는데, 추출이 모두 끝나면 [Data Table] 위젯을 연결합니다.

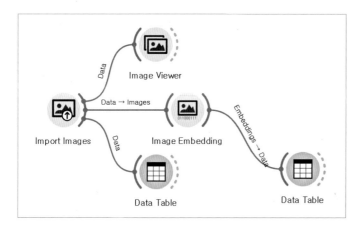

[Data Table] 위젯을 더블클릭하고 확인해 보면 특징 벡터가 완성된 것을 알 수 있습니다. Info를 보면 관측치 220개에 피처가 2,048개이고, 분석에 활용할 수 없는 메타 칼럼이 5개 있습니다. 2,048개의 피처는 n0True부터 n2047True까지 총 2,048개의 칼럼으로 추출된 특징값을 의미하고, 5개의 메타는 첫 번째부터 다섯 번째 칼럼인 이미지 이름, 이미지 파일명, 이미지 파일 크기, 이미지 너비, 이미지 높이를 의미합니다.

	image name	image /분석_워크플 image	size	width	height	n0 True	n1 True	n2 True	n3 True
hidden origin type									
1	apple_1	apple_1.jpg	157639	349	349	0.203557	0.0258468	0.18167	0.317278
2	apple_10	apple_10.jpg	317019	1500	1500	0.260351	0.0587398	0.023701	0.591503
3	apple_11	apple_11.jpg	68922	652	436	0.187193	0.0760117	1.39713	0.207447
4	apple_12	apple_12.jpg	38178	450	428	0.446619	0.0964034	0.147634	0.377855
5	apple_13	apple_13.jpg	139926	800	800	0.210875	0.0141295	0.469803	0.311448
6	apple_14	apple_14.jpg	197300	960	640	0.230778	0.0499082	0.18517	0.266782
7	apple_15	apple_15.jpg	39679	1400	1046	0.271263	0.0153329	0.571865	0.219191
8	apple_16	apple_16.jpg	15525	333	300	0.196983	0.0722306	0.104455	0.200907
9	apple_17	apple_17.jpg	364745	700	800	0.0868335	0.0462142	0.486214	0.398132
10	apple_18	apple_18.jpg	33011	610	458	0.159711	0.151949	0.12266	0.64866
11	apple_19	apple_19.jpg	173810	1600	1200	0.0691918	0.0348481	0.120884	0.26916
12	apple_2	apple_2.jpg	14151	250	250	0.279381	0.0294354	0.0904002	0.304262
13	apple_20	apple_20.jpg	39088	500	500	0.0827344	0.172246	0.119805	0.936842
14	apple_21	apple_21.jpg	66000	640	426	0.277457	0.0724833	0.112763	0.254907

Info
220 instances (no missing data)
2048 features
No target variable.
5 meta attributes

Variables
■ Show variable labels (if present)
☐ Visualize numeric values
■ Color by instance classes

Selection
■ Select full rows

Restore Original Order

이렇게 각 이미지 파일에서 특성이 추출되어 특징 벡터가 만들어졌습니다. 그럼 이미지의 전체 특성을 파악하기 위해 Image Analysis 카테고리에서 [Image Grid] 위젯을 가져와 [Image Embedding] 위젯에 연결해 확인해 보겠습니다. 결과를 보면 대체로 오렌지, 바나나, 사과가 각 과일별로 가깝게 배치되어 있는데, 하단의 박스 안을 보면 오렌지 이미지가 일부 섞여 있습니다. 오렌지를 사과와 유사하게 판단한 이유는 무엇인지 분석을 계속 진행하면서 알아보겠습니다.

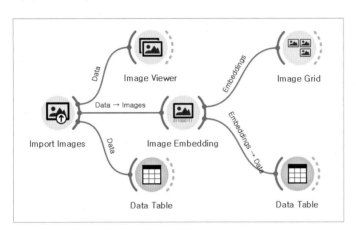

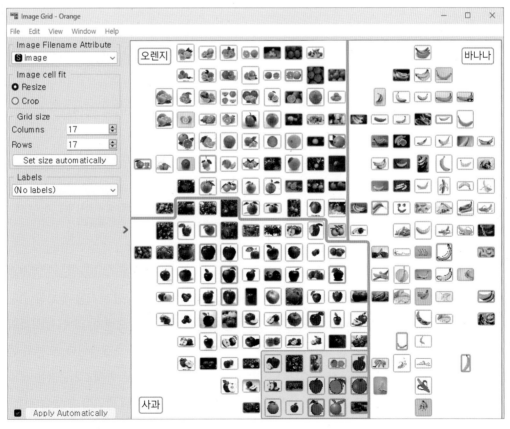

❹ 데이터 분석

[Image Embedding] 위젯에 Unsupervised 카테고리의 [Distances] 위젯을 연결한 후 더블클릭해서 설정 창을 확인합니다. Compare에서는 Rows와 Columns를 선택할 수 있는데, 우리는 관측치 간의 거리를 비교할 것이므로 ❶ Rows를 선택하겠습니다. Distance Metric에서는 거리를 계산하는 방식을 설정할 수 있는데, 여기서는 ❷ Euclidean 방식을 사용하겠습니다. [Distances] 설정 창을 닫으면 전체 데이터 간의 거리가 계산되고 거리 행렬이 만들어집니다.

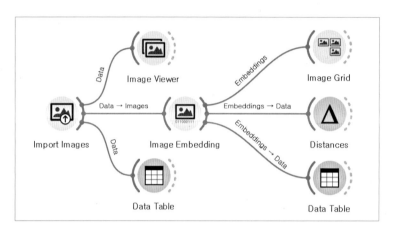

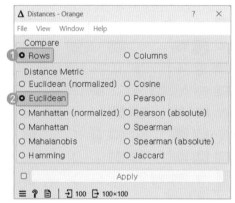

💡 normalized는 거리를 계산하기 전에 칼럼을 스케일링 해주는 옵션으로, 전처리 과정에서 별도로 스케일링을 하지 않은 경우 선택해 보고 결과가 개선될 경우에 사용하는 것이 좋습니다.

[Distances] 위젯에 이어서 Unsupervised 카테고리의 [Hierarchical Clustering] 위젯을 연결하여 군집분석을 진행하겠습니다. Linkage에서는 기본값인 ❶ Ward 방식을 유지합니다. Selection은 군집을 몇 개로 나눌 것인지를 결정하는 옵션인데 군집이 오렌지, 바나나, 사과의 세 개라는 것을 알고 있기 때문에 군집 개수인 ❷ Top N을 3으로 설정해 보겠습니다. 오른쪽 덴드로그램을 보면 첫 번째 C1 군집은 바나나 이미지가 주로 모여 있고, 두 번째 C2 군집은 사과 이미지, 세 번째 C3 군집은 오렌지 이미지가 주로 모인 것을 파일명을 통해 확인할 수 있습니다.

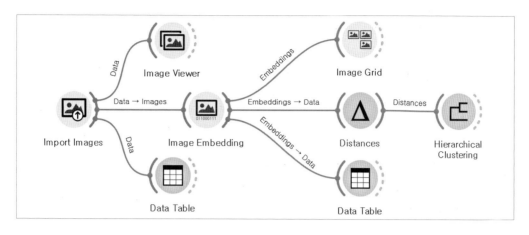

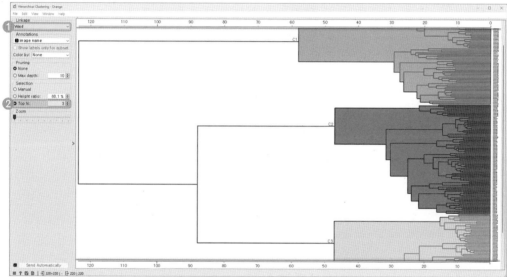

❺ 결과 해석

덴드로그램 이미지만 봐서는 군집이 효율적으로 만들어졌는지 판단하기 어렵습니다. [Hierarc
hical Clustering] 위젯에 Visualize 카테고리의 [Silhouette Plot] 위젯을 연결해 군집별 실루
엣 계수와 각 이미지의 군집화 결과를 살펴보겠습니다.

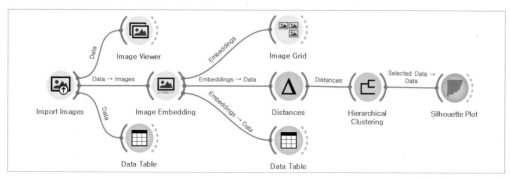

[Silhouette Plot] 위젯을 더블클릭해서 위젯 창을 보면 평균 실루엣 계수는 낮은 편으로 확인 됩니다. 실루엣 계수는 −1~1 사이의 값으로 1에 가까울수록 군집이 잘 형성된 것이기 때문입 니다. 특히 C1 군집과 C2 군집은 일부 관측치가 음수 쪽으로 튀어나온 부분도 있어 군집화 결 과를 확인할 필요가 있습니다.

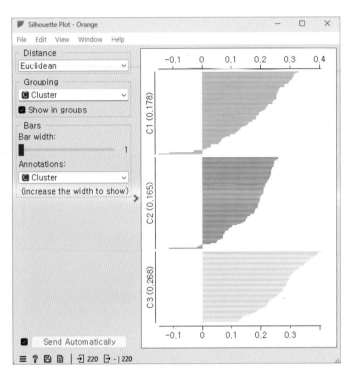

실루엣 계수에서 확인하고 싶은 부분의 이미지를 보려면 [Silhouette Plot] 위젯과 [Image Viewer] 위젯이 Selected Data → Data로 연결되어 있어야 합니다. 이는 앞의 위젯에서 선 택한 데이터만 필터링해서 뒤에 연결된 위젯으로 전달하겠다는 뜻입니다.

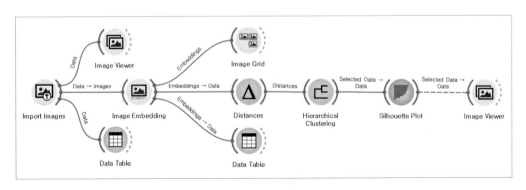

[Silhouette Plot] 위젯과 [Image Viewer] 위젯을 동시에 열어 놓은 채로 확인하고 싶은 이미지의 막대들을 Shift 버튼을 누른 상태에서 연속해서 클릭합니다. 그럼 [Image Viewer] 위젯에서 해당 이미지들을 확인할 수 있습니다. [Image Viewer] 설정 창에 표시된 C1의 4개 이미지는 바나나 군집에 포함되어 있지만 적절한 군집화로 보기 어렵다고 판단된 실제 이미지들입니다. 그 이유를 하나씩 예상해 보겠습니다.

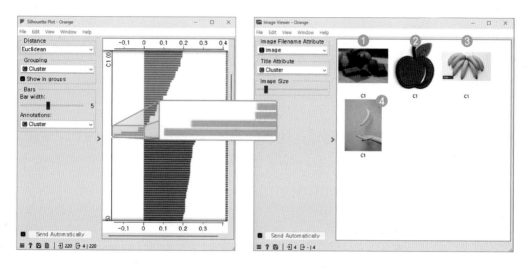

❶ 다른 사물과 같이 있어서 특징이 제대로 추출되지 않았을 것으로 추측할 수 있습니다.

❷ 오른쪽 아래 사과의 광택을 표현하는 흰색 부분을 바나나의 특징으로 인식했을 수 있습니다.

❸ 바나나 여러 개가 엎어져 있어서 특징 추출에 영향을 줬을 것으로 추측할 수 있습니다.

❹ 바나나와 사람의 손이 함께 있는 부분이 특징 추출에 영향을 줬을 것으로 추측할 수 있습니다.

지금까지 비정형 데이터의 이미지 군집분석 실습을 진행해 봤습니다. 이미지에서 특징을 추출해서 정형 데이터로 변환하고, 모델에 적용하고 결과를 해석하는 전체 과정을 이해한 뒤 다양한 주제로 이미지를 분석해 시도해 보는 것이 중요합니다. 이어서 이미지를 활용한 분류분석을 실습하겠습니다.

10-3 | 이미지 분류분석

이미지 분류분석이 뭔가요?

분류분석이란 모델에게 데이터를 학습시켜서 범주를 분류하는 방법입니다. 그렇다면 이미지 활용한 분류분석은 어떻게 진행되는지 지금부터 자세히 알아보겠습니다.

이미지 분류분석 이해하기

이미지 분류분석은 이미지 군집분석과 마찬가지로 해결할 문제가 2가지 있습니다. 첫 번째는 모델이 이해할 수 있도록 이미지를 숫자값으로 된 정형 데이터로 만드는 것이고, 두 번째는 분류분석을 진행할 방식을 정하는 것입니다.

첫 번째 문제는 군집분석과 동일하게 이미지 파일을 오렌지3로 가져와 적절한 임베더의 도움을 받으면 해결할 수 있습니다. 두 번째 문제는 08장 분류분석에서 배운 의사 결정 나무 기반의 모델을 사용하거나 거리 기반의 kNN 모델을 적용하면 됩니다.

	해결할 문제			문제 해결 방법
1	이미지를 어떻게 모델이 이해할 수 있는 숫자값으로 된 정형 데이터로 만들까?	→	1	이미지 파일을 오렌지3로 가져와서 적절한 임베더의 도움을 받아 이미지 임베딩을 진행합니다.
2	분류분석을 어떤 방식으로 진행할까?	→	2	의사 결정 나무 기반의 모델을 사용하거나 거리 기반의 kNN 모델을 적용합니다.

Do it! 실습 날씨 이미지 분류분석하기

날씨는 경로 안내, 에너지 발전량 예측, 여객선 운항 여부 결정, 재난 대응 등 정말 많은 분야에서 기초 데이터로 활용하고 있습니다. 이러한 기상 예보 데이터에 CCTV로 수집되는 실시간 이미지 정보를 추가로 제공하면 도움이 되지 않을까요? 지금부터 이를 위한 날씨 이미지 분류분석을 시작해 보겠습니다.

❶ 분석 개요

전체 분석 과정을 워크플로를 이용해서 살펴보겠습니다. 먼저 Image Analytics 카테고리의 [Import Images] 위젯에 실습 데이터를 불러온 후 [Image Viewer] 위젯과 [Data Table] 위젯으로 이미지가 잘 들어왔는지 확인합니다. 문제가 없으면 [Import Images] 위젯에 [Image Embedding] 위젯을 연결해서 이미지 특징 벡터를 만듭니다. [Image Embedding] 위젯에 [Data Table] 위젯을 연결해서 특징 벡터가 잘 만들어진 것을 확인했다면 분류분석을 본격적으로 시작합니다.

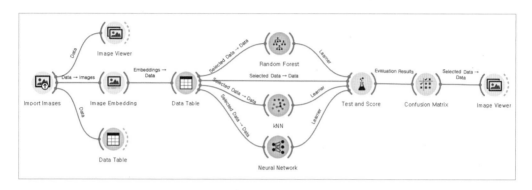

분류분석을 위해 [Data Table] 위젯에 [Random Forest], [kNN], [Neural Network] 모델 위젯을 각각 연결하고 이 위젯들을 다시 [Test and Score] 위젯으로 연결해서 k-fold 교차검증을 진행하겠습니다.

마지막으로 [Confusion Matrix] 위젯을 연결하여 모델별로 분류된 결과를 살펴보고, [Image Viewer] 위젯을 연결해서 잘못 분류된 이미지를 확인해 보겠습니다.

❷ 데이터 수집 및 확인

실습에는 캐글에서 제공하는 'Multi-class Weather Dataset' 이미지 데이터를 사용하겠습니다. 이미지 분석은 PC 성능에 따라 작업 시간 차이가 크므로, 실습에서는 실제 캐글 데이터에서 제공하는 대용량 파일 가운데 일부만 사용해서 진행하겠습니다. 실습 폴더의 데이터를 사용하면 됩니다.

- **원본 데이터:** https://www.kaggle.com/datasets/pratik2901/multiclass-weather-dataset
- **실습 데이터:** 오렌지3_실습파일/10장. 이미지 분석/10-3.이미지_분류분석

'10-3. 이미지_분류분석' 폴더 안에는 Cloudy, Rain, Shine이라는 하위 폴더가 있고, 각 폴더 안에는 폴더명과 일치하는 날씨 이미지가 50장씩 들어있는 구조입니다.

Image Analytics 카테고리에 있는 [Import Images] 위젯으로 이미지를 가져올 때는 개별 이미지 파일이 아닌 전체 파일이 들어 있는 폴더를 선택해야 하므로 '10-3. 이미지_분류분석' 폴더를 선택합니다. 그럼 Info에 150 images/3 categories라고 표시되는데, 이는 이미지가 저장된 폴더명을 범줏값으로 자동으로 인식하기 때문에 Cloudy, Rain, Shine이라는 3개의 범주(카테고리)가 자동으로 설정되는 것입니다.

실제 이미지가 잘 들어왔는지 확인하기 위해 [Import Images] 위젯에 [Image Viewer] 위젯과 [Data Table] 위젯을 연결해 확인합니다.

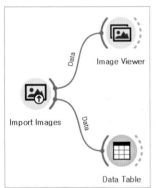 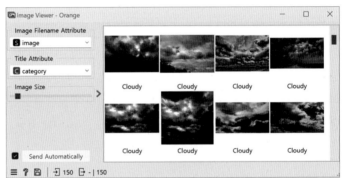

❸ 데이터 전처리

이미지가 잘 들어왔는지 확인했다면 [Import Images] 위젯에 [Image Embedding] 위젯을 연결해서 이미지의 특징 벡터를 만들겠습니다. [Image Embedding] 위젯을 더블클릭한 뒤 설정 창에서 Settings의 Embedder만 설정해 주면 됩니다. 임베더는 기본값인 Inception v3를 활용하겠습니다. 창을 닫으면 진행율이 올라가면서 특징이 추출됩니다.

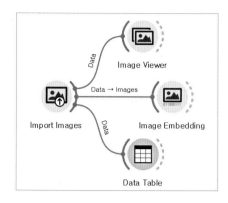
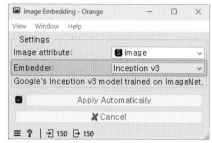

[Image Embedding] 위젯에 [Data Table] 위젯을 연결해 더블클릭하면 위젯 창에서 특징 벡터가 완성된 것을 확인할 수 있습니다. Info를 보면 관측치 150개에 피처 2,048개가 있고, 타깃은 3개의 범줏값을 포함하고 있으며 분석에 활용할 수 없는 메타 칼럼이 5개 있습니다. 피처는 n0 True부터 n2047 True까지 총 2,048개의 칼럼별로 추출된 이미지의 특징 값을 의미하고, 타깃은 가장 첫 번째 category 칼럼을 의미합니다. 여기서 3 values는 Cloudy, Rain, Shine이라는 3개의 범줏값을 의미합니다.

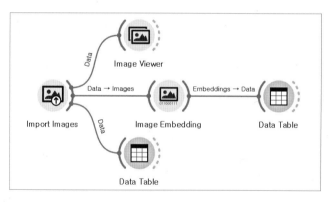

	hidden origin type	category	image name	image 분석_워크플로 image	size	width	height	n0 True	n1 True
1		Cloudy	cloudy1	Cloudy/cloudy...	15348	600	400	0.182	0.155501
2		Cloudy	cloudy10	Cloudy/cloudy...	5231	271	186	0.172999	0.160594
3		Cloudy	cloudy11	Cloudy/cloudy...	354715	1024	675	0.222739	0.397232
4		Cloudy	cloudy12	Cloudy/cloudy...	4775	300	168	0.332123	0.334469
5		Cloudy	cloudy13	Cloudy/cloudy...	4759	306	165	0.0603313	0.502142
6		Cloudy	cloudy14	Cloudy/cloudy...	325115	2000	2000	0.345456	0.234022
7		Cloudy	cloudy15	Cloudy/cloudy...	24623	852	480	0.226665	0.0594657
8		Cloudy	cloudy16	Cloudy/cloudy...	6111	299	168	0.0613781	0.111296
9		Cloudy	cloudy17	Cloudy/cloudy...	6167	299	168	0.227853	0.353315
10		Cloudy	cloudy18	Cloudy/cloudy...	25001	852	480	0.144101	0.144053
11		Cloudy	cloudy19	Cloudy/cloudy...	26170	800	600	0.272793	0.0694429
12		Cloudy	cloudy2	Cloudy/cloudy...	62912	400	300	0.017507	0.113447
13		Cloudy	cloudy20	Cloudy/cloudy...	4514	299	168	0.313001	0.293999
14		Cloudy	cloudy21	Cloudy/cloudy...	22388	852	480	0.255652	0.258541
15		Cloudy	cloudy22	Cloudy/cloudy...	161054	720	476	0.00736007	0.0610687

Data Table - Orange

Info
150 instances (no missing data)
2048 features
Target with 3 values
5 meta attributes

Variables
☑ Show variable labels (if present)
☐ Visualize numeric values
☑ Color by instance classes

Selection
☑ Select full rows

Restore Original Order

☑ Send Automatically

마지막으로 5개의 메타는 이미지 이름, 파일명, 이미지 파일 크기, 이미지 너비, 이미지 높이를 의미합니다. 이렇게 각 이미지 파일에서 특성이 추출되어 특징 벡터가 만들어졌습니다.

❹ 데이터 분석

분류분석을 위해 [Data Table] 위젯에 Model 카테고리의 [Random Forest], [kNN], [Neural Network] 위젯을 각각 연결합니다. 설정값은 모두 💡 랜덤 포레스트와 kNN 모델은 08장 기본값 그대로 활용하겠습니다. 분류분석에서 학습했습니다.

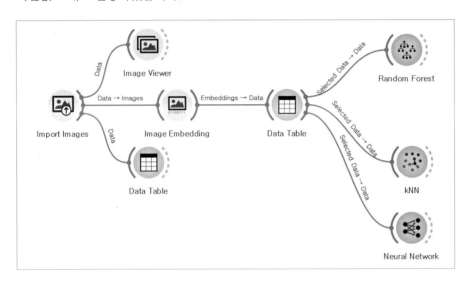

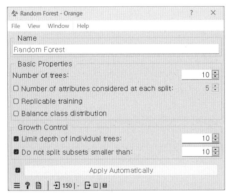

이번에는 처음 다루는 [Neural Network] 위젯에 대해 알아보겠습니다. 인공신경망을 제대로 알려면 방대한 양을 공부해야 하지만, 여기에서는 오렌지3에서 제공하는 기능 위주로만 설명해 보겠습니다.

인공신경망은 데이터가 들어오는 입력층^{input layer}, 데이터의 특징을 학습하고 결괏값을 출력층으로 전달하는 은닉층^{hidden layer}, 마지막으로 은닉층을 통해 도출된 결과가 출력되는 출력층 ^{output layer}으로 구성됩니다. 각 층에는 원 모양의 노드들이 존재하고, 각 노드들은 가중치^{weight} 정보를 가지고 있는 엣지^{edge} 라는 선으로 연결되어 있습니다.

💡 은닉층은 외부에서 내부를 알 수 없는 구조이기 때문에 이런 이름이 붙었습니다.

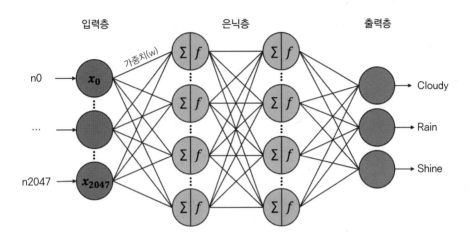

인공신경망에 우리가 활용하고 있는 날씨 이미지 데이터를 적용해 보겠습니다. n0~n2047의 총 2,048개 특징 칼럼들이 입력되면 가중치와 편향이 결정되어 가중합을 구하고, 활성 함수를 통해 다음 노드로 전달할 정보의 출력 정도를 조절합니다. 활성 함수와 편향은 앞의 노드에서 가지고 있는 정보를 다음 노드로 얼마나 전달할지 조절하는 역할을 합니다. 이렇게 정보의 출력을 조절하고 조합하여 Cloudy, Rain, Shine에 대한 결과를 출력합니다.

💡 가중합(weighted sum)이란 입력값과 가중치를 곱하고 편향(bias)을 더한 값을 말합니다.

은닉층에서 진행되는 과정은 외부에서 정확한 결과 도출 과정을 알 수 없지만 비정형 데이터에서 훌륭한 성능을 보이기 때문에 다양한 분야에서 활발히 사용하고 있습니다.

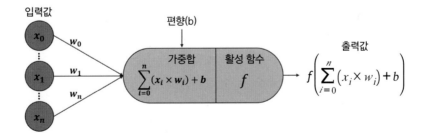

따라서 가중합을 계산한 후 여기에 다음 노드로 정보를 얼마나 전달할 것인지를 조절하는 활성 함수를 적용해 계산한 값이 해당 노드의 출력값이 됩니다. 이 값은 다음 층의 노드로 전달되거나 최종 출력값으로 사용됩니다. 활성 함수로는 Sigmoid(시그모이드)와 Relu(렐루) 등이 많이 사용되었는데, 은닉층이 많아지면서 학습이 잘 되지 않는 문제가 발생하였고 연구를 통해 이를 개선할 다양한 활성 함수들이 제시되었습니다. 오렌지3에서도 다양한 활성 함수를 옵션으로 선택할 수 있습니다. 활성 함수에 관한 내용은 이론적 배경과 수학적 지식이 필요하기 때문에 여기에서는 이런 게 있다는 것까지만 짚고 넘어가겠습니다.

💡 복잡한 데이터를 처리할수록 층을 많이 쌓아 활용하는데, 이러한 형태를 딥러닝(deep learning)이라고 합니다.

지금까지 설명한 내용을 [Neural Network] 위젯 설정 창에서 확인하겠습니다. ❶ Neurons in hidden layers 옵션은 은닉층을 몇 개의 층과 노드로 구현할 것인지를 설정하는 것입니다. 기본값은 13, 13, 13으로, 은닉층을 3개의 층으로 쌓고 층마다 노드를 13개 만들겠다는 뜻입니다. 만약 설정값이 30이면 은닉층을 1개의 층만 두고 그 안에 노드를 30개 만들겠다는 의미로 이해할 수 있습니다. 여기서는 기본값인 13, 13, 13을 사용하겠습니다. 그 다음 옵션인 ❷ Activation에서는 활성 함수로 기본값이면서 많이 활용하는 ReLu 함수를 적용하겠습니다. 나머지 옵션은 딥러닝을 깊이 있게 공부해야 적절히 설정할 수 있는 내용이므로 기본값 그대로 유지합니다.

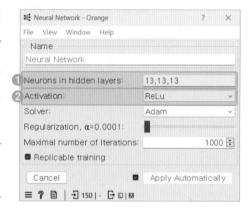

❺ 결과 해석

이제 3개 모델의 성능을 비교하기 위해 [Random Forest], [kNN], [Neural Network] 위젯과 [Data Table] 위젯을 Evaluate 카테고리의 [Test and Score] 위젯으로 연결합니다. [Test and Score] 위젯의 Cross validation에서 ❶ Number of folds의 값을 5로 설정하여 5-fold 교차검증을 진행하겠습니다. ❷ Evaluation results for target을 보면 Neural Network 모델이 모든 지표에서 가장 훌륭한 성능을 보인 것을 확인할 수 있습니다.

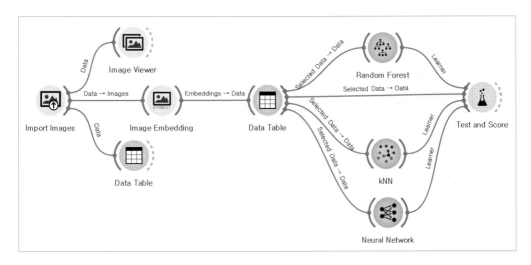

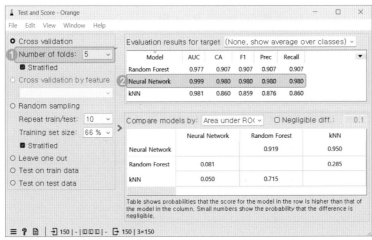

대부분 잘 분류했는데 어디서 분류가 잘못되었는지 확인하기 위해 [Test and Score] 위젯에 Evaluate 카테고리의 [Confusion Matrix] 위젯을 연결해서 혼동행렬을 살펴보겠습니다.

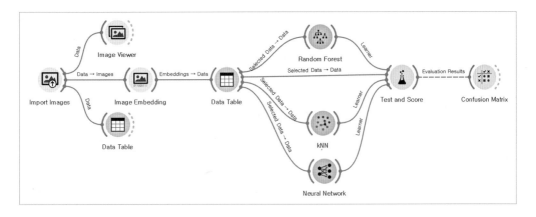

[Confusion Matrix] 위젯을 더블클릭하고 Learners에서 모델을 선택하면 오른쪽에 해당 모델의 혼동행렬이 표현되어 오분류가 발생한 현황을 확인할 수 있습니다. 여기서 Neural Network를 선택하면 ❶ 실제로는 Cloudy인데 Shine으로 잘못 분류한 경우가 2건, ❷ 실제로는 Rain인데 Cloudy로 잘못 분류한 경우가 1건 있습니다.

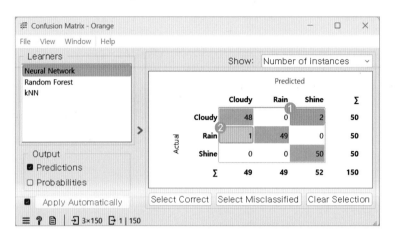

잘못 분류된 이미지를 확인하기 위해 [Confusion Matrix] 위젯에 Image Analytics 카테고리의 [Image Viewer] 위젯을 연결해서 함께 살펴보겠습니다. [Confusion Matrix] 위젯과 [Image Viewer] 위젯 창을 동시에 열고 확인하고 싶은 분류를 클릭하면 [Image Viewer] 위젯에서 해당 이미지를 확인할 수 있습니다.

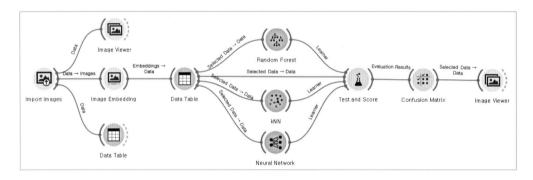

실제로는 Cloudy인데 Shine으로 잘못 분류한 이미지 2개를 살펴보겠습니다. 첫 번째 이미지는 구름이 크게 차지했지만 하늘이 화창해서 맑은 날씨로 보이고, 두 번째 이미지는 구름이 많지만 햇빛이 강하게 비쳐서 Shine의 특징을 많이 추출했을 것으로 추측해 볼 수 있습니다.

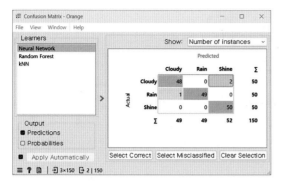 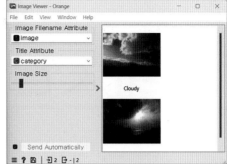

지금까지 이미지 파일을 오렌지3로 가져와 군집분석과 분류분석을 적용해 봤습니다. 간단한 실습이지만 이미지로도 다양한 분석이 가능하다는 인사이트를 얻는 것이 중요합니다. 이제는 비정형 데이터 가운데 텍스트를 활용한 분석을 알아보겠습니다.

✅ 퀴즈로 복습하자!

1. 이미지를 분석할 때는 이미지의 가장 최소 단위인 [픽　]의 [R　　] 값을 사용합니다.

2. 오렌지3의 이미지 [임　　]는 이미지의 특징을 추출해서 숫자로 된 정형 데이터인 특징 벡터로 변환합니다.

3. [인　　　]은 입력층, 은닉층, 출력층로 구성되며, 비정형 데이터 분석에서 좋은 성능을 보입니다.

정답: 1. 픽셀, RGB 2. 임베딩 3. 인공신경망

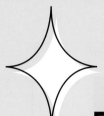

11장

텍스트 분석하기

이메일이나 뉴스 기사, 웹 사이트 게시물 등 텍스트에는 굉장히 다양한 종류가 있습니다. 방대한 텍스트 전부를 읽지 않아도 자동으로 키워드를 뽑고 주제별로 분류할 수 있다면 편리하지 않을까요? 11장에서는 텍스트의 핵심 키워드를 추출하고 주제별로 분류하는 방법을 알아보겠습니다.

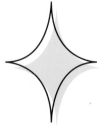

11-1 | 텍스트 분석 시작하기

텍스트 분석이 뭔가요?

텍스트는 이미지와 함께 대표적인 비정형 데이터입니다. 11장에서는 텍스트 분석이란 무엇인지, 어떤 종류가 있는지, 또한 오렌지3에서는 텍스트 분석을 위해 어떤 위젯을 제공하는지 등을 알아보겠습니다.

텍스트 분석 이해하기

이미지와 마찬가지로 비정형 데이터를 대표하는 텍스트는 웹 사이트의 게시물, 인터넷 리뷰, SNS 게시물, 뉴스 기사 등 다양한 형태로 존재합니다. 사람들이 온라인에서 의사소통을 하거나 실시간으로 정보를 공유하면서 세상에는 방대한 양의 텍스트 데이터가 지속적으로 생성되고 있습니다. 여기에는 사람들의 감정이나 의견, 선호도 등 활용 가치가 높은 내용이 많이 포함되어 있어 현대 사회에서 텍스트 분석은 중요한 연구 주제 및 활용 분야로 자리 잡았습니다.

PC 성능의 발전과 자연어 처리^{natural language processing, NLP}의 활발한 연구로 인해 방대한 텍스트 데이터를 빠르고 효과적으로 분석할 수 있게 되었고, 여기에 딥러닝을 적용하여 복잡한 텍스트의 구조와 의미를 인식하고 활용할 수 있게 되었습니다. 이제 텍스트 데이터는 감정 분석, 문서 요약, 문서 분류 등 다양한 방식으로 활용되고 있습니다.

> 💡 자연어 처리란 인간의 언어를 컴퓨터가 이해하고 처리해서 문장 생성, 음성인식 등을 가능하게 하는 인공지능(AI)의 한 분야입니다.

텍스트 분석 방법은 다양하지만 오렌지3에서 제공하고 있는 위젯과 기능 범위 내에서 텍스트 분석을 실습해보겠습니다. 우선 텍스트 안에서 빈도수가 높은 키워드를 추출해서 이미지를 그려주는 워드클라우드 분석과 텍스트를 범주 값에 맞춰 분류하는 텍스트 분류분석을 실습해 보겠습니다. 오렌지3의 텍스트 분석 위젯은 영어 텍스트에서 원활하게 작동하기 때문에 실습에도 영어 텍스트를 활용하겠습니다.

텍스트 분석 방법

오렌지3에서는 텍스트 데이터의 모음을 코퍼스corpus라고 합니다. 우리말로는 말뭉치라고도 하는데, 이는 뉴스 기사를 모아 놓은 것일 수도 있고 특정 주제의 블로그 글이나 여러 나라의 소설 등 다양하게 구성할 수 있습니다.

오렌지3에서 텍스트 전처리는 다음과 같은 단계를 거칩니다.

① 코퍼스	② 변환	③ 토큰화	④ 정규화	⑤ 필터링
• 텍스트 데이터를 코퍼스로 변환	• 대소문자 통일 • 발음 부호 제거 • HTML 태그 제거 • URL 제거	• 텍스트 분석의 최소 단위인 토큰 형태로 분할 • (기준) 단어, 공백, 문장, 정규 표현식	• 어근을 추출하여 동일한 의미의 텍스트를 동일한 형태로 통일 (예: go, going, went 를 go로 통일)	• 불용어 제거 • 숫자 제거 • 문장 부호 제거

① 오렌지3에서 텍스트를 분석하려면 Text Mining 카테고리의 [Corpus] 위젯을 활용해서 텍스트를 먼저 코퍼스로 변환해야 시작할 수 있습니다. 하지만 이렇게 가지고 온 코퍼스도 사실 컴퓨터가 이해할 수 있는 숫자값으로 된 정형 데이터는 아니며, 텍스트 데이터를 활용할 수 있도록 추가적인 전처리를 진행해야 합니다.

② 텍스트 데이터를 코퍼스로 변환한 후에는 기본 변환(transformation) 작업을 진행합니다. 대문자와 소문자를 다르게 인식할 수 있으니 동일한 형태로 통일하기, 발음 부호인 악센트 표시 제거하기, HTML이 포함된 텍스트에서 의미 없는 HTML 태그 제거하기, URL 정보 제거하기 등을 수행합니다.

③ 코퍼스를 텍스트 분석의 최소 단위인 토큰 형태로 나누는 토큰화(tokenization) 작업을 진행합니다. 단어, 공백, 문장, 정규 표현식 등의 기준으로 나눌 수 있습니다.

④ 텍스트가 토큰 단위로 나눠지면 텍스트 데이터를 일관된 형식으로 통일하기 위해 정규화(normalization) 작업을 진행합니다. 예를 들어 go, going, went는 모두 go에서 파생했으며 동일하게 '가다'를 뜻하므로 go라는 형태로 동일하게 만드는 것입니다.

⑤ 마지막으로 필터링(filtering)을 진행합니다. The, and, is 등 문장에서 의미 분석에 크게 기여하지 않고 일반적으로 자주 사용하는 단어인 불용어를 제거하는 작업입니다. 이 과정은 분석의 정확도를 높이고 데이터 처리 시간을 줄이는 데 도움이 됩니다. 여기에 숫자나 문장 부호를 제거해서 실제 의미가 있는 텍스트만 남기면 기본적인 텍스트 전처리를 진행했다고 볼 수 있습니다.

이렇게 전처리한 텍스트에 임베딩 작업을 진행하면 이미지 분석에서 했던 것과 유사한 방법으로 특징을 추출하여 숫자값으로 된 정형 데이터인 특징 벡터를 만들 수 있습니다. 그리고 앞에서 배운 분류분석, 군집분석 등 다양한 분석 방법을 이 특징 벡터 데이터에 적용하면 텍스트 분류분석, 텍스트 군집분석이 됩니다.

텍스트 분석 위젯 알아보기

텍스트 분석을 위해 알아 두면 좋은 Text Mining 카테고리의 위젯은 다음과 같습니다. 오렌지3의 텍스트 분석 위젯은 영어 텍스트에서 원활하게 작동한다는 것도 기억하세요.

텍스트를 코퍼스로 변환 — Corpus 위젯

코퍼스를 오렌지3로 불러오거나 텍스트 데이터 파일을 코퍼스로 변환합니다. 전체 내용에서 사용할 정보만 선택하거나 언어 종류를 설정할 수도 있습니다.

코퍼스 뷰어 — Corpus Viewer 위젯

[Corpus] 위젯에 연결해 코퍼스로 변환된 정보를 확인합니다. 앞에서 배운 [Image Viewer] 위젯처럼 개별 데이터를 자세히 조회할 수 있으며, 텍스트가 속한 범줏값과 실제 텍스트를 문서 형태로 확인할 수 있습니다.

텍스트 전처리 — Preprocess Text 위젯

텍스트 전처리에 필요한 텍스트 변환, 토큰화, 정규화, 필터링 과정을 지원합니다. 전처리 과정의 순서를 변경하거나 세부 옵션을 설정할 수 있습니다.

다큐먼트 임베딩 — Document Embedding 위젯

[Image Embedding] 위젯과 마찬가지로 사전에 훈련된 텍스트 임베더를 사용해 코퍼스의 특징을 추출하여 컴퓨터가 이해할 수 있도록 특징 벡터로 변환해 줍니다. 변환된 데이터를 활용해서 분류분석, 군집분석 등을 수행할 수 있습니다.

워드클라우드 — Word Cloud 위젯

텍스트에서 자주 등장하는 단어와 빈도수를 추출하여 빈도수가 높을수록 글자 크기를 크게 표현하거나 색깔을 진하게 표시하는 방식으로 키워드를 배치한 이미지를 만듭니다. 주로 텍스트 안에 주요 키워드를 한눈에 파악할 때 사용하며, 다양한 색깔과 모양으로 디자인 요소를 더할 수 있습니다.

이어서 지금까지 살펴본 전체 텍스트 분석 과정과 오렌지3의 텍스트 분석 위젯을 활용해 본격적으로 워드클라우드 분석과 텍스트 분류분석을 실습해 보겠습니다.

11-2 | 워드클라우드 분석

워드클라우드가 뭔가요?

워드클라우드word cloud라는 말을 들어봤거나 알록달록한 그림으로도 본 적은 있지만, 실제로 어떻게 만드는지, 그리고 어떤 의미가 있는지는 정확히 모르고 지나치는 경우가 많습니다. 지금부터 워드클라우드의 원리와 개념을 자세히 살펴보겠습니다.

워드클라우드 이해하기

워드클라우드는 텍스트 데이터에서 자주 등장하는 단어와 빈도수를 활용해 시각적으로 표현한 그림입니다. 크게 보일수록 해당 텍스트에서 자주 사용하는 단어이며, 작게 보일수록 상대적으로 덜 사용하는 단어입니다. 즉, 워드클라우드는 특정 텍스트의 주요 키워드를 한눈에 쉽게 파악할 수 있도록 합니다.

단어	빈도수
오렌지	38
데이터	31
머신러닝	16
재미있다	13
…	
지도학습	8
EDA	7
회귀분석	7
할수있다	6

이 책의 일부 텍스트를 이용해서 워드클라우드를 그려 보면, 가장 많이 사용해서 빈도수가 높은 오렌지·데이터·머신러닝 등의 키워드는 크게 중앙에 배치되며 진한 색으로도 표현되는 것을 알 수 있습니다. 이제 오렌지3를 활용한 워드클라우드 분석 방법을 알아보겠습니다.

Do it! 실습 뉴스 기사 주제별 워드클라우드 비교 분석하기

뉴스 기사는 경제, 정치, 스포츠 등 주제별로 다양하게 나뉘어 있습니다. 각 주제별로 어떤 키워드를 많이 사용했을까요? 워드클라우드를 만들어 비교해 보겠습니다.

❶ 분석 개요

전체 분석 과정을 워크플로를 이용해서 살펴보겠습니다. 이번 분석에서 사용할 뉴스 기사는 오렌지3에 내장되어 있는 데이터이므로 [Datasets] 위젯을 활용해서 BBC3라는 데이터를 가져오겠습니다. 데이터는 기사의 카테고리, 제목, 기사 내용의 3개 칼럼으로 구성되어 있는데, 주제별로 워드클라우드를 그리기 위해 [Select Rows] 위젯을 2개 연결해서 카테고리가 스포츠인 기사와 비즈니스인 기사만 각각 선택하겠습니다.

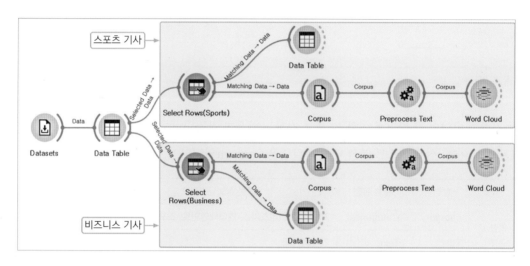

카테고리별 기사를 선택한 후에는 주제별로 동일한 과정으로 진행하는데, 우선 스포츠 기사 데이터만 선택한 [Select Rows] 위젯에 [Corpus] 위젯을 연결하여 코퍼스로 변환합니다. 그리고 [Preprocess Text] 위젯을 연결하여 필요한 텍스트를 전처리합니다. 그러면 불필요한 내용은 제거되고 활용도 높은 텍스트만 남는데, 여기에 [Word Cloud] 위젯을 연결하여 텍스트에 나타난 키워드와 빈도수를 추출합니다. 이를 바탕으로 스포츠 기사 텍스트를 활용한 워드클라우드를 생성합니다.

이어서 비즈니스 기사 데이터만 선택한 [Select Rows] 위젯에도 동일한 과정을 진행해 워드클라우드를 생성한 후, 2개의 워드클라우드를 함께 확인하면 주제별로 어떤 키워드를 많이 사용했는지 비교할 수 있습니다.

❷ 데이터 수집 및 확인

오렌지3에서 제공하는 BBC3 데이터에는 영국의 방송사인 BBC에서 2004~2005년에 보도
한 비즈니스, 엔터테인먼트, 스포츠 범주의 뉴스 기사 내용이 담겨 있습니다. Data 카테고리의
[Datasets] 위젯 설정 창에서 'BBC3'을 검색해서 선택하고
[Data Table] 위젯을 연결하면 실제 데이터를 확인할 수 있
습니다.

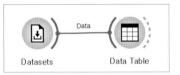

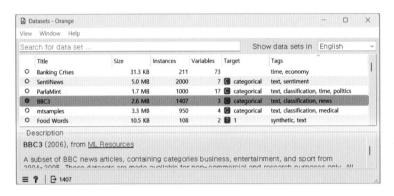

수집한 데이터의 각 칼럼별 역할 및 세부 정보는 다음과 같습니다. 사용할 칼럼은 category와
Content이며, 실제 텍스트 분석 대상인 칼럼은 Content입니다.

역할	칼럼명	칼럼 유형	칼럼 정보
역할 구분 없음	category	Categorical	기사의 주제(비즈니스, 엔터테인먼트, 스포츠)
	Title	Text	기사의 제목
	Content	Text	기사의 내용(텍스트 분석 대상)

[Data Table] 위젯을 더블클릭해서 Info를 확인하면 관측치가 1,407개이고 범줏값이 3개인
타깃 변수와 메타 변수 2개로 구성된 데이터라는 것을 확인할 수 있습니다.

❸ 데이터 전처리

이제 category 칼럼을 이용해서 비즈니스 관련 기사와 스포츠 관련 기사를 각각 선택해 보 겠습니다. [Data Table] 위젯에 [Select Rows] 위젯 2개를 연결하고 각각 category is ❶ sport, category is ❷ business라는 조건식을 설정한 후 창을 닫습니다. 2개의 위젯을 혼동 할 수 있으므로 [Select Rows] 위젯에서 마우스 오른쪽 버튼을 누른 후 Rename을 선택해(또 는 F2 키) 위젯의 명칭을 [Select Rows(Sports)], [Select Rows(Business)]로 변경하면 관 리하기 편합니다. 각각 [Data Table] 위젯을 연결해 데이터가 잘 들어왔는지 확인합니다.

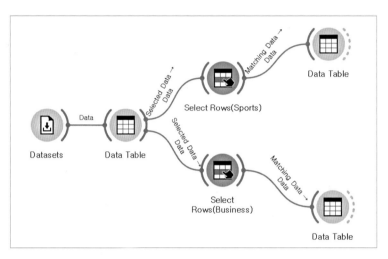

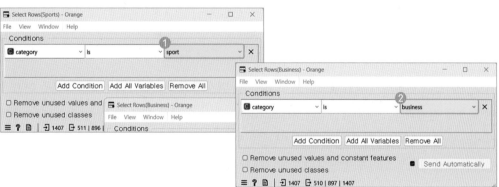

이제 텍스트 데이터를 코퍼스로 변환하기 위해 2개의 [Select Rows] 위젯에 Text Mining 카 테고리의 [Corpus] 위젯을 각각 연결하겠습니다. [Corpus] 위젯을 더블클릭하면 ❶ Corpus settings에 텍스트의 Title 칼럼과 작성 언어(English)가 자동으로 설정되었고 ❷ Used text features에 분석 대상인 Content 칼럼이 설정된 것을 확인할 수 있습니다. 자동으로 설정되 지 않았다면 직접 드래그해서 설정하면 됩니다.

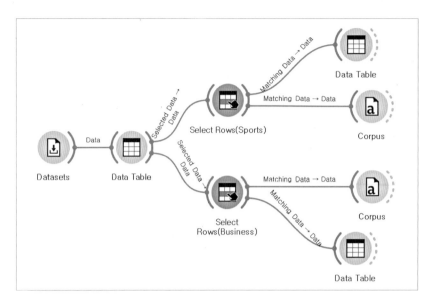

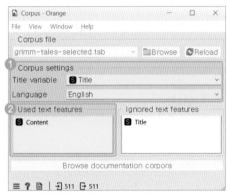

이제 코퍼스로 변환까지 완료했으니 각 [Corpus] 위젯에 [Preprocess Text] 위젯을 연결하여 텍스트 전처리를 진행하겠습니다. [Preprocess Text] 설정 창의 ❶ Preprocessors에서 전처리 방법을 선택한 후 더블클릭하면 오른쪽 전처리 과정 박스의 맨 아래에 추가됩니다. 각 전처리 과정 박스는 위아래 방향으로 드래그해서 순서를 변경할 수 있습니다.

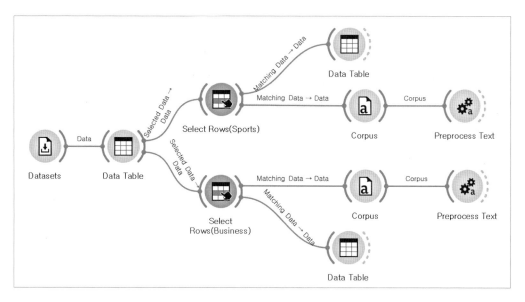

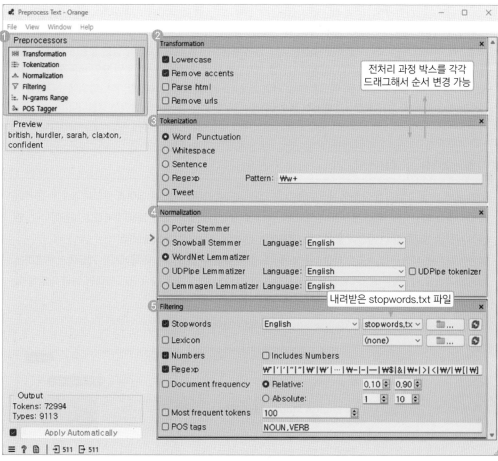

248쪽에서 정리한 텍스트 전처리 과정을 참고하여 Transformation, Tokenization, Normalization, Filtering을 하나씩 설명하겠습니다.

❷ Transformation에서 Lowercase는 대문자를 소문자로 변환해 주는 옵션으로, 대문자와 소문자를 다르게 인식하지 않도록 체크박스를 클릭해 설정합니다. 그리고 바로 아래 발음 부호 제거 옵션(Remove accents)은 영어에서 발음 부호를 사용하는 경우가 있기 때문에 체크박스를 클릭해 선택합니다.

❸ Tokenization에서는 토큰화 작업을 수행할 수 있는데 여기서는 단어 기준으로 분할할 것이므로 Word Punctuation을 선택합니다. Whitespace는 공백, Sentence는 문장, Regexp는 정규 표현식을 사용해서 분할하는 방식입니다.

> 💡 Regexp란 정규 표현식을 뜻하는 Regular Expression의 줄임말입니다. 주로 문자열에서 정해진 패턴(pattern) 등을 이용해 특정 내용을 찾거나 바꿀 때 사용합니다.

❹ Nomalization은 텍스트에서 어근을 추출하여 의미가 같은 텍스트를 동일한 형태로 통일해 주는 작업을 수행합니다. 다양한 옵션을 시도해 본 후 가장 적절한 결과를 보여 주는 옵션을 선택하는 것이 좋습니다. 여기서는 대규모 영어 단어 데이터베이스를 기반으로 텍스트를 기본형으로 변형해 주는 WordNet Lemmatizer 옵션을 선택하겠습니다.

❺ Filtering에서는 다양한 조건으로 텍스트 전처리를 진행할 수 있습니다. Stopwords는 The, and, is 등과 같이 문장 안에서 의미를 갖지 않으며 자주 사용하는 단어인 불용어를 제거하는 옵션입니다. Stopwords 옵션의 체크박스를 선택하고 언어는 English로 설정합니다. 많이 사용하는 불용어를 저장해 놓은 불용어 사전을 이용하면 편리하게 필터링할 수 있습니다. 불용어 사전을 가져오기 위해 오른쪽의 노란 파일 모양 버튼을 클릭해서 실습 폴더(오렌지3_실습파일/11장. 텍스트 분석) 안의 stopwords.txt 파일을 추가합니다. 그 외에 숫자값을 필터링하는 Numbers와 정규 표현식을 활용해 특수 문자를 필터링하는 Regexp도 함께 선택합니다.

❓ 질문 있어요	불용어란?

The, and, is 등과 같이 문장 안에서 의미를 담고 있지 않으며 자주 사용하는 단어를 말합니다. 이런 불용어를 하나하나 확인하며 지우기는 어려우므로 일반적으로 불용어를 모아 놓은 불용어 사전을 이용합니다. 불용어 사전을 설정하면 이 사전에 들어 있는 불용어를 한 번에 필터링할 수 있습니다.

불용어 사전은 직접 만들 수도 있지만 인터넷에서도 쉽게 찾을 수 있습니다. 예제에서는 캐글에서 제공하는 불용어 사전을 사용하는데, txt 확장자로 저장되어 있어서 추가하고 싶은 불용어가 있다면 해당 파일을 메모장에서 열어 단어를 추가해서 저장 후 사용하면 됩니다.

• https://www.kaggle.com/datasets/rowhitswami/stopwords

이러한 설정은 스포츠 기사와 비즈니스 기사에 해당하는 [Preprocess Text] 위젯에 모두 적용해 동일한 텍스트 전처리를 진행합니다. 이를 통해 무의미한 텍스트는 제거되고 활용하기 좋은 상태의 텍스트 데이터를 확보할 수 있습니다.

❹ 데이터 분석

이제 텍스트와 빈도수를 바탕으로 한 워드클라우드를 생성해 보겠습니다. 앞에서 설정한 두 개의 [Preprocess Text] 위젯에 각각 [Word Cloud] 위젯을 연결합니다.

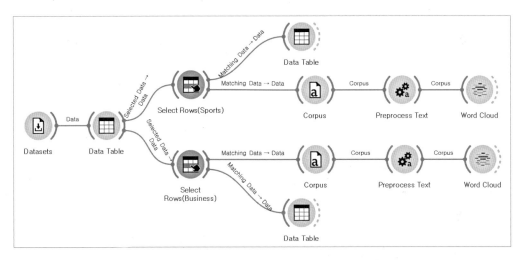

스포츠 기사

비즈니스 기사

❺ 결과 해석

스포츠 기사의 워드클라우드를 살펴보면 game, player, win, match, team, club, cup, play 등 스포츠와 관련된 키워드의 빈도수가 높게 나타났습니다. 실제 워드클라우드에서도 해당 키워드의 글씨 크기가 상대적으로 크고 중앙에 배치된 것을 확인할 수 있습니다.

비즈니스 기사의 워드클라우드를 살펴보면 company, firm, market, sale, bank, price 등 경영·경제와 관련된 키워드의 빈도수가 높게 나타났습니다. 실제 워드클라우드에서도 해당 키워드의 글씨 크기가 상대적으로 크고 중앙에 배치된 것을 확인할 수 있습니다.

이렇게 텍스트 데이터를 활용한 워드클라우드는 단순한 작업이지만 방대한 텍스트를 직접 읽고 확인하지 않아도 핵심 키워드를 추출할 수 있어 유용합니다. 앞으로 어떤 문서에서 키워드를 추출해야 한다면 워드클라우드를 떠올릴 수 있을 것입니다.

11-3 | 텍스트 분류분석

텍스트 분류분석이 뭔가요?

분류분석이란 모델에게 데이터를 학습시켜서 타깃의 범주 값을 분류하는 분석입니다. 그렇다면 텍스트 분류분석은 어떤 데이터를 학습시켜서 무엇을 분류할까요? 지금부터 자세히 알아보겠습니다.

텍스트 분류분석 이해하기

텍스트 분류분석이란 텍스트에서 추출한 특징 데이터를 활용해 분류분석 모델을 학습하고, 학습된 모델을 활용해 새로운 텍스트를 범주에 맞게 분류하는 것입니다.

분석 작업을 시작하기 전에는 먼저 분류할 텍스트 데이터를 코퍼스 형태로 변환해야 합니다. 그리고 전처리 작업을 통해 불필요한 내용은 제거하고 가치 있는 내용은 강조될 수 있는 형태로 만들어 줍니다. 그리고 임베딩 작업으로 텍스트의 특징을 추출하여 숫자값으로 된 특징 벡터를 생성한 후 분류 모델을 적용하면 원하는 텍스트 분류분석 결과를 얻을 수 있습니다.

이제부터 실제 텍스트 데이터를 활용해 분류분석을 진행해 보겠습니다.

Do it! 실습 — 스팸 문자 분류분석하기

선거철에 끊임없이 오는 광고 문자나 주식 종목 추천 문자 등 우리는 평소에 스팸 문자를 정말 많이 받습니다. 그런데 이러한 스팸 문자들이 우리가 알아야 할 중요한 문자 메시지와 섞이면 불편할 때가 있습니다. 이때 스팸 문자를 분류해 내는 텍스트 분류분석을 해보면 어떨까요? 지금부터 문자 텍스트 데이터를 이용한 분류분석 실습을 진행해 보겠습니다.

❶ 분석 개요

전체 분석 과정을 워크플로를 이용해서 살펴보겠습니다. 문자 메시지 파일이 CSV 형태로 저장되어 있으므로 [CSV File Import] 위젯으로 실습 파일을 오렌지3로 불러옵니다. 또한 분류분석은 지도 학습이어서 피처와 타깃의 역할이 필요하므로 [Select Columns] 위젯을 연결해 역할을 설정하겠습니다.

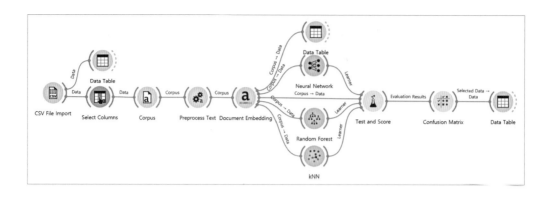

텍스트 분석을 하려면 데이터를 코퍼스로 만들어야 하므로 [Select Columns] 위젯에 [Corpus]
위젯을 연결하겠습니다. 이어서 [Preprocess Text] 위젯을 연결해 텍스트 데이터를 분석에 활
용할 수 있도록 전처리합니다.

여기에 [Document Embedding] 위젯을 연결하여 특징 벡터를 생성한 후 [Neural
Network], [Random Forest], [kNN] 위젯을 연결해 모델을 학습시킵니다. 그리고 여기에
[Test and Score] 위젯을 연결해 모델의 성능을 비교해 보겠습니다. 마지막으로 [Confusion
Matrix]와 [Data Table] 위젯을 활용해 잘못 분류된 데이터를 살펴보겠습니다.

❷ 데이터 수집 및 확인

이번 실습에는 캐글에서 제공하는 'Spam Text Message Classification' 데이터를 사용합니다.

- **실습 데이터 내려받기**: https://www.kaggle.com/datasets/team-ai/spam-text-message-classification
- **실습 데이터**: 오렌지3_실습파일/11장. 텍스트 분석/11-3. 텍스트 분류분석.csv

데이터의 각 칼럼별 역할 및 세부 정보는 다음과 같습니다. 스팸 메시지 여부를 나타내는 범주
형 Category 칼럼과 실제 문자 내용인 Message 칼럼으로 구성되어 있습니다.

역할	칼럼명	칼럼 유형	칼럼 정보
타깃(y)	Category	Categorical	스팸 문자는 spam, 정상 문자는 ham으로 표기
피처(x)	Message	Text	실제 문자 내용

데이터가 매우 간단하니 바로 실습을 진행하겠습니다. 먼저
[CSV File Import] 위젯으로 실습 파일을 불러온 후 [Data
Table] 위젯을 연결합니다. [Data Table] 위젯을 더블클릭
하고 Info를 보면 관측치 5,572개를 포함하고 있으며, 피처
와 메타 칼럼을 1개씩 가지고 있습니다.

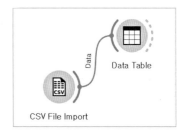

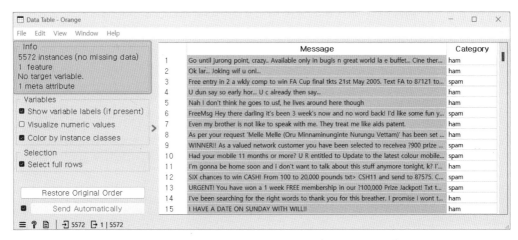

분류분석을 하려면 피처와 타깃의 역할이 정해져야 하므로 [CSV File Import] 위젯에 [Select
Columns] 위젯을 연결합니다. ❶ Message 칼럼은 텍스트값이기 때문에 피처 칼럼이 아닌 메
타 칼럼으로만 설정할 수 있으며, ❷ Category 칼럼은 타깃으로 설정하겠습니다.

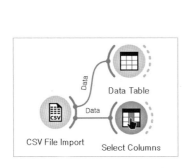

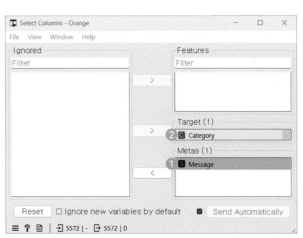

❸ 데이터 전처리

텍스트 데이터를 코퍼스로 변환하기 위해 [Select Columns] 위젯에 Text Mining 카테고리의 [Corpus] 위젯을 연결합니다. [Corpus] 위젯을 더블클릭한 뒤 위젯 창을 보면 ❶ Corpus settings에 타이틀 칼럼과 작성 언어가 자동으로 설정된 것을 확인할 수 있습니다. 이번 데이터에는 타이틀 칼럼이 따로 없어서 Message 칼럼이 설정되었습니다. ❷ Used text features에는 분석 대상인 Message 칼럼이 설정된 것을 확인할 수 있습니다. 자동으로 설정되지 않았다면 직접 드래그해서 설정하면 됩니다.

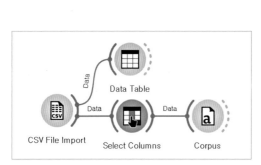

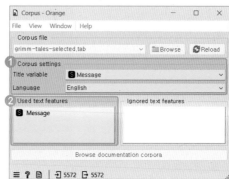

코퍼스로 변환까지 완료했으니 [Corpus] 위젯에 Text Mining 카테고리의 [Preprocess Text] 위젯을 연결하여 텍스트 전처리를 진행해 보겠습니다.

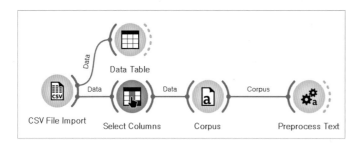

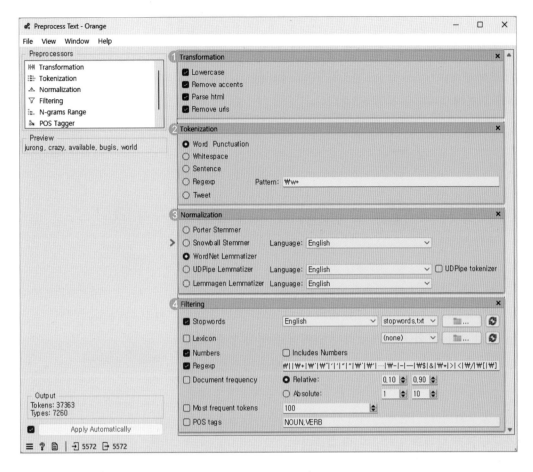

① 실습에 사용한 텍스트는 정제되지 않은 스팸 메시지를 포함하고 있으므로 Transformation에서는 Lowercase(대소 문자 통일), Remove accents(발음 부호 제거), Parse html(HTML 구문 제거), Remove urls(URL 제거) 옵션 전체를 선택합니다.

② Tokenization에서는 텍스트를 작은 단위로 잘라 주는 토큰화 작업을 수행합니다. 여기서는 단어 기준으로 분할하기 위해 Word Punctuation을 선택합니다.

③ Normalization에서는 텍스트에서 어근을 추출하여 의미가 같은 텍스트를 동일한 형태로 통일해 주는 작업을 수행합니다. 여기서는 대규모 영어 단어 데이터베이스를 기반으로 텍스트를 기본형으로 변형해 주는 WordNet Lemmatizer 옵션을 선택합니다.

④ Filtering에서는 기본적으로 설정해야 하는 옵션을 선택합니다. Stopwords는 The, and, is 등과 같이 문장 안에서 의미를 갖지 않으며 자주 사용하는 단어인 불용어를 제거하는 옵션이므로 선택한 뒤 언어는 English 로 설정합니다. 그리고 오른쪽의 파일 모양 버튼을 클릭해서 실습 폴더(오렌지3_실습파일/11장. 텍스트 분석) 안의 stopwords.txt 파일을 추가하면 됩니다. 나머지 옵션으로는 숫자값을 필터링하는 Numbers와 정규 표현식을 활용해 특수 문자를 필터링하는 Regexp의 체크박스를 클릭해 선택합니다.

이렇게 전처리를 진행하면 필요 없는 부분은 제거되고 의미가 같은 용어는 통일되면서 텍스트의 진정한 의미를 돋보이게 할 수 있습니다. 이제 텍스트의 숨겨진 특징을 숫자값으로 추출하기 위해 [Preprocess Text] 위젯에 Text Mining 카테고리의 [Document Embedding] 위젯을 연결해 임베딩을 진행하겠습니다.

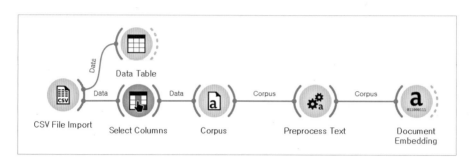

[Document Embedding] 설정 창의 Options를 보면 Multilingual SBERT와 fastText라는 임베더 옵션이 있습니다. fastText는 뜻 그대로 빠르고 간단하게 임베딩을 실행할 수 있다는 특징이 있으며, SBERT는 문장 단위의 임베딩에서 좋은 성능을 보입니다. 이번 분석에서 사용하는 텍스트는 문자 메시지여서 문장 단위의 임베딩이 더 효과적이므로 Multilingual SBERT로 설정하겠습니다.

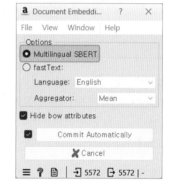

💡 SBERT는 Sentence-BERT의 줄임말입니다. multilingual은 '여러 언어를 사용하는 (다중 언어의)'라는 뜻이 있습니다.

[Document Embedding] 위젯에 [Data Table] 위젯을 연결해 더블클릭하면 특징 벡터가 완성된 것을 확인할 수 있습니다. Info를 보면 관측치 5,572개에 피처 384개가 있고, 타깃은 2개의 범줏값을 포함하고 있으며 분석에 활용할 수 없는 메타 칼럼이 1개 있습니다. 피처 384개는 Dim1부터 Dim384까지 칼럼별로 추출된 텍스트의 특징 값을 의미하고, 타깃은 가장 첫 번째 Category 칼럼을 의미합니다. 여기서 2 values는 spam(스팸문자), ham(정상문자) 2개의 범줏값을 의미합니다.

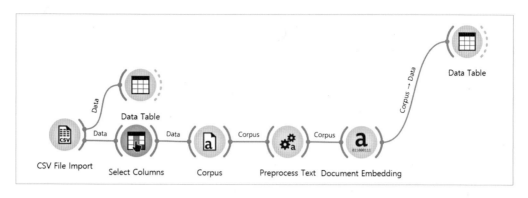

Data Table

Data

CSV File Import   Select Columns   Corpus   Preprocess Text Document Embedding

Corpus → Data

Data Table

Data Table - Orange						
Info 5572 instances (no missing data) 384 features Target with 2 values 1 meta attribute		Category	Message	Dim1 True	Dim2 True	Dim3 True
	embedding-feature hidden title			True	True	True
			True			
Variables ☑ Show variable labels (if present) ☐ Visualize numeric values ☑ Color by instance classes	1	ham	Go until jurong...	-0.243451	-0.279964	0.170328
	2	ham	Ok lar... Joking ...	-0.0211921	-0.0563438	0.191151
	3	spam	Free entry in 2 ...	0.164306	0.00677999	-0.193578
	4	ham	U dun say so e...	-0.0368912	-0.124689	0.168942
	5	ham	Nah I don't thi...	0.476966	-0.0266729	0.179857
Selection ☑ Select full rows	6	spam	FreeMsg Hey t...	-0.332838	-0.220626	0.208412
	7	ham	Even my broth...	0.0560743	0.245285	0.0524475
	8	ham	As per your re...	0.0238258	0.0860333	-0.00842902
Restore Original Order	9	spam	WINNER!! As a...	-0.065755	0.181182	-0.172669
☑ Send Automatically	10	spam	Had your mobi...	-0.273937	0.24916	0.0826646
	11	ham	I'm gonna be ...	0.19019	0.0546839	0.320399

≡ ? 🗎 | 🠖 5572 🠖 5572 | 5572

❹ 데이터 분석

텍스트 분류분석을 위해 [Document Embedding] 위젯에 Model 카테고리의 [Random Forest]와 [kNN] 위젯을 연결하고, 비정형 데이터에서 좋은 성능을 보이는 [Neural Network] 위젯까지 연결해 보겠습니다. 각 모델의 옵션 설정은 기본값 그대로 사용하며, k-fold 교차검증을 위해 텍스트 데이터를 포함하는 [Document Embedding] 위젯과 분류모델인 [Random Forest], [kNN], [Neural Network] 위젯은 Evaluate 카테고리의 [Test and Score] 위젯으로 연결해서 모델의 성능을 확인하겠습니다.

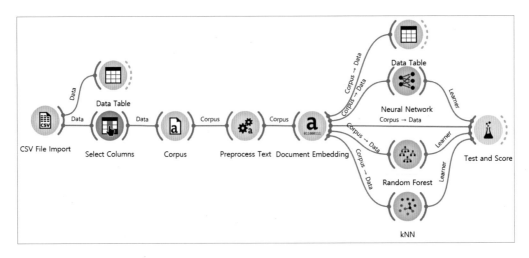

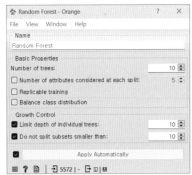

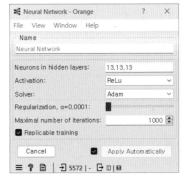

❺ 결과 해석

[Test and Score] 위젯을 더블클릭하면 Multilingual SBERT를 임베더로 사용했을 때의 결과
화면을 볼 수 있습니다. Cross validation의 ❶ Number of folds의 값을 5로 설정하여 5-fold
교차검증을 진행하겠습니다. Evaluation result for target에서는 ❷ 첫 번째 Neural Network
모델이 모든 지표에서 가장 훌륭한 성능을 보이는 것을 확인할 수 있습니다.

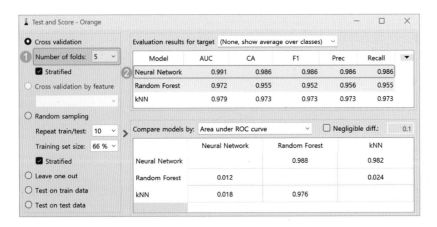

만약 [Document Embedding] 위젯에서 fastText를 임베더로 사용하면 어떨까요? Neural Network의 결과와 비교해 보면 fastText 보다 Multilingual SBERT의 성능이 더 우수하다는 것을 확인할 수 있습니다. 그러므로 텍스트 분석에서 전처리나 임베딩을 선택할 때는 분석 대상인 텍스트의 특징을 잘 파악하는 것이 중요합니다.

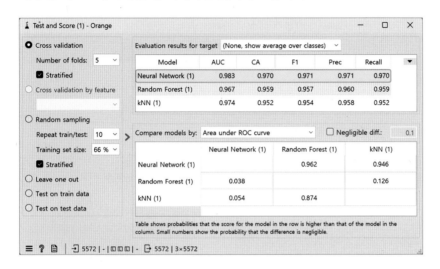

데이터를 대부분 잘 분류했지만 어디서 분류가 잘못됐는지 확인하기 위해 [Test and score] 위젯에 Evaluate 카테고리의 [Confusion Matrix] 위젯을 연결해서 확인해 보겠습니다. 잘못 분류된 텍스트를 직접 살펴보려면 [Confusion Matrix] 위젯에 [Data Table] 위젯을 연결한 후 동시에 창을 열어 놓고 확인하고 싶은 분류값을 클릭하면 [Data Table] 위젯에서 해당하는 텍스트를 확인할 수 있습니다. 단, 이미지에서는 잘못 분류된 원인을 추정해 볼 수 있지만 텍스트는 직관적으로 확인하기 어렵다는 점을 고려해야 합니다.

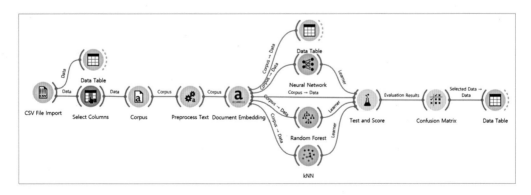

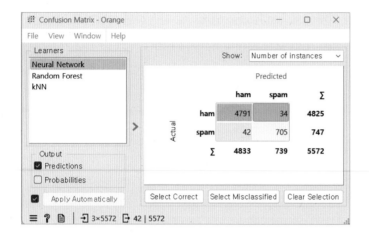

마지막 주제인 텍스트 분류분석까지 모든 실습을 마쳤습니다. 책을 끝낸 여러분은 이제 데이터 분석의 기본 지식은 물론 오렌지3로 데이터를 자유롭게 분석할 수 있는 기술도 익혀 시민 데이터 과학자에 가까워졌을 것입니다. 데이터 분석 과정이 아직도 감이 잘 잡히지 않는다면 머릿속으로 워크플로를 바로 그릴 수 있을 정도로 앞에서 배운 내용을 여러 번 반복 학습하는 것을 권합니다.

책에서 배운 내용 외에 더 다양한 분석을 시도하고 싶다면 오렌지3의 위젯 독스를 통해 분석 범위를 확장해 보시기 바랍니다.

✓ 퀴즈로 복습하자!

1. 텍스트 데이터에서 특징을 추출해서 정형 데이터로 변환하는 과정을 텍스트 [임   ]이라고 합니다.

2. 텍스트에서 많이 언급되는 키워드를 한눈에 파악할 수 있는 시각화 방법은 [워   ]입니다.

3. 텍스트 데이터 중 The, and, is 등과 같이 의미를 담고 있지 않지만 계속 반복되는 단어를 [불   ] 라고 하며, 이는 [불   ] 사전을 이용해 제거하는 것이 좋습니다.

정답: 1. 임베딩 2. 워드클라우드 3. 불용어

인공지능 & 데이터 분석 코스

인공지능, 데이터 분석도 Do it! 시리즈와 함께!
주어진 순서대로 차근차근 독파해 보세요!

인공
지능

박해선 | 328쪽

윤성진 | 432쪽

이론을
더 깊게~

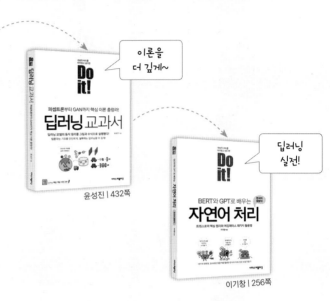

이기창 | 256쪽

딥러닝
실전!

데이터
분석

김영우 | 376쪽

김영우 | 344쪽

김영우 | 472쪽

다니엘 첸 | 시진 | 400쪽

나는 어떤
코스가
적합할까?

A 인공지능 개발자가 되고 싶은 사람

- Do it! 점프 투 파이썬
- Do it! 정직하게 코딩하며 배우는
  딥러닝 입문
- Do it! 딥러닝 교과서
- Do it! BERT와 GPT로 배우는
  자연어 처리
- Do it! 챗GPT + 파이썬으로 AI 직원 만들기

B 데이터 분석가가 되고 싶은 사람

- Do it! 쉽게 배우는 파이썬 데이터 분석
- Do it! 쉽게 배우는 R 데이터 분석
- Do it! 쉽게 배우는 R 텍스트 마이닝
- Do it! 데이터 분석을 위한 판다스 입문
- Do it! R 데이터 분석 with 샤이니
- Do it! 첫 통계 with 베이즈

기초 프로그래밍 코스

Basic Programming Course

파이썬, C 언어, 자바로 시작하는 프로그래밍!
기초 단계를 독파한 후 응용 단계로 넘어가세요!

기초 단계

박응용 | 432쪽

김성엽 | 576쪽

김동형 | 856쪽

시바타 보요 저, 강민 역 | 408쪽

시바타 보요 저, 강민 역 | 452쪽

시바타 보요 저, 강민 역 | 424쪽

응용 단계

김창현 | 384쪽

강성윤 | 720쪽

김종관 | 564쪽

나는 어떤 코스가 적합할까?

A 파이썬 개발자가 되고 싶은 사람

- Do it! 점프 투 파이썬
- Do it! 점프 투 파이썬 — 라이브러리 예제 편
- Do it! 파이썬 생활 프로그래밍 with 챗GPT
- Do it! 점프 투 장고
- Do it! 장고 + 부트스트랩 파이썬 웹 개발의 정석
- Do it! 챗GPT + 파이썬으로 AI 직원 만들기

B 자바·코틀린 개발자가 되고 싶은 사람

- Do it! 점프 투 자바
- Do it! 자바 완전 정복
- Do it! 자바 프로그래밍 입문
- Do it! 점프 투 스프링 부트 3